生きる
在宅・地域で
支える
⑪

ライフステージを通しての「医療的ケア」

「医療的ケア児支援法」の成立を受けて、現場の声を聞く!

編著
荒木　敦
Atsushi Araki
NPO法人
医療的ケアネット

クリエイツかもがわ
CREATES KAMOGAWA

発刊にあたって

「医療的ケア児及びその家族に対する支援に関する法律」（医療的ケア児支援法）は、２０２１年6月11日に国会で成立、同年9月18日に施行されました。この法律は、学校教育で課題が議論され始めて33年目、「医療的ケア」という言葉の誕生30年目の節目にやっと成立したといえます。この30年間には、医療的ケアを必要とする子どもたちとその家族、地域や学校でかかわる人々の並々ならぬ情熱と執念が積み重ねられてきました。

本書では、この機会にそもそも「医療的ケア」とは何なのか、どういう歴史をたどってきて、現在はどういう仕組みで成り立っているのか、というところから紐解いていきます。そして、医療的ケア児支援法が成立したことによって、何が変わったのか、それぞれの地域でどのような取り組みがなされているのかを紹介し、この法律の基本理念に謳われているように、「切れ目なく行われる支援」「医療的ケア児でなくなった後にも配慮した支援」「居住地域にかかわらず等しく適切な支援を受けられる施策」が実現できるためには何が必要なのかをみんなで考えていきたいと思います。

今回の法律で「医療的ケア児支援センター」（以下、支援センター）の設置が各都道府県に課せられました。各地で順次開設されていますが、その中身は本当にさまざまです。当法人では現在、活動を開始した支援センターを対象にアンケート調査を実施しました。その結果は当法人のホームページ上で公開していますが、みなさんのいろいろな苦労の様子がうかがえます。広大な面積をもつ都道府県に支援センターが1か所しかないなど、本当に必要なサービスがすべての対象者に行きわたるためには、地域の枠を超えた支援センター同士の情報交換や、行政へのさらなる働きかけが必要です。

本書のタイトルにあるように、「医療的ケア」は、その人が生まれて病院から自宅に戻るところから、入学前、学童期、卒業後、高齢期とライフステージを通して常に必要です。今回の法律では「保育所」と「学校」での支援は保障されていますが、それ以降の生活には触れられていません。本書では第3部で「大人の暮らしと医療的ケア」と題して、当事者の声も含めて卒業後の問題について考えています。医療的ケア児が大人になるということは、高齢者に介護が必要になるということとは、まったく別の視点からのアプローチが必要になります。本人による意思決定の大切さ、それを尊重した上での家族のかかわりやプライバシーを考慮した介助者のかかわり、そのために利用できる制度の整備など問題は尽きません。

今回の「医療的ケア児支援法」には、「法施行後3年を目途としてこの法律の実施状況を勘案した検討」という検討条項があります。つまり、2024年に実施状況や法に不備がないかという見直しをするということです。私たちNPO法人では、その際にぜひ18歳以降の問題にも触れてほしいと考えています。本書の内容が「医療的ケア」に対する理解を深め、ライフステージを通した支援が必要であるとの議論が広がる一助になれば幸いです。

2024年1月

NPO法人医療的ケアネット理事長　荒木　敦

プロローグ

「医療的ケア児支援法」の成立を受けて——あらためて「医療的ケア」とは

荒木　敦●大阪旭こども病院／NPO法人医療的ケアネット理事長

1　「医療的ケア」の歴史と NPO法人 医療的ケアネット

(1)「医療的ケア」の歴史

２０２１年に「医療的ケア児支援法」が施行されました。この機会にまず「医療的ケア」とは何かについて、再確認しておきたいと思います。

①小児の在宅医療と医療的ケア

近年、小児の在宅医療が進んでいる背景には、日本の医療が進んで制度も変更され、障害のある子どもたちがＮＩＣＵや新生児室などから在宅に誘導されているという現実があります。

人工呼吸器をつけた子どもたちが自宅で過ごすなど、かつてはまったく考えられませんでしたが、いまは人工呼吸器をはじめ在宅酸素や経管栄養も行いやすくなりました。訪問看護や訪問リハビリ、ヘルパー派遣などの支援制度も整備され、医師の訪問診療もずいぶん増えています。

そもそも「医療的ケア」とは何かということですが。たとえば子どもたちを自宅で看るときに、食事やおむつ交換、入浴などはいわゆる生活援助行為であって、ライセンスを問わず誰にでもできます。一方、注射や点滴、採血などは医療行為で、法的に許されているのは医師と看護師だけです。

経管栄養や喀痰吸引は生活援助行為ですが、法的には医療行為にも含まれています。この重なる部分を「医療的ケア」と呼んでいます。これが基本です。

この医療的ケアを医療行為の枠から外せないか、という要望が以前からあります。しかし国は、現状ではその枠は外せない、という立場です。

②「医療的ケア」という言葉は教育現場から生まれた！

ここで強調したいのは、「医療的ケア」という言葉は教育現場から生まれたということです。考案者は当時大阪府立堺養護学校の校長であった松本嘉一先生です。病院ではなく学校なので、キュア（治療）ではなくケア（介護）であり、教育の場で行うから「医療ケア」ではなく「医療的ケア」である、

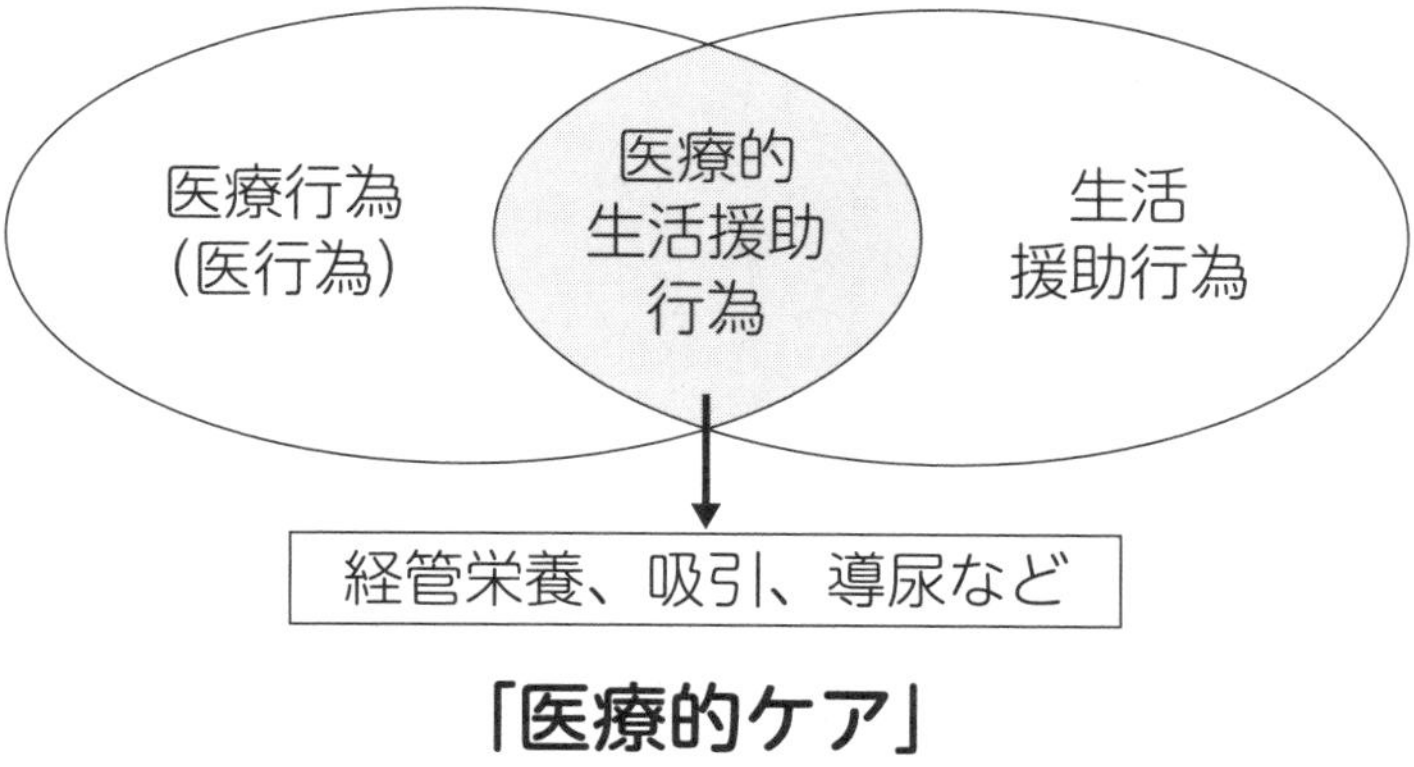

図1　医療的ケアの範囲

と「的」を入れたセンスが光ります。

1996年当時、養護学校（現、特別支援学校）に通う子どもたちに喀痰吸引などが必要な場合、付き添って登校した保護者がケアをしながら授業を受けるか、もしくは在宅で訪問授業を受けるしかありませんでした。

そのときに、なんとか保護者の付き添いなしで授業ができないかと考えた校長と教員集団がありました。そして学校医や看護師免許をもつ養護教諭らと相談し、その看護師が指導する前提で、教員が保護者に具体的な手技を教わりながら医療的ケアを進めていきました。この時点ではまだ、違法なのではないかとビクビクしながら実施していたと聞いています。

間もなくこの活動が認められ、1998年頃から全国の学校で教師による医療的ケアを進めていこうという動きが出て、モデル事業が始められました。さらに2004年、厚生労働省が初めて法的に整備して「違法性の阻却」という考え方で、法には問われないと明示されました。そして医療的ケアを指導する看護師を地方自治体が学校に配置するための予算も決まりました。

これは、現場の必要から実施していたことを厚生労働省が追認するという、まさに現場発信でものごとが動いていった、すごい例だと思います。そのときに認められた医療的ケアの内容は、喀痰吸引と経管栄養、導尿（現在は対象外）でした。

③学校スタッフによる医療的ケアの意義・必要性

学校の教員による医療的ケアには、三つの意義があるといわれています。

まず「教育的な意義」があります。医療的ケアが必要な子どもも学校で授業を受けられること、教員との信頼関係のもと授業が寸断されることなくケアも受けられることが大切です。

次に、「医療的な意義」です。医療的ケアをするために、教師が子どもの身体についてよく学び、医学的な知識も身につけたことで、子どもたちの健康状態がよりよくなったという報告があります。

さらに、その子につきっきりだった保護者、特に母親が学校に来なくてよくなることで、時間的な余裕ができて兄弟姉妹への対応や家事もできるという「福祉的な意義」があります。

④突然の制度変更

こうした先人たちの努力と執念により、地域差はあるものの、特別支援学校での医療的ケアは軌道に乗っていました。ところが2012年4月に突然、制度が変わりました。しかも教育とは無関係の事情がきっかけで、まさに青天の霹靂でした。

その当時、医療的ケアが必要な学齢期の児童は約7000人とされていました。一方、胃ろうが必要な高齢者は約60万人と、桁違いの数になっていました。厚生労働省は、この高齢者の方を何とかしたいと考えたのだと思います。

同年の介護保険法等の改正で、一定の研修を受けた介護福祉士は、医師の指示のもとに喀痰吸引や注入などを業とできるようになりました（社会福祉士及び介護福祉士法第2条第2項、および第48条の2第1項）。

この一定の研修には第1号研修、第2号研修、そして第3号研修という種類があります。このうち第3号研修が医療的ケアには特に重要で、本書でも頻繁に登場します。

第1号、第2号は不特定多数の人にケアができるもので、講義も50時間以上などとハードルが高く、なかなか行われていないのが実際です。これに対して第3号研修は、特定の人に対するケアを認めるものです。基本研修も実地研修も短期間で修了できます。

学校では現在、この第3号研修により医療的ケアを行っています。支援学校を事業所とみなし、教師を介護福祉士の立場に置き換え、基本研修は教育委員会が、実地研修は学校で指導看護師が、それぞれ行います。一人ずつ一つのケアごとに研修が必要で、年度初めは生徒と教員の関係が変わるため、新しい関係での実地研修が必要になります。そして主治医が支援学校に指示書を書いています。

この改正により、教師ができる医療的ケアは、口腔内、鼻腔内、気管カニューレ内の各吸引と、胃ろう、腸ろう、経鼻経管栄養の6行為になりました。

⑤なぜ「医療的ケア」なのか？

喀痰吸引でも胃ろうからの注入でも、医師や看護師が行えば、それらは医療行為です。わざわざ「医療的ケア」という言葉を使う必要はありません。また家族にも、この医療的生活援助行為は認められています。ではなぜ「医療的ケア」という言葉が重要なのか。それは支援学校で、医療従事者でも家族でもない教員がこの「医療行為」をするために生み出された言葉だからです。そのことを、しっかり理解しておいていただきたいと思います。

最近、「医療的ケア児」という言葉が使われるようになり、法律でもこの言葉が使われています。

本来、「医療的ケア」とはあくまでも「非医療職」が行うための言葉であって、「医療的ケア」を行うために看護師を配置する、という表現はちょっとおかしな話であると私は思っています。

(2) NPO法人「医療的ケアネット」の歴史

1995年に大阪で「医療的ケアに関する懇談会」が始まりました。その翌年には第1回「医療的ケアに関する公開シンポジウム」が開かれ、「大阪養護教育と医療研究会」も発足しています。

私たち「医療的ケアネット」は2002年、重症児にかかわるすべての人が一堂に会して討論し連携を深める目的で「保健・医療・教育・福祉ネットワーク大阪+京都」をつくったのが出発です。保健・医療・教育・福祉の四つが対等にものをいい合おうというネットワークが、まず大阪と京都で発足しました。2年後にそれが発展して「医療的ケアネットワーク近畿」になります。そして2007年、法人にして運営しようという杉本健郎前理事長の発案で「NPO法人医療的ケアネット」が認可されました。

① 初期の活動

まず最初は、2007年に医療的ケアネット発足記念講演会を京都で開催しました。就任したばかりの杉本理事長が設立の経緯と目的を説明し、参加者は90人を超えて会場は熱気ムンムンでした。

翌2008年に、医療的ケア実践セミナーを京都教育大学で行い、全国からのべ650人の参加者が集まりました。やはり当時から医療的ケアが必要だと、全国の人が思っていたということです。

その後もおおむね年に1~2回シンポジウムを開催しました。2009年は障害者自立支援法の見直しと児童福祉法の改正があり、それによって重症心身障害児者(以下、重症児者)の暮らしがどう変わるのかをテーマにしました。法改正など何か動きがあると、その都度それについて議論するために集まってきたのです。

そのなかで「医療的ケアのテキストが要るのではないか」という話になり、2009年にNPO法人医療的ケアネット・杉本健郎編『「医療的ケア」はじめの一歩』(クリエイツかもがわ)を出版しました。みんなで執筆を分担し、そもそも医療的ケアとは何か、身体の仕組み、何に注意すればよいのかなど、基本から解説しました(2011年に改訂)。

2012年4月の突然の制度変更(15頁参照)に際しても2013年、NPO法人医療的ケアネット編『医療的ケア児者の地域生活支援の行方—法制化の検証と課題』(クリエイツかもがわ)を出版しました。

② 中期の活動

2016年頃はシンポジウムを、おおむね年に2回ずつ開催していました。2016年は「相模原殺傷事件と医療的ケアを考える」、2017年は「大震災時の医療的ケア児者の支援と今後の課題」「医療的ケア児者の地域生活を支える『第3号研修』」などで、重心児者にかかわる事件などそのときどきのトピックを絡めて医療的ケア児者の支援を考えるテーマを設定していました。

２０１５年には「全国『第３号研修』連絡会議」が設立されました。第３号研修を広めるために、私たちも講師になって各地で研修を受けられるところをつくっていこうと、一生懸命活動していました。

２０１７年に、私たちは「パーソナル・アシスタンス制度」を話題にしています。きっかけは、２０１０年頃に行われた北欧や北米の障害児医療や在宅管理についての杉本前理事長の視察で、そのときのキーワードでした。すなわち「24時間年齢に関係なく、医療的ケアも含めた公的な生活支援」で「当事者が支援内容を選択し雇用を行う」制度です。障害当事者が自分をアシストする人を選んで直接雇用し、その費用を公的に支給する形が取られています。

２０２１年に医療的ケア児支援法ができました。ただし、この法律は原則18歳未満までしかカバーしていません。18歳を過ぎるとこの法律には乗ってこないのが問題です。また同法では、家族の相談に応じる「医療的ケア児支援センター」の設置が求められ、各都道府県で開設が進んでいます。ただし問題はその内容です。どこかに丸投げしていないかなどきちんと検証していく必要があります。そういうことも医療的ケアネットで検証していければと思っています。

また２０２１年には、ＮＰＯ法人医療的ケアネット編『たんの吸引等第三号研修（特定の者）テキスト［改訂版］』（クリエイツかもがわ）を出版しました。医療的ケア児支援法を踏まえた第３号研修の最新のテキストです。

③これからの「医療的ケアネット」

これからの「医療的ケアネット」のキーワードは、まず「当事者目線」です。当事者やその家族が何を必要としているのかはすごく大切です。

また、当事者本人の意思決定権の尊重も大事です。言葉が発せられない人でも意思決定権はもっています。親でさえ当事者ではありません。

それから、保健・医療・教育・福祉の四つが平等に意見を出し合うことも大事です。たとえば医師や医療が偉いのではなく、どの分野もそれぞれのスペシャリストとして自信をもって提言をしてもらいたいと思います。

そして、医療的ケア児支援法から外れている18歳以上の問題をどのように法制化にもっていくのかが、これからの課題だと思います。正確な現状把握をした上で、時代の先を見据えて次の一手を考えていく必要があります。

そもそもは「医療的ケア」がこのNPOの最初の目標でした。それが法制化されたところで一旦クリアされたわけです。次の目標は、先に紹介した「パーソナル・アシスタンス制度」ではないでしょうか。これを実現するには何が必要か、今後みんなで考えていきたいと思います。

尾瀬順次●NPO法人てくてく理事長／NPO法人医療的ケアネット理事

2 「第3号研修」の現状と問題点

(1) 「医療的ケア」の三つの流れ

まず、喀痰吸引等の制度がつくられてきた背景について整理します。制度ができる以前に支援現場で行われていた医療的ケアの取り組みには、大きく三つの流れがありました。

その一つは、学校における取り組みです（13頁参照）。

二つ目は、在宅支援における取り組みです。難病や重度の身体障害者、あるいは重症心身障害者が自宅で生活するために必要となる医療的ケアを、本人や家族から学び、医療職と連携しながらヘルパーなどが行っていました。

三つ目は、介護施設における取り組みです。特別養護老人ホームなどで、胃ろうからの注入や喀痰吸引等を介護職員が担ってきた状況がありました。

法的には「医療行為」とされるこれらのケアを、教員、ヘルパー、介護職員などの非医療職が実態的に行っていたのです。これに対して国も、２００３年頃から「違法性の阻却」という考え方にもとづく通知を順次発出し、一定の要件を満たした上で非医療職が行う喀痰吸引等を「当面やむを得ない措置として許容されるもの」としました。

これにもとづき学校や在宅支援の現場で、たとえば生徒Aさんと担任のB先生、利用者Cさんとヘルパーのさんなど、個別の関係性や互いの信頼関係に依拠した形で、医療的ケアの取り組みが進められてきました。

介護施設では、少し時期が遅れて医療的ケアへのニーズが急増しました。これを受けて同様の通知も出されましたが、法律による制度整備を求める声が非常に強くなり、喀痰吸引等の制度検討が始まりました。

当初は介護施設の状況を念頭に、１人の介護職員が多数の利用者をケアする場面を想定した研修プログラムが検討されていました。しかし検討会のなかで、学校や在宅での個別の関係性を踏まえた取り組みを継続していく必要があるという声が当事者を中心にあがったことで、特定の関係にもとづく研修課程が設定されました。この前者が第１号、第２号研修に、後者が第３号研修に、それぞれ該当します。

(2) 介護職員等によるたんの吸引等の実施のための制度

制度の概要は図１の通りです。趣旨は「介護福祉士及び一定の研修を受けた介護職員等は、一定の条件の下にたんの吸引等の行為を実施することができる」とされています。

実施可能な行為は「日常生活を営むのに必要な行為」です。具体的には喀痰吸引と経管栄養にかかわる行為が可能になりました。

介護職員等の範囲は、まず介護福祉士です。もう一つは「介護福祉士以外の介護職員等」で、資格は問われず、誰でも研修を修了して認定証の交付を受け、所属する事業者が登録事業者であれば、喀痰吸引等を実施できます。

研修は、要件を整えて都道府県に登録した研修機関で実施することになっています。

実際に利用者に喀痰吸引等を行う事業所も登録制です。一定の要件を整えて都道府県知事に登録すれば可能になります。たとえば保育所も、要件を整えて登録事業者となり、そこに所属する保育士が第3号研修を修了して認定証の交付を受ければ、その保育所を利用する子どもの喀痰吸引等を行うことができます。学校も制度上は同じ扱いです。

介護職員等によるたんの吸引等の実施のための制度について
（社会福祉士及び介護福祉士法）

趣旨

○ 介護福祉士及び一定の研修を受けた介護職員等は、一定の条件の下にたんの吸引等の行為を実施することができる。
☆ たんの吸引や経管栄養は「医行為」と整理されており、法制化されるまでは一定の条件の下に実質的違法性阻却論により容認されていた。

実施可能な行為

○たんの吸引その他の日常生活を営むのに必要な行為であって、医師の指示の下に行われるもの
※ 保健師助産師看護師法の規定にかかわらず、診療の補助として、たんの吸引等を行うことを業とすることができる。
☆具体的な行為については省令で規定
・たんの吸引（口腔内、鼻腔内、気管カニューレ内部）
・経管栄養（胃ろう、腸ろう、経鼻経管栄養）

介護職員等の範囲

○介護福祉士
☆具体的な養成カリキュラムは省令で規定
○介護福祉士以外の介護職員等
☆一定の研修を修了した者を都道府県知事が認定
☆認定証の交付事務は都道府県が登録研修機関に委託可能

登録研修機関

○たんの吸引等の研修を行う機関を都道府県知事に登録
○登録の要件
☆基本研修、実地研修を行うこと
☆医師・看護師その他の者を講師として研修業務に従事
☆研修業務を適正・確実に実施するための基準に適合
☆具体的な要件については省令で規定
※ 登録研修機関の指導監督に必要な登録の更新制、届出、改善命令等の規定を整備。

登録事業者

○自らの事業の一環として、たんの吸引等の業務を行う者は、事業所ごとに都道府県知事に登録
○登録の要件
☆医師、看護職員等の医療関係者との連携の確保
☆記録の整備その他安全かつ適正に実施するための措置
☆具体的な要件については省令で規定
※ 登録事業者の指導監督に必要な届出、報告徴収等の規定を整備。

＜対象となる施設・事業所等の例＞
・ 介護関係施設（特別養護老人ホーム、老人保健施設、グループホーム、有料老人ホーム、通所介護、短期入所生活介護、等）
・ 障害者支援施設等（生活介護、グループホーム、等）
・ 在宅（訪問介護、重度訪問介護（移動中や外出先を含む）、等）
・ 特別支援学校
※医療機関は対象外

出典：介護職員等によるたんの吸引等の実施のための制度の在り方に関する検討会「中間まとめ」

実施時期及び経過措置

○平成24年4月1日施行
（介護福祉士については平成28年4月1日施行。ただし、それ以前であっても、一定の研修を受ければ実施可能。）
○法制化前にたんの吸引等を実施している者が、法制化後も引き続き当該行為を実施できるよう経過措置を整備

図1　喀痰吸引等の制度の概要

厚生労働省サイトより（https://www.mhlw.go.jp/content/000464962.pdf）

(3) 第3号研修のカリキュラム

第3号研修は、在宅支援での個別性と関係性にもとづく医療的ケアがベースになっています。カリキュラムは、講義と演習による基本研修と実地研修の二本柱です。

基本研修は講義が8時間、ごく基本的な内容に絞ったものとされています。講義を受けて試験に合格すれば次の演習に進みます。基本研修での演習には、主に会場で行うシミュレーター演習と、ケア対象者の自宅や利用施設で行う現場演習の2種類があります。

実地研修は、ケア対象者に必要な手技だけを行います。第3号研修のキモはこの実地研修ともいえます。対象者の生活場所で、その人の手順や留意点に沿って実際に喀痰吸引等を実施し、それを看護師が評価します。「連続2回『手順どおりに実施できる』となった場合」に合格となります。

なお、「特定の者ごとの実施方法を考慮した評価基準と

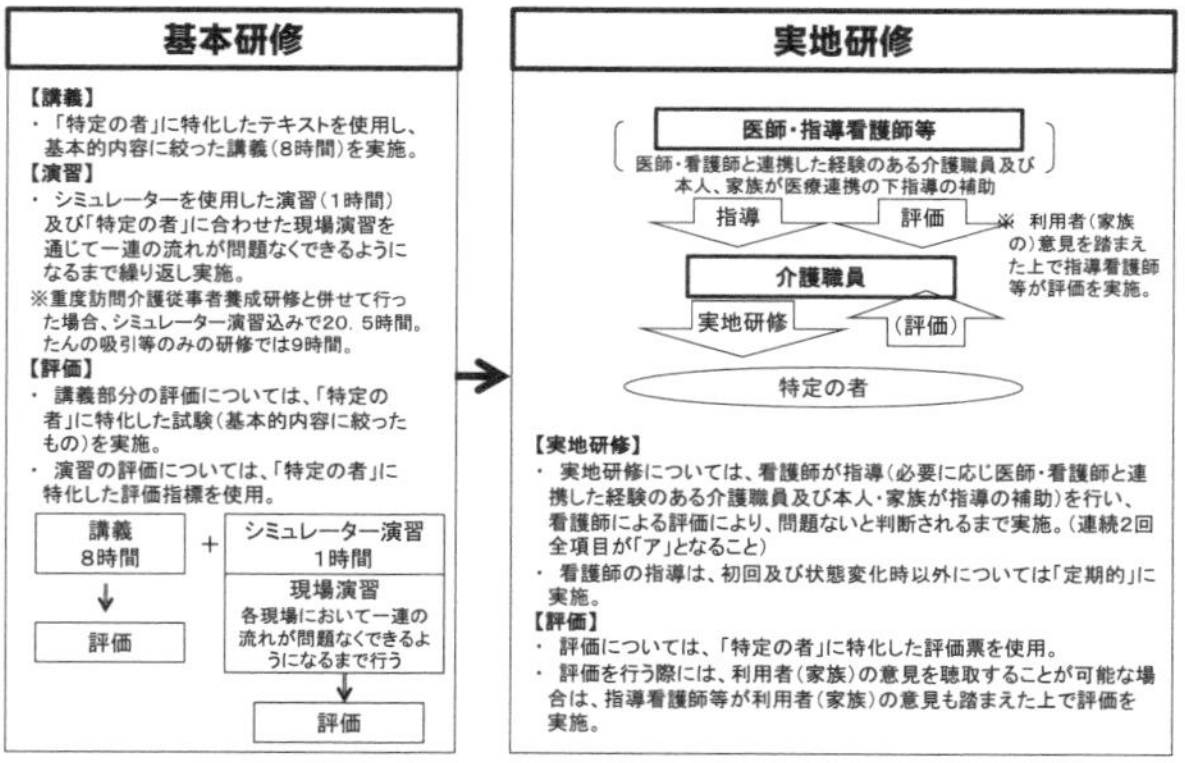

図2　基本研修と実地研修

厚生労働省サイトより(https://www.mhlw.go.jp/seisakunitsuite/bunya/hukushi_kaigo/seikatsuhogo/tannokyuuin/dl/4-1-1-3.pdf)

することができる」とされていて、対象者に応じた基準で評価することも可能になっています。

　ここで大事なことは、本人や家族から見て、この人になら「まあ大丈夫やな。任せられるな」と思うようになるまで、実地研修を何度も積み上げるということです。その結果、最終的に2回連続OKとなって合格するのであって、そこに至るまでには個人差がかなりあります。誰もが2回の実地研修だけでOKということではありません。

　ですから、合格までには本人や家族、あるいはすでにその対象者の喀痰吸引ができるヘルパーなど先輩職員からも指導や助言を受けながら研修を積み上げることが、大事なポイントになると思います。

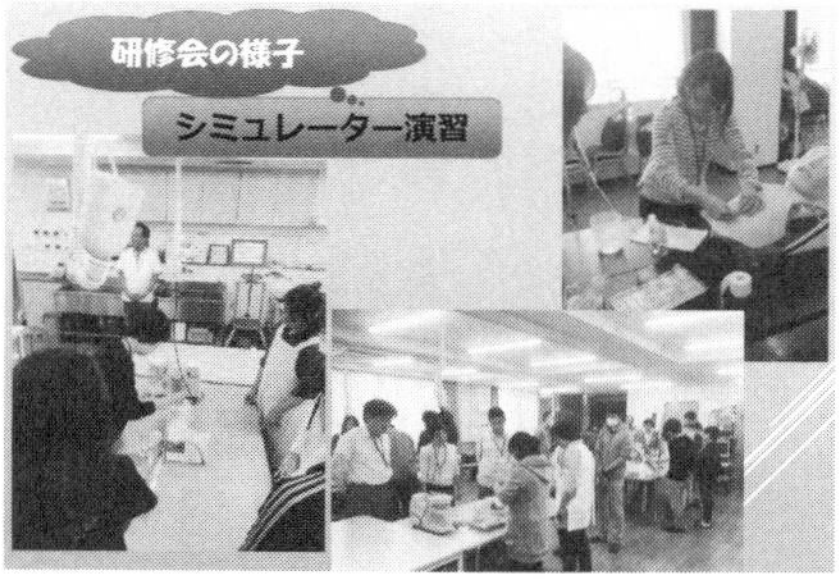

シミュレーター演習の様子。看護師（エプロン姿）の説明と指導のもと、シミュレーターを使って吸引や胃ろうからの注入を体験する。体験のみで試験はない。

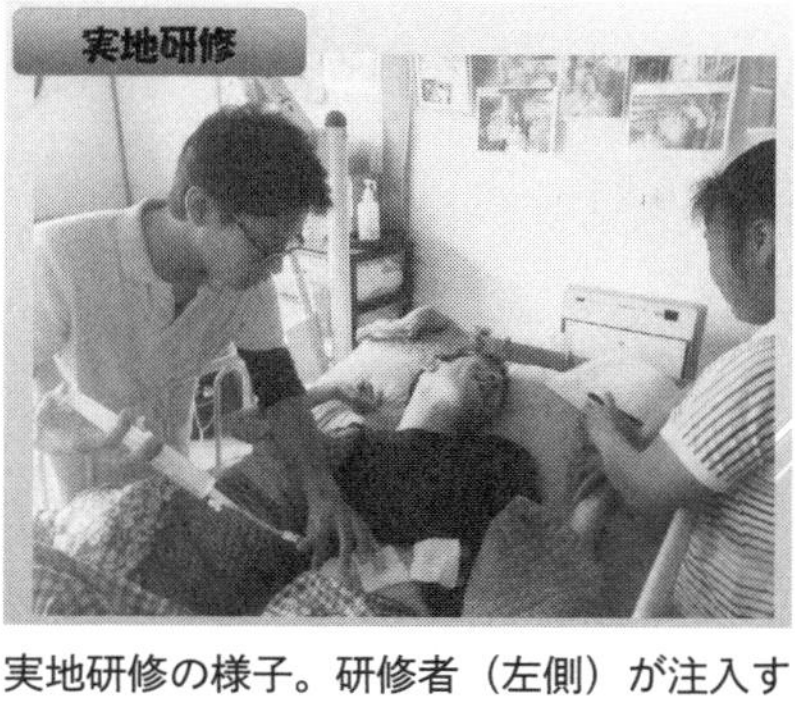

実地研修の様子。研修者（左側）が注入する手技を看護師（右側）が見て評価する。項目ごとにチェックして全部OKが2回続けば合格。

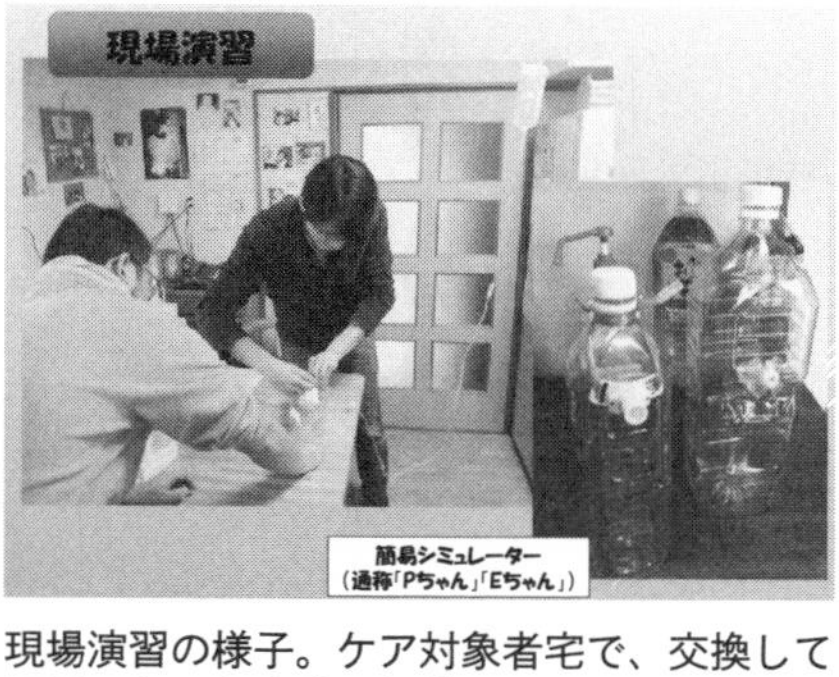

現場演習の様子。ケア対象者宅で、交換して不要になった実際の気管カニューレや胃ろうボタンを洗浄し、ペットボトルなどにつけて簡易シミュレーターとして本人に見立て、手技を実施。それを看護師がチェックしてOKになれば、次の実地研修に進む。

(4) 通所施設等における対応

実地研修を修了すると、登録研修機関から修了証が交付されます。その修了証をつけて都道府県知事に認定証の交付を申請します。認定証が交付をされたら、その人が所属する登録事業者で、実地研修を行った利用者の医療的ケアを実施できます。

そのとき、登録事業者に対して医師から指示書が出されます。職員はそれにもとづいて利用者の喀痰吸引等を行いますが、その際は看護師とよく連携することになっています。通所であれば通所施設の看護師、在宅であれば訪問看護師などになります。

図3は通所の例ですが、在宅でも学校や保育所などでも、必要な連携や手順は変わりません。医療職としっかり連携して安心・安全なケアを行うのが基本です。

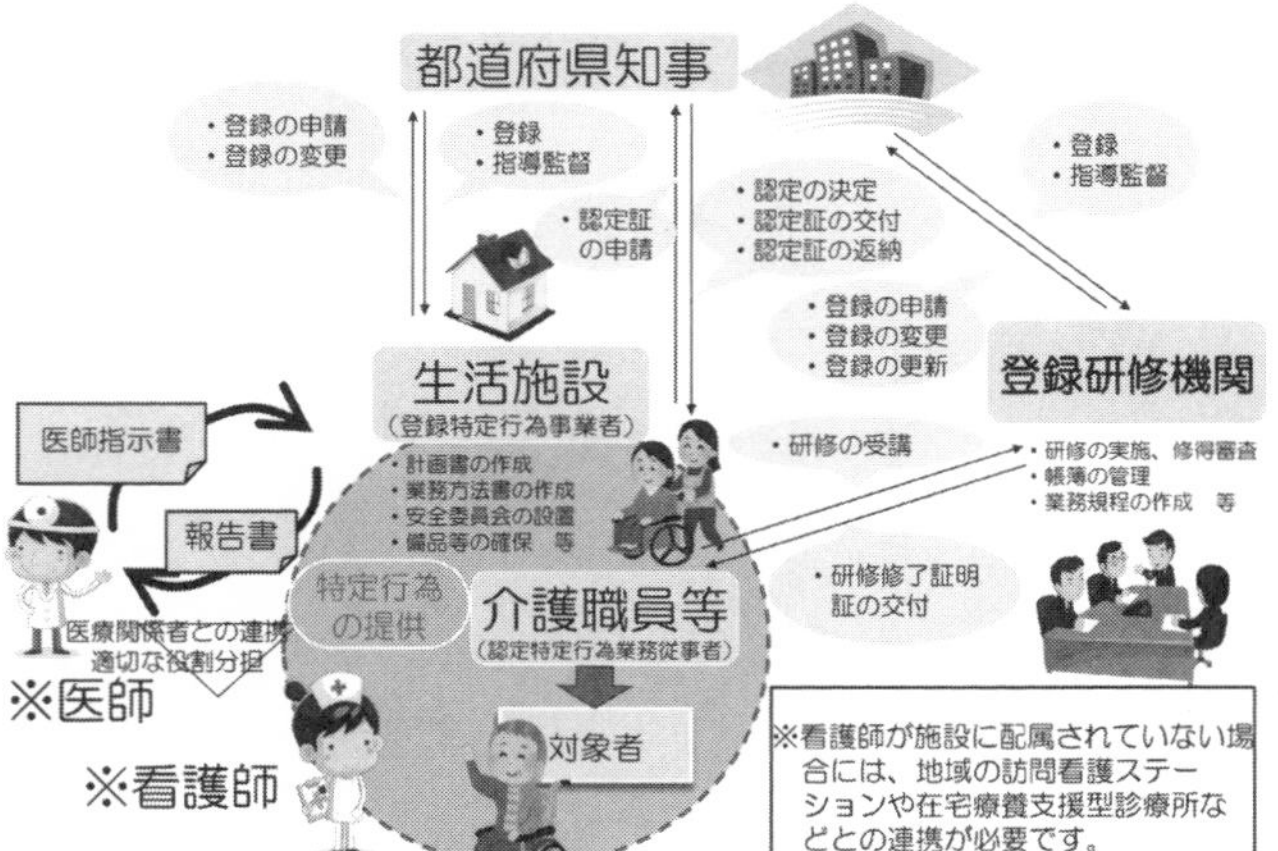

図3　喀痰吸引等の実施に必要な連携と手順

NPO法人医療的ケアネット編『たんの吸引等第三号研修（特定の者）テキスト［改訂版］』クリエイツかもがわ、2021年よりここで留意が必要なのは、特に在宅の現場では常時看護師がいるわけではないことです。ヘルパーが単独で支援をするなかで喀痰吸引等を行う場面も当然、起こり得ます。その際「その場に看護師がいなければ、介護職員等は喀痰吸引をしてはいけません」といわれることがありますが、そうではありません。

そういう状況で実施する場合に、何かあったときの連絡方法、緊急時のバックアップ体制、日常的な報告、連絡、相談の方法など、しっかりした連携体制を個々の利用者の状況に応じてつくっておくことが大事になる、ということです。

なお、登録研修機関、認定証交付申請の必要書類やその提出先など、喀痰吸引等の制度についての情報は、各都道府県のホームページなどでも提供されています。

(5) 非医療職が「医療的ケア」に取り組むことについて

『医療的ケア研修テキスト〔改訂増補版〕』(クリエイツかもがわ、2023年)では、「医療的ケア」とは「日常生活を営んでいくために必要な医療的な生活援助行為」であるとしています。この「生活援助(支援)行為」である、ということが「医療的ケア」の本質なのではないでしょうか。

生活の支援にかかわる私たちの役割は、日々の生活を営んでいくために支援を必要とする方に対して、必要な支援(たとえば食事や入浴等の介助、外出の支援等)を適切かつ安全に提供することであり、そのために必要な知識を学び、支援の技術を高める努力が求められます。

同じように、その方が必要とされる支援の一つが「医療的ケア」であるからこそ、「生活援助（支援）」にかかわる専門職としての本来的な役割として、「医療的ケア」に向き合い、主体的に取り組むことが重要です。そして、その適切かつ安全な実施のために、しっかりと学ぶ必要があります。この「その方に必要な『医療的ケア』」としてのたんの吸引等を学び、実施していくための仕組みが、「第3号研修」であると言えるでしょう。

また「障害者差別解消法」が施行され、「合理的配慮の提供」が自治体や民間事業者に求められるようになりました。保育所を利用する、学校で学ぶ、地域で暮らす……「医療的ケア」を必要とする人が、多くの人の輪の中で当たり前に育ち、学び、暮らしていくことができるよう、たんの吸引等の実施はそのための「合理的配慮」の一つであると認識しておきたいと思います。

第1部　就学前の医療的ケア児と家族を支える

平田　義●社会福祉法人イエス団空の鳥幼児園園長／ＮＰＯ法人医療的ケアネット監事

1 切れ目のないケアをめざして
――京都市における就学前の現状と課題

(1) 空の鳥幼児園を中心とした愛隣館の取り組み

① 愛隣館

全体で「愛隣館」と呼ぶ私たちの施設は、いくつかの施設の複合体です。児童発達支援センター「空の鳥幼児園」は、１９７８年に知的障害児の通園施設として開所しました（定員30人）。同じ年に「野の百合保育園」という一般の保育所も、その隣に併設する形で開所しました（定員90人）。

そして愛隣館研修センターのなかに5施設あります。成人の生活介護事業「愛隣デイサービスセンター」（１９９３年開所）、特に医療的ケアが必要な成人の重症心身障がい者の生活介護事業「重症心身障がい者通所『シサム』」、障がい児・者ホームヘルプ事業「ゆうりん」、京都市南部障がい者地域生活支援センター「あいりん」と、２０２１年4月に「愛隣グループホーム」を開所しました。

②クラス編成

クラス編成の特徴は、年長児のインクルーシブクラスとそれ以外の小集団グループです。

インクルーシブクラスは、空の鳥幼児園の年長児が、併設の野の百合保育園に生活の基盤を移していっしょに過ごすクラスです。このクラスで子どもたちに、人工呼吸器をつけている子や酸素療法の子、自閉症の子など、いろいろな子どもたちがいて当たり前だということを感じ取ってほしいと思っています。

小集団グループは、一人ひとりの生活ペースを大切にした小さい集団で、ゆっくり、あるいは活動的など、それぞれのペースに合わせて過ごせる編成にしたものです。

エピソードを一つ紹介します。

空の鳥幼児園に、脊髄性筋萎縮症（ＳＭＡ）で大きなフラットの車いすに乗った園児がいました。気管切開をして人工呼吸器をつけていました。本人は話したいようでしたが、気管切開のため、空気がもれるような感じでしか言葉は出ません。けれども言葉の理解力があり、保育園の友達ができました。その友達と仲よくしたいと、母親を通じて交換日記を始めました。そ

建物は回廊型。保育園の子どもたちと保護者、医療的ケアが必要な人も含めた障害のある人や子どもたちなど、いろいろな人の姿を建物のなかで互いに確認できる構造になっている。

2021年４月にできた新しい建物。「インクルーシブな社会の実現を！」というテーマで事業を展開中。

の交換日記がすごくよかったそうです。

卒園して小学校に入学する際、保育園で友達ができたので本当は普通学級に通いたかったのです。しかし、学校の構造上の問題や医療的ケアが必要なことから普通学級は断念し、支援学校に入学しました。けれども、このインクルーシブクラスでの経験から、放課後の過ごし方として、放課後等デイサービスではなく、ヘルパーといっしょに地域の児童館の自由来館を利用することにしたのです。

子どものときからいっしょにいることが、その選択につながりました。私たちの保育園では当たり前でしたが、その地域の学童保育や児童館にいる子どもたちにとっては、その子が出かけて行くことで「この子、なんかいろんなものつけてるけど、何やろう」と思いながら、新たな出会いが誕生します。それはすばらしいことだと思います。

③ 空の鳥幼児園

空の鳥幼児園には47人（2021年度）の登録園児がいます。このうち医療的ケアが必要な子どもは12人です（気管切開6人、人工呼吸器5人、酸素療法4人、経鼻経管栄養2人、胃ろう6人、吸引7人、導尿2人）。

ここ数年、医療的ケアが必要な子どもたちの通園希望が非常に増えました。やはりこれは医療の発達により、医療的ケアが必要な子どもたちの数が増えていることが一つの要因だと思います。

そしてもう一つ、地域差の問題もあると思います。単独通園施設は京都市内にいま4か所あり、空の鳥幼児園は京都市の南部地域を主に担当しています。北部や東部では、同じ児童発達支援センターでも医療的ケアが必要な子どもの受け入れはなかなか進んでいません。北部はむしろ、医療的ケアが必要な子どもを受け入れる保育所などが整備されつつあります。ですから、医療的ケアが必要な児童が単独通園で療育を受けたいと思っても、通えるところがないのです。京都市内だけでも、こうした地域差の問題があると感じています。

医療的ケアの実施者として、1人の常勤看護師と4人の非常勤看護師がいます。児童発達支援センターには看護師の配置義務はありませんが、医療的ケアが必要な子どもの受け入れに際し、保護者にも本人にも安心してもらうために、まず看護師を雇い入れました。

クラス担任などの職員は、基本的に第3号研修の基礎研修を受講しています。受け持つクラスに医療的ケアが必要な子どもがいれば、その子との信頼関係ができてくるなかで、担任職員が実地研修を受け、安全に行えることを確認した上で、その職員も医療的ケアの実施者になっています。

療育の施設では、遊びのなかで子どもたちを育てていきますから、いっしょに遊ぶわけです。医療的ケアが必要な子どもたちも、同じように園庭に出て遊びます。その子の吸引が必要になったときに、第3号研修の喀痰吸引の特定行為従事者の認定がなければ、その都度看護師を呼びに行かなければなりません。しかし担任に特定行為の認定があれば、その場で安全に対処できます。ここに、こういう子どもの施設でも、第3号研修を受けた職員が医療的ケアを実施していく意味があると思います。

(2) 切れ目のない支援

① 縦軸の連携の中心を担う

子どもが生まれ成長する年代に応じて、さまざまな社会資源があります。たとえば幼児期なら、図の横軸の連携のなかで支援会議を開いて話し合っていくケースもあります。

しかし、その一方、図1の縦軸の連携という考え方がまだまだ不十分だと思います。

私は、医療的ケアが必要な人にとってこの縦軸の連携は非常に大切で、ここがきちんと引き継がれていくためにも、その人のことをよく理解し、相談相手として伴走していくような役割を担っていけるキーパーソンが必要だと思います。これが、京都府でも3年前から養成が始まっている医療的ケア児等コーディネーターの役割の一つになっていけばいいのではないかと思います。

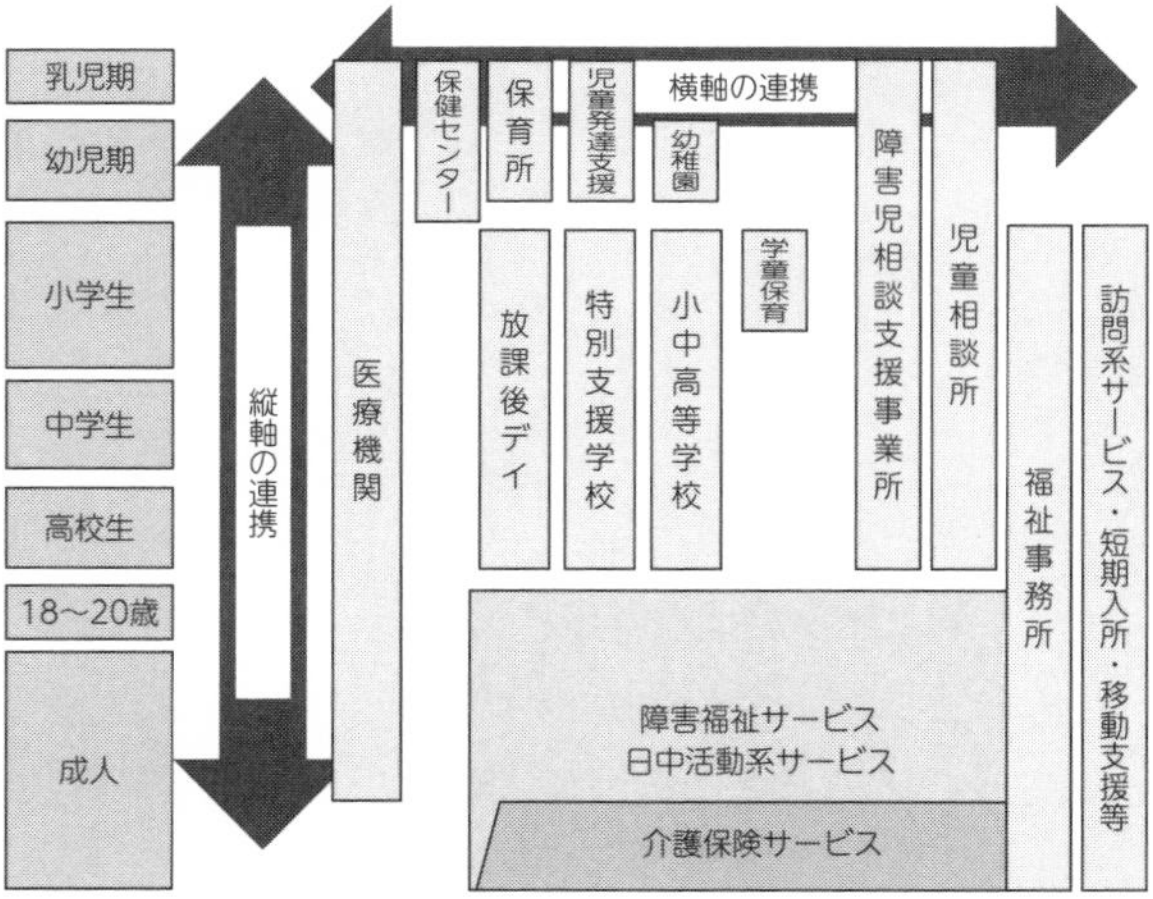

図1　縦軸の連携

②切れ目のないケア～NICUから在宅へ

医療的ケアが必要な子どもたちの多くは、NICUから在宅へ向かうのが一つの流れになります。障害のある子どもが生まれてきたとき、病院の地域連携室や看護師が、保護者の思いに寄り添いながら不安を取り除いていくことが必要です。その後、在宅生活に向けて、地域の訪問看護ステーションや保健師、相談支援事業所などが支援チームを形成し、保護者が安心して在宅生活を始めていけるようにしていくことが大事です。

私が出会ってきたケースでも、NICUにいるときに、病院のスタッフが中心となり支援チームがつくられていくことによって、ご家族と本人が安心して在宅の生活を始められていっていると実感しています。

一方、NICUからではないケースを受け入れたことも最近、数例ありました。

ある子は、元気に幼稚園に通っていましたが、大きな発作が起きて遷延性意識障害になり、人工呼吸器をつけて暮らすことになりました。新生児期にNICUに入院していたわけではないため、同じ境遇の仲間が見つからず、孤立します。母親は、元気に走り回っていた姿を思い起こしながら、また目を覚まして走ってほしいという期待だけでわが子と向き合っていました。

退院後しばらくして、訪問看護ステーションの紹介で空の鳥幼児園を見学してもらいました。しかし母親にはなかなか受け入れ難く、療育を受けたいという気持ちになるまで半年以上かかりました。

当初は「月1回しか通いません」とのことでしたが、初登園から自宅に戻ったとき、本人がとてもうれしそうな表情だったそうです。それを見た母親は、この子にとって園に通うことが楽しみになっていくに違いないと確信したそうです。その後、通園が週2回になりました。8月の後半には、保育園の子どもたちといっしょにお泊まり保育に参加しました。遷延性意識障害ですから、顔の表情がほとんど変わらないのですが、子どもがワイワイしていると、夕方の時間帯に少し口角をあげ、ニコッと笑う表情を見せていました。子どものなかで育っていくことのすばらしさを、改めて感じたものでした。

ＮＩＣＵからとそうでない場合でギャップはありますが、そこは地域のなかでどのようにフォローできるかも課題だと思っています。

在宅移行に向けて、保護者との信頼関係のもと、訪問看護ステーション、訪問診療、訪問リハビリ、ヘルパー、保健師、相談支援員などで支援チームを構築していく必要があります。そのときにいつも思うのは、誰がキーパーソンかということです。

経験豊富な訪問看護ステーションが入っていると、最初はそこの人たちがキーパーソンになっていくケースはよくあります。しかしその後、訪問看護の回数も減っていったときに、その役割を担っていくべきは医療的ケア児等コーディネーターではないか、と思っているところです。

そういうキーパーソンが、いろいろな経験をもとに今後の暮らしの見通し、夢や希望を示せるかどうかによって、保護者の不安は変わってきます。

たとえば、子どもが生まれたらみんなでディズニーランドに行きたいと思っていても、人工呼吸器を装着しながら家族だけではとても無理だとあきらめてしまいます。しかし、人工呼吸器をつけながら行っている例や方法、あるいはこの子がいるから本当に家族が幸せだったと思えるような出会いなど、いろいろな希望を話せることが大事だと思います。

空の鳥幼児園の卒園児で、700グラムという超低出生体重児がいます。その子は2歳になっても、家では抱っこしても反りかえって泣き叫ぶばかりだったそうです。園に来るようになってしばらくして、初めてニコッとする表情を見せました。そのことを母親に伝えました。

「どうやったときに笑いました?」

「手あそびのこんな歌で笑いましたよ」

と伝えると、母親は同じことを、家でその子の姉といっしょにやり続けました。すると、家でもニコッと笑ったそうです。そのときの話を、卒園時に聞きました。

「私は、娘が初めて笑ってくれたときに、初めてこの子のことを愛おしいと思って、この子を産んでよかったって思えました」

さらに「この子がいるから私たちの家族は幸せに過ごせています」とも。こういう家族の姿もあるという希望や夢を伝える役割が、すごく大事だと思います。

③切れ目のないケア~幼児期

在宅に帰ってきてからも、情報提供が大事だと思います。療育機関があって親子通園できること、子どもたちだけで通える単独通園施設もあることなどを伝えるのは、すごく大事なことです。

ただ、どのようにして人工呼吸器をつけている子どもを連れて施設に通うのか。運転免許や車がなかったら行けないのか、訪問看護師が付き添うのかどうかなど、通園するための課題はたくさんあります。

就労の課題もあります。特に母親も、それまで生きがいとしていた仕事を「医療的ケアが必要な子どもを産んだのだからあきらめなさい」ではなく、仕事をしながら育てていく選択があっていいと思います。その場合に保育所が利用可能かどうか。医療的ケア児支援法ができたことで今後、医療的ケアが必要な子どもの保育所利用が、全国的に進んでいくことが期待されます。

また、医療的ケアが必要なわが子のことを地域の人や子どもたちみんなに知ってほしいと願う親もいます。兄弟姉妹と同じ幼稚園や学校に行かせたいと思っても、その受け入れがどこまで可能なのかも課題です。

兄弟姉妹の問題もあります。医療的ケアが必要な子どもが在宅に帰ってきて、上に兄や姉がいる場合、それまで上の子に手をかけていた部分が、どうしてもその子中心になってしまいます。療育に預けている間に上の子の対応ができればいいのですが、彼らも学校や保育園、幼稚園に行っていたりすると、やはり休日しか相手ができません。

たとえば、上の子と母親が映画を見に行くとして、その間医療的ケアのある子どもを誰がみるのか。幼児期の子どもの場合は制度上、ヘルパーにはそれができません。居宅介護は、保護者の誰かが自宅にいないと、その子のケアはできないからです。現状でそれができるのは訪問看護師だけですから、変えていくべきところです。医療的ケア児支援法にもそういう壁があることを、私たちは指摘していく必要があります。

就学先についても、普通学級か支援学級か、あるいは支援学校に行くのかをどう選択し、療育機関や保育所からどのように次に引き継いでいくのか、そこに誰がずっとそばにいて、情報提供しながらやっていくのか、などの課題があります。

④切れ目のないケア～学齢期

学齢期は、訪問籍になる人や通学できる人、地域の学校に行く人などいろいろですけれども、いま支援学校で医療的ケアが必要な子どもが通っているところは、全国的にスクールバスに乗れない地域が多いと思います。この問題が今後、医療的ケア児支援法でどう変わっていくのか、期待が大きいところです。

空の鳥幼児園に通っていた18トリソミーの女の子がいました。その子の母親の強い要望が「うちの子が卒園するまでに必ず通園バスに乗せてほしい」ということでした。人工呼吸器の使用者ですから、バスに乗るには電源などいろいろな問題があります。強い要望のねらいは学校でのスクールバスにありました。

つまり、幼児園への通園は3年でなんとか送り迎えできたとしても、その後学校に行けば12年間毎日送り迎えしなければならないと思うと「ゾッとする」と。通園施設で送迎の実績があれば、学校に対して「うちの子、通園施設で通園バスに乗ってましたよ。なんで学校でできひんのですかっていえる。それを交渉の材料にしたい」ということでした。それで、卒園までに通園バスに乗ってもらいました。いま学校と交渉中です。

付き添いの問題もあります。いつまでも付き添いを頼まれて、母親には自分の時間がありません。地域の学校に行っても、看護師がなかなか確保できないことも課題です。

放課後の過ごし方として、放課後等デイサービスがたくさんできていますが、医療的ケアが必要な子どもが通えるところはまだまだ少ない状況です。地域の学童保育や児童館、ヘルパーの利用も可能ですが、そこもなかなか進んでいかないのが現実です。何か突破口を開いていかないと、進んでいかないように思います。

卒業後の進路についても、いま医療的ケアが必要な人が通える生活介護事業所には、やはり希望者が集中しています。定員いっぱいになれば、次はどうするのか。そういう社会資源を増やさなければなりません。かつては作業所などを、保護者らが一生懸命になって運動としてつくっていきました。利用契約の時代になったいま、事業所が思いをもってそういう場をつくらない限り、そういう人たちが過ごせる場所ができてきません。このあたり、行政は事業所任せでいいのか、と思っているところです。

(3) 「医療的ケア児支援法」でどうなる？

「医療的ケア児支援法」で「医療的ケア児等コーディネーター」が出てきました。しかしこの法律にコーディネーターの役割が示されているわけではありません。また、各都道府県に「医療的ケア児支援センター」を設置するということになっています。地域差もあるのですが、その具体的な働きもまだ明確にはなっていないように思います。

学校や保育園、幼稚園などに、きちんと看護師を入れていくことが推奨されています。しかしこれも、看護師さえ雇い入れる財政措置をしたらそれで大丈夫ではなく、看護師は不足していますし、なかなか雇い入れることは難しいですし、雇い入れることができたとしても、福祉職場でたった一人の医療職となり責任と負担がのしかかってしまいます。そのあたりも今後の課題ではないかと思います。

私は、基本的な考え方を各人が共通理解していくことが大事だと思っています。それを表1に示しました。

すなわち、医療的ケアが必要であっても、障害があったとしても、子どもは子ども、人は人だという、そこの部分です。当たり前に子どもとしての人権や尊厳に配慮した支援、子どもたちも権利主体、医療的ケアが必要な子どもたちも権利主体だという認識、医療的ケアは合理的配慮であり、それが必要だから排除されること自体がおかしい――それらが共通認識になっていく時代になっていくべきだと思っています。その裏づけになる条文なども表に示した通りです。

真の共生社会にしていくために、いまもいろいろな制度

表1　切れ目のない支援で大切にしたい視点

▶医療的ケアが必要であっても、障害があったとしても子どもは子ども

▶子どもとしての人権や尊厳に配慮された支援、権利主体としての認識

▶医療的ケアが必要であるから排除されない（合理的配慮）
→児童福祉法第１条 「全て児童は……福祉を等しく保障される」
→児童福祉法第56条第２項
→障害者権利条約第１条、障害者基本法第１条、障害者総合支援法第１条

▶真の共生社会の実現のために
→制度などの狭間に陥ってもあきらめない
→実践を積み重ね、社会資源の改善、開拓を！
→積極的に学び、かかわる姿勢
→多職種と連携し支援を構築

の隙間はありますが、その隙間があってもあきらめずに、その人がその人らしく生きるために必要な支援をみんなで連携しながら取り組んでいく必要があります。それをやり続けることによって、社会資源の創出にもつながります。私たち自身もいろいろなことを学びかかわっていく姿勢をもちながら、幅広い人たちと連携し、インクルーシブな社会をめざしていきたいと願っています。

(4) 京都市における医療的ケアが必要な児童の受け入れ状況

私自身は児童発達支援センター「空の鳥幼児園」の園長ですから保育園に直接のかかわりはありませんが、隣に併設の保育園があり、そこでもこれまで医療的ケアの必要な子どもを受け入れてきた状況を見てきました。今回の内容は、京都市子ども若者はぐくみ局幼保総合支援室の医療的ケアが必要な子どもの入所調整などの担当者とやりとりをしながら準備しました。

京都市で医療的ケアが必要な子どもの保育園への受け入れが始まったのは２０１８年からで、受け入れ状況は表２の通りです。２０２１年度13施設30人のうちには、私立幼稚園２施設２人が含まれています。２０２２年度は保育所が11施設（民営9、市営2）、27人（民営25人、市営２人）、そして私立幼稚園が３施設３人です。

このあたりは、行政主導で公立保育園では絶対に断らない仕組みの豊田市（74頁参照）との大きな違いだと思います。いまのところ京都市では、心ある民間の保育園を増やしていくしか手立てがない感じですが、少しずつは広がりつつあると思います。

実は当初、小規模保育所での受け入れが進んでいると思っていましたが、実際は3か所に留まっていました。その3か所に集中しているわけでもありません。ただ、一つの病院系列の保育園に医療的ケアが必要な子どもたちがけっこう集まっている現実もあります。

また受け入れ可能施設は、京都市中心部から北のほうに偏在しています。南部地域には限られたところにしか受け入れ可能施設がなく、市に申請しても電車に乗って30分以上かかる保育園を紹介されるような状況です。

医療的ケアが必要な子どもたちの各園での過ごし方はまちまちです。たとえば病院系列の保育園では開園当初、医療的ケアが必要な子どもたちは一室にまとまってケアを受けていましたが、いまは保育園の各クラスで、子どもたちのなかでいっしょに生活しているようです。インクルーシブ保育が進んでいっています。すばらしい取り組みだと思います。

表2　京都市における受け入れ状況

■受け入れ施設・児童数
2018年　7施設 11人　　2019年　12施設 20人
2020年　8施設 21人　　2021年　13施設 30人

2022年　11施設（民営9、市営2）　27人（民営25、市営2）
　3施設 3人（私立幼稚園）

・小規模保育所での受け入れ3か所
・受け入れ可能施設の所在地が偏っている
・医療的ケアが必要な児童の過ごし方は……インクルーシブ保育も

(5) 受け入れに関する予算措置と補助制度

① 医療的ケア児保育支援対策費

京都市では2018年以降、国の補助制度を使っていろいろな支援をしてきています。たとえば医療的ケア児保育支援対策費は、医療的ケア児を受け入れるために看護師や保健師、認定特定行為業務従事者を雇用する場合の人件費の一部を補助するものですが、その2022年度予算は1億1156万8000円が組まれています。

その助成にかかわる「医療的ケア児認定区分」が5段階あります（表3）。たとえば区分「1」の認定基準は「保育時間中において9割を超える程度の時間に医療的ケア又は介助等が必要」および「室内及び室外ともに活動制限が大きい」とされ、看護師等の配置が1対1の子どもに関する助成基準額は月額49万2000円となっています。

隣の保育園の園長に聞くと、これに該当する1対1配置の子どもがいました。その子は気管切開をして酸素をずっと入れていて、自分で酸素ボンベを背負って動き回ります。入園当初は保育士がボンベを背負ってついて回ったそうですが、いずれにしても吸引や人工呼吸器の管理のために常時見守りが必要で、1対1配置でした。それでもこれだけの補助があれば、常勤看護師の雇用に十分と思います。

一方、たとえば経鼻経管栄養の場合、鼻に入っているチューブが抜けるリスクもあるため見守りが必要ですが、注入の時間だけが医療的ケアの時間と認定され「保育時間中において2割を下回る程度の時間」の区分「5」になると、看護師配置は厳しいと思えます。

また、この区分は京都市で決められるため、事業者側が現場の必要性から区分を指定することはできないようです。

②受け入れに関する補助制度

受け入れに関する補助制度もあります。

喀痰吸引等研修受講支援補助金：喀痰吸引等研修受講支援補助金は、第3号研修など喀痰吸引等の研修を受ける場合に、その受講費用の一部を助成する制度です。児童1人につき保育士等2人まで、上限1万5000円の補助があります。

京都府下で第3号研修を実施する登録研修機関

表3　医療的ケア児認定区分

区分	認定基準	助成基準額【月額】※( )内は「児童：看護士等」の配置基準
1	○保育時間中において9割を超える程度の時間に医療的ケア又は介助等が必要 ○室内及び室外ともに活動制限が大きい。	492,000円 (1：1)
2	○保育時間中において7～8割程度の時間に医療的ケア又は介助等が必要 ○室内及び室外の活動に一定の制限がある。	328,000円 (1.5：1)
3	○保育時間中において5～6割程度の時間に医療的ケア又は介助等が必要 ○室内及び室外の活動の一部に制限がある。	246,000円 (2：1)
4	○保育時間中において3～4割程度の時間に医療的ケア又は介助等が必要 ○室内及び室外の活動に一部制限がある。	164,000円 (3：1)
5	○保育時間中において2割を下回る程度の時間に医療的ケア又は介助等が必要 ○室内及び室外の活動に大きな制限がない。	98,000円 (5：1)

での受講費は一律3万円ですから、その半額程度の助成ということになります。

障害児受入促進事業：障害児受入促進事業は、「障害児や医療的ケア児を受け入れるために必要な施設の改修を行う施設のうち、京都市が事業の必要性が高いと特に認定した施設に対し、上限額の範囲内で助成する」もので、上限は102万9000円となっています。

このように行政は、医療的ケアが必要な子どもを受け入れるにあたって、国の制度も活用し、行政としても3分の1程度の負担をしながら取り組んでいることがわかります。

(6) 入園までの流れ

① 実施申し込みに必要な書類の提出

京都市での医療的ケアの必要な子どもが入園決定されるまでの流れは、「京都市医療的ケアを必要とする児童に係る保育利用要綱」で説明されています。申し込みに必要な書類は表4の通りで、けっこうたくさんの書類が必要です。

② 申し込み後の流れ

申し込みをするとまず、京都市から保護者へのヒアリングが行われま

表4　実施申し込みに必要な書類

- 医療的ケア実施申込書
- 医療的ケアに係る調査票
- 日常生活の状況に係る調査票
- 主治医意見書
- 保育施設における活動のめやす
- 意見聴取に係る同意書
- 世帯状況調査票

す。保護者が京都市の担当窓口に出向き、市子ども若者はぐくみ局の担当者、居住区の子どもはぐくみ室の保育園担当者、保健師などが集まってのヒアリングだと聞いています。

医療的ケアが必要な子どもが0歳のときから保育園を探していたある母親は、このヒアリングの際「お母さん、働かなあかんのですか?」といわれたそうです。「逆に、なんで働いたらあかんのですかって思った」と母親は話していました。翌年のヒアリングでは、担当の係長が代わっていて話もスムーズだったそうです。

ほかにも、バギーで送迎できる徒歩圏内を希望した母親が、電車でないと通えない園を紹介されて「できれば近くがいいんです」といったところ「お母さん、そんなとこ、ありませんよ」といわれた、という話も聞きます。

行政マンにこうした心ない発言をされると、保護者はつらいと思います。そういう意味では、きちんと関係機関が集まって連携しながら話を進めていく場をつくっていかないと、保護者の気持ちに寄り添った支援がうまく積み上がっていかないだろうと思います。

ヒアリングの後は検討会議があり、保護者が希望する園や受け入れ実績のある園に受け入れが打診されます。不調なら、管内のほかの施設が検討されます。

こうして利用が決まると、保護者は施設に「指示書」「緊急時対応確認書」などの必要書類を提出します。その施設から「医療的ケア実施通知書」「医療的ケア実施計画書」を受け取ると、保護者は施設に「医療的ケア実施承諾書」を提出します。

利用中も、保護者は原則月に1回受診して「医療的ケア主治医受診結果連絡票」を施設に提出し、施設からは3か月ごとに「医療的ケア実施報告書」を受け取ります。
こうして、さまざまなやりとりがずっと必要になってくるのがわかります。

(7) 京都市における課題

① 看護師確保の課題

課題だと思うことの一つは、看護師確保です。京都にはいろいろな補助がありますが、京都市がその看護師を見つけるわけではありません。まず、それぞれの園が看護師を見つけて雇用しなければなりません。

看護師雇用の時点では、医療的ケア児認定区分が決まっていませんから、助成される額も未定です。そうなると、最初から高い処遇を示すのは保育園としてもリスクが高く、処遇が低く抑えられ、なかなか上げられないという問題があるのではないかと思います。

また、全国的に病院でも看護師数に余裕がある状況ではありません。そんななか、処遇の低い保育所に来てもらえるのか、という点がまずあります。また1人職種となるケースも多く、保育現場での看護師業務遂行の不安も大きな課題です。

②受け入れ施設が広がらない

次に私は、受け入れ施設が広がらないという問題があると思います。そのため、申請しても結局は受け入れ実績のある遠くの園を紹介されます。それでいいのでしょうか。

対応地域のなかに医療的ケアが必要などの障害のある子どもがいるとき、その保育所はそれらを理由にその子の受け入れを断っていいのか、民間だから仕方がないという理由ですましていいのか、と私は思います。本当は応諾義務があってもいいのではないかと思います。

保育所は児童福祉法にもとづいた施設ですから、地域にいる子どもたちにとっての最善の利益を追及していく役割があるはずです。それに医療的ケアの有無は関係ないと私は思いますが、なかなか広がっていかないのは事実です。

日本国憲法に定められている幸福追求権は、親にも子どもにも、誰にも与えられている権利です。子どもの権利条約には、子どもが子どもらしく育っていくために、当たり前に保育が受けられる権利もありますし、障害者権利条約でも地域で育っていくのは当たり前とされています。インクルーシブ教育についてもこの間、国連障害者権利委員会から勧告を受けています。インクルーシブ保育もそこにあてはまるのだろうと思います。

いまの日本でも権利として守られているはずの部分が基本的にあるということ、そういう理念が私たち子どもにかかわる人たちの間はもちろん、行政も含めてきちんと共有できているのかどうか、常に立ち返ることを大事にすべきではないか、と私は思っています。

そこで次に、京都市で始まろうとしている取り組みを紹介します。

③ 関係機関などとの連携、調整を行うコーディネーターが必要

京都市の場合、関係機関の連携をつくり得ていないのが現実です。そのためのコーディネーターの役割が必要ですが、京都市にはまだ配置されていません。研修会は京都府で4年続けて行われてきていますが、なかなか進んでいません。

そうしたなか、京都市で「医療的ケア児等地域支援コーディネート事業」が2023年4月に始まりました。京都市の五つの福祉圏域の一つである南部圏域を対象にしたモデル事業です。

この事業は、コーディネーターがそこに配置されるというより、コーディネートする専門家チームを組織するものです。委託の相談支援事業所から相談員が2人、訪問看護ステーションから1人、そして児童発達支援センター「空の鳥幼児園」から私が入ります。この4人のチームで相談しながら、いろいろな課題の解決にあたっています。

医療的ケアの必要な子どもがいる家族はまず、NICUから退院してきた時点で訪問看護ステーションがかかわりながら地域の生活が始まっていきます。その地域生活から、次に療育を受けるのか保育園へ行くのかなど、ステップを踏んでいく度にいろいろな不安に直面します。このチームは、そういう家族に伴走しながら、しかるべき関係機関へとつないでいます。

ですから、このチームがコーディネート事業のなかで果たす役割は、ずっとその人たちにかかわり続けつつ、そこで中心的な働きを担う人たちをバックアップしていくことです。それはたとえば相談支援事業所の相談員や訪問看護ステーションの人たち、ひょっとしたら療育施設や保育所の職員かもしれません。そういう人たちに、コーディネート役も含めて中心的に担っていってもらえるようスー

パーバイズしていきます。

(8) 新たな取り組み事例

これまで京都市ではなかなかなかった取り組み事例を紹介します。

その子は2歳児のときから空の鳥幼児園に通っていました。重症心身障害児で、人工呼吸器を使用して生活しています。住所地は京都市ではなく、近隣の長岡京市でした。

両親ともに就労者で、復職希望がありました。また、この子は双子できょうだいがいます。双子の姉は地域の保育園に通っていました。両親には、できればこの姉と同じ保育園に通わせたいという願いがありました。保育園の子どもたちや保護者、先生たちに医療的ケアが必要なわが子のことを知ってほしいと思っていました。そのため、その子を連れて何度も市役所に行き、保育園に通いたい旨を伝えていました。

すると、長岡京市内のひまわり保育園から「うちに来ていいよ」と受け入れの意向が示されました。その園はこれまで、障害のある子どもをたくさん受け入れていました。一人ひとりの特性に合わせていろいろな保育をしてきたそうです。「今回は初めて出会うタイプで、医療的ケアが必要。だけど医療的ケアのことをあまりよくわかっていないから、勉強させてほしい」という依頼がありました。私たちはもちろんOKです。

このとき、長岡京市の英断がありました。新年度から同市の保育園に在籍しながら、京都市の児童発達支援センター「空の鳥幼児園」にも在籍する、この二重の在籍を認めたのです。長岡京市としては保育園に行ける道筋はつくったが、保育園が安心して受け入れられる体制づくりが必要だから、そこを空の鳥幼児園に協力してほしい、ということでした。

新年度から、その子が空の鳥幼児園に通うときに、その子のために保育園に新規雇用された看護師と主任保育士も研修に来て、その子がいる時間は療育を受ける保育室にいっしょに入って実習していきました。

私は「1年くらいかけてゆっくり移行していきましょう」と話していたのですが、保育園も積極的で、10月の保育園の運動会に参加し、12月から週1回、1月から週2回、2月から週3回、3月から週4回と、確実に保育園がメインになっていきました。

このように、「受け入れてもいい」という保育園に対して療育施設が研修の機会を提供する役割を担っていくのは、非常に大切なことだと思います。国の「障害児通所支援の在り方に関する検討会報告書」(2021年)でも、児童発達支援センターの役割の一つとして、保育所などへの移行支援も含まれていました。それが全国的にも当たり前になっていけばいいと思います。

残念ながら京都市は、京都市内の保育園と単独通園の児童発達支援センターの同時利用は認めていません。それではダメだと思います。地域の保育園を希望して断られ続けるのも、ある面では当たり前だと思います。これまで受け入れたことのない事業所にとって、それはとても高いハードルだからです。

安全に受け入れられる仕組みや研修機会などの道筋を示し、こうすれば大丈夫で、それでもダメなら空の鳥幼児園が応援しますなど、初めてのところでも一歩踏み出せるようハードルを低くする仕組みをつくることが大事だと思います。

(9) 医療的ケア児支援法の目的

医療的ケア児支援法の目的には、「医療的ケア児の健やかな成長」と「家族の離職の防止」があります。このうち前者は子ども本位の目線です。けれども後者は、両親が仕事を辞めなくてもいいようにすることがメインです。もちろん両方とも大事ですけれども、ここの課題は非常に大きなことだと思います。

離職したくないから保育園で預かってほしいと、その子が0歳や1歳の時点で、保育園のような集団のなかで育っていくのが本当にいいことなのかどうか。まずはしっかりと身体をつくっていく理学療法的な視点、医療・看護の部分での安全性の視点、あるいは子どもにとっての最善の利益は何かという視点で考えたときに、子どもが育っていくためにまずは療育的な施設できちんと小集団のなかでみていくことも必要かもしれません。

家族の離職を防止しなければいけないから、とにかく保育園で受け入れるべきという形がいいのかどうか。そのあたりは考えていく必要があると思います。子どもにとっていま必要なことは何か、次にはこういう手立てもあるという形で示していくことなども、考えていく必要があると思っています。また、医療的ケア児支援法の目的にはもう一つ「安心して子どもを生み、育てることができる社会の実現」とも書いてあります。では、その社会をどうやって実現するのでしょう。これは国に任せていても、実現できる政策が出てくるとはあまり考えられません。

そうなるとこれは、子どもにかかわる仕事をしている私たちの使命だと思います。どうしていけば安心して子どもを生み、育てることができる社会や地域になっていくかを、自分たちでいっしょに考えていくことが大事だと思います。

「本当に産んでよかった。この子もきっと、生まれてよかったと思っているはずです」

これは、空の鳥幼児園を卒園した子どもの母親の言葉です。それまで大変な思いをしながら育てていました。私たちも子どもたちも、互いに出会えてよかったと思えるような社会をつくっていくのが、私たちの使命と思っています。

高田　哲●神戸市総合療育センター診療所長／NPO法人医療的ケアネット理事
三品浩基●神戸市こども家庭局医務担当部長

2 保育所・こども園での受け入れ
――兵庫県／神戸市の現状と課題

(1) 兵庫県の医療的ケア児の状況と神戸市の取り組み

① 医療的ケア児の状況

兵庫県の医療的ケア児の数は全体で835人、そのうちの三十数%が就学前の子どもたちです（図1：18歳未満、2020年度調査）。田村班で示された医療的ケア児のうち在宅人工呼吸器患者の年齢階層別推移（図2）を見ても、0～4歳児が全体の36%を占めています。やはり0～5歳児くらいの子どもが医療的ケア児の三十数%になるのが実態かと思います。

また、神戸市で医療的ケアが必要な未就学の子どもの保護者にアンケート調査をしたところ、次のような声が寄せられました。

「全介助のため、一日中子どもの世話に時間を費やし、家事などをすると休むひまがない」

「介護者の体調不良や兄弟の行事の際、医療的ケアに対応している預け先が少ない」

「通園やリハビリ、通院すべてに送り迎え（車での移動）が必要で、常に介護者と運転者の2人が必要」

「ケアが必要なことで外出が困難なため、他のきょうだいも外出しづらく、ストレスがたまっている」

「児童発達支援、放課後等デイサービスに関して、医療的ケアが必要な児童が利用できる所が少ない。利用できても医療的ケアが必要な児童は送迎を保護者がしないといけないため、非常に負担」

神戸市（就学児）
・人工呼吸器　20人
・気管切開　43人
・酸素吸入　47人
・経管栄養　64人
兵庫県（就学児）
・人工呼吸器　158人
・気管切開　225人
・酸素吸入　222人
・経管栄養　338人

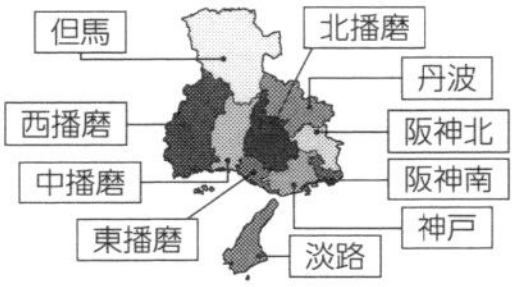

	阪神南	神戸市	兵庫県
未就学（所属なし）	57	48	226
保育所	1	10	25
幼稚園	1	4	14
小学校（普通）	34	3	70
中学校（普通）	28	5	51
小学校（支援級）	10	14	70
中学校（支援級）	1	6	18
幼稚部（支援校）	0	0	6
小学校（支援校）	30	46	164
中学校（支援校）	7	17	85
高等部（支援校）	24	37	114
その他	0	18	18
計（昨年度）	193	208	835（740）

31.7%

図1　兵庫県の医療的ケア児数（阪神南・神戸地域）

18歳未満、2020年度調査

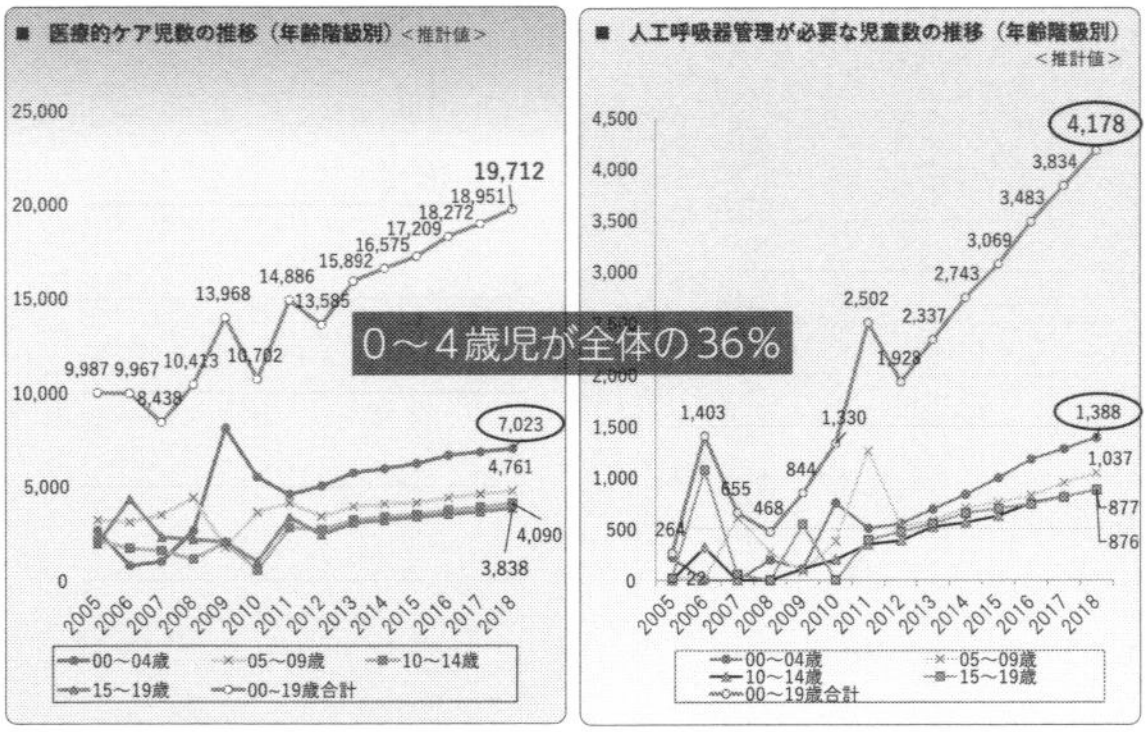

図2　医療的ケア児・在宅人工呼吸器患者の年齢階層別推移

平成30年度厚生労働科学研究補助金障害者政策総合研究事業「医療的ケア児に対する実態調査と医療・福祉・保健・教育等の連携に関する研究（田村班）より、一部加工。

「預けるところや他に見てくれる人がいないので働きに出られない」
「同じ病気の知り合いがいないため、気軽に相談できる人がいない」

②神戸市における医療的ケア児受け入れに向けた取り組み

神戸市は兵庫県の南部に位置する政令指定都市で、九つの行政区があります。北部の北区や西区は農地と山林が広がり、海側は人口島が建設されるなど商業・工業地帯です。人口規模は約150万人、その75％が海側の既成市街地に集中しています。出生人数が年間1万人弱。これは年々、かなりの速度で減少していて、少子化の傾向にある地域です。

医療的ケアに関する近年の状況を見ると、医療技術の進歩を背景に、医療的ケアを必要とする子どもが増加しています。神戸市でも同じ状況にあります。一方で、権利保障として「すべての子ども」の保育・教育機会を確保しなければなりません。そのため、保健、医療、福祉、保育、教育等の関係機関の連携が必要とされています。

２０１６年度に児童福祉法が改正されましたが、神戸市では翌年２０１７年度にこども家庭局の事業として「神戸市療育ネットワーク会議」を設置しました。この会議は、医療的ケアの子どもだけではなく、発達障害、知的障害なども含めた障害のある子どもすべてが、身近な地域で必要な支援を受けられるように、全市的な課題を共有することを目的としています。会議には、医療・保健・福祉・教育などさまざまな部局の関係者が入り課題解決に向けて討議しています。

この会議にはいくつかのワーキンググループがあり、その一つに「医療的ケア児の支援施策検討会議」があります。この検討会議での意見を踏まえて、保育所で医療的ケアを始めるために、2018年度に「医療的ケア実施ガイドライン」を策定し、同年度中から保育所での受け入れをスタートしました。2021年度にはこのガイドラインを一部改訂しており、改訂版を市のホームページで公開しています。(注)

ガイドラインは2種類あります。一つは市立保育所および2号・3号認定こども園（いわゆる保育施設）に対するもので、もう一つは私立幼稚園および1号認定こども園用です。

ガイドラインの骨子は次のような内容です。

まず、医療的ケアはすべて看護師が行っています。保育所・認定こども園（2・3号認定）では、施設に配置された看護師2人が原則9時から17時まで勤務して実施しています。私立幼稚園および1号認定こども園では、訪問看護ステーションから派遣された看護師が実施しています。訪問看護ステーションの利用は、神戸市教育委員会（以下、市教育委員会）が学校で実施している方式を準用するもので、週10時間までの利用となっています。

なお、神戸市の特別支援学校では以前から第3号研修を受けた教員が医療的ケアを実施していますが、保育士に関しては今後の検討課題になっています。保育士が第3号研修を受けて医療的ケアを実施することに対して、一定の慎重な意見もあります。そのため児童発達支援センターの保育士から研修を始め、実際の実施ではなく、まずはその内容を知ってもらう、ということを進めています。

現在、保育所および2号・3号認定こども園で行っている医療的ケアは、経管栄養、たんの吸引、酸素療法、導尿と、ほかにインスリンの注射など施設で可能なケアも含めています。

ただし、人工呼吸器の必要な児に関しては、いまのところ保育所等では受け入れていません。年齢が幼いと状態がなかなか安定しない場合が多いからです。経験のある看護師でないと対応できませんし、看護師が2人体制では厳しいということもあります。さらに送迎の問題もあります（68頁も参照）。ケアの実施年齢は、各施設において保育が可能な年齢としており、実際には、0歳児、1歳児、2歳児から預かる形になっています。医療的ケアが可能な時間帯も9時から17時としていますが、ご家族の都合によっては、前後延長も可能にしています。

一方、私立幼稚園では、1週あたり10時間の範囲内で訪問看護ステーションから看護師を派遣している都合上、ケアの時間が限られてしまい、導尿、吸引、注入など比較的短時間で実施できる医療的ケアが中心となっています。

（注）神戸市の「医療的ケア実施ガイドライン」：https://www.city.kobe.lg.jp/z/kodomokatekyoku/iryoutekikea.html

③医療的ケア実施体制

受け入れ施設では、医療的ケア開始までの準備として、まず医療的ケア委員会を立ち上げます。そして施設環境の整備、職員研修、緊急時の対応方針の決定、医療的ケア計画、医療的ケア実施手順、緊急時対応フローの作成を、各施設が行うことにしています。

医療的ケア委員会は、全体的な統一性をはかるために設置されており、子どもにとって適正な医療的ケアの実施体制の整備にあたっています。また、主治医の意見書、保護者からの医療的ケア依頼書、そして面談内容から、受け入れが可能かどうかを判断しています。さらに「医療的ケア計画」「個別の医療的ケア実施手順」「個別の緊急対応フロー」等についても検討し、安全な受け入れに課題がある場合には解決に向けた提案をします。

主治医には2種類の意見書を提出してもらいます。一つは、その子に集団教育・保育が可能かどうかの医学的な判断です。もう一つは障害児保育の対応に関してで、医療的ケア委員会で「保育の目安」を示し、看護師のほかに加配の保育士も必要かどうかの判断を求めています。ここでの「集団教育・保育が可能」とは、その子の健康状態がかなり安定している状態をさしています。

主治医にはまた、医療的ケア実施に関する指示書も出してもらっています。所定の様式により、緊急時の対応についての指示も記載してもらうことになっています。

担当看護師は、実際に保育所内で医療的ケアを実施します。保育時間内は保育所に常駐ですから、9時から17時、場合によっては18時などになります。複数の看護師で業務を担当することとしていますが、8時間を超える場合は2人の看護師のうちどちらかが対応するということになります。当該児童に必要なケア内容は、担当看護師が対象児童と保護者に同行して主治医を受診し（同行受診）、主治医の指導に従って手技を研修・確認した上で、その手順に沿って実施します。また、看護師が保育所全体の保健管理業務に携わることも可能としています。

④保育・教育施設への看護師配置と助成制度

保育・教育施設への入所・入園を支援するために市の補助制度を創設することになり、2018年度から医療的ケアを保育施設で担う看護師の雇用費用を助成する制度を開始しました。

保育所および2号・3号認定こども園の場合は、各施設で看護師を雇用し、その給与相当の費用を市が補助します。安全上の配慮から、看護師が勤務する日の勤務時間内にのみ預かるため、利用可能な時間に縛りができる可能性があります。就労支援の観点からは、9〜17時だけに設定すると送迎時間を入れるのが厳しいため、市としては時間延長に対応できるよう各園2人の看護師雇用の費用を助成するようにしています。

私立幼稚園および1号認定こども園の場合は、その園と訪問看護ステーションとの契約で発生する費用を市が補助します。これも市教育委員会が学校で実施している方法と同じものです（教育委員会は2023年度から週15時間までに時間を延ばしました）。

(2) 5歳男児の受け入れ事例

① 対象児

実際の受け入れについて、5歳児クラスに入園した男の子の事例で紹介します。

この子には先天性心疾患（ファロー四徴症）、気管支喘息、そして21トリソミーがあります。必要な医療的ケアは、気管切開部からのたんの吸引、切開部周囲の衛生管理、および酸素投与です。

これまで心臓の根治手術を受けましたが、肺うっ血・出血をくり返していました。入園当時は少量の出血はあるものの、状態は安定していました。集団教育・保育への参加は可能で、集団のなかに入るほうが発達によい刺激になるという主治医の判断で、その旨の意見書が提出されています。

受け入れ時間は、家族の勤務の都合による要望で、月曜から金曜の8時から17時となっています。そのため施設内に正規の看護職員2人が配置されました。

② 実施までの準備

医療的ケア児の入所申し込みの受付は、前年度の10月に市のホームページで開始しています。12月頃に行政と受け入れ施設で保育申し込み情報を共有し、医療的ケアに関する主治医の意見書、家族からの医療的ケア依頼書などの内容を確認して、対応について検討を始めます。

本対象児では10月に申し込みがありました。1月に実施予定施設で、保護者と施設長、担当看護師、および神戸市側から看護師、保育士、医師が出席して、保護者面談を行いました。病状、自宅での様子と医療的ケアの内容、集団教育・保育に対する希望、体調不良時の家庭内保育への協力体制、緊急時の対応などを確認し、施設側から教育・保育の考え方、理念などを説明して、個別配慮の限界についても了解を得ました。

同月、この子どもの入所についての医療的ケア委員会が開かれました。出席者は施設長、担当看護師、担当保育士、嘱託医と行政関係者です。症状は安定しているか、集団教育・保育の実施にあたり必要とされるケアの内容や頻度は妥当なものか、担当する看護師が実施可能なケア内容か、安全性は担保されているか、設備・物品等の環境は整っているか、予測されるリスクは何か、緊急時の搬送先や対応の流れは明確か、看護師が同行して主治医を受診する際の確認内容は何か、などをチェックしました。

そして3月に、担当看護師が同行して主治医を受診しました。この際に担当看護師がケアについて指導を受け、保護者の了解のもとで動画等も撮影しました。カンファレンスで、病状、予測される変化、緊急時の対応について主治医に確認するとともに、担当看護師が事前に作成した「個別のケア実施手順」「個別の緊急対応フロー」「看護観察・ケア記録」を主治医が確認し、主治医に指示書と、看護師への個別指導修了書を作成してもらいました。

この担当看護師が施設内の職員に対してそれまでに整理された資料にもとづき研修を行いました。対象は施設内の職員全員で、ほとんどが保育士です。対象児の状況、実

施設内研修の様子。座っているのが保育士、前で説明しているのが看護師。実際に使用する器具や模型などを見たり触ったりして、なぜ気管内吸引や清潔管理が必要なのか、などを伝える。

施するケア内容を模型なども用いて具体的に説明し、受け入れやケアの実施に関する注意点、緊急時の対応などもここで説明しました。

なお、物品管理や酸素濃縮器を置く位置、非常用電源の確保などの検討も、入所前からの重要なポイントになります。

③平均的な1日の流れ

4月に受け入れを開始しました。

1日の流れは次の通りです。まず朝の登所時に医療的ケア器材等を受け取ります。家庭での状態を聞き取り、その日の状態を確認して、留意点について職員間で共有します。

保育時間内には医療的ケアを実施します。看護師はその実施記録を作成し、職員による見守りを行います。帰るときには、1日の状態について保護者に説明して器材等を返却します。またその日に行われたケアの内容についてのふり返りをしています。

写真はこのこども園での様子です。子どもたちが虫の観察をしています。バンダナをつけている子どもが酸素療法のケアを受けています。バンダナは気管切開口を覆うためです。常時見守りが

よく動き回る対象児の後ろを看護師が酸素ボンベを背負ってついて歩いている。

気管カニューレに酸素チューブをつなぎ、椅子の裏のリュックサック型の袋に酸素ボンベが入っている。

必要で、看護師がマンツーマンでついています。

医療的ケアは酸素療法のほか、気管切開口の管理や喀痰吸引です。他児との交流は非常に良好で、自然に集団のなかに入れていました。現在は小学生になっています。

④保護者への説明と確認

開始時に、もう一度保護者への説明と確認をしました。「医療的ケア実施決定通知書」と「医療的ケア計画」、担当看護師が同行受診して主治医の助言を反映して作成した「医療的ケア看護計画」などの内容を、それぞれ保護者に説明しました。この段階で、保護者による「承諾書」を提出してもらいました。

(3) 神戸市の保育所等における医療的ケアと今後の課題

①医療的ケアの実施実績

助成制度を開始した2018年度からの対象児の入所人数の推移を見ると、当初の9人から2022年度は22人、2023年度予定が26人へと増加しています(図3)。ただし区によっては受け入れ可能施設と希望者のバランスが悪く、遠い園まで行かなければならないというケースも出てきています。

2022年度は17施設(2023年度19施設予定)でこの制度を用いての入所が可能ですが、地域需要と施設のバランスが難しくなってきているのが課題です。

２０２２年度入所の22人の内訳は図４の通りです。年齢は０歳から５歳児クラスまで在籍し、３歳以降が少し多いようです。支給認定別に見ると、１号認定の幼稚園が５人、２号・３号認定の保育施設が17人です。

提供している医療的ケアは酸素療法が最も多く、喀痰吸引、経管栄養と続きます。インスリン注射はいずれも１型糖尿病によるもので、すべて１号認定の幼稚園です。

医療的ケアにかかわる主な疾患群は、筋力低下やてんかんを伴う神経・筋疾患が最多で10人です。

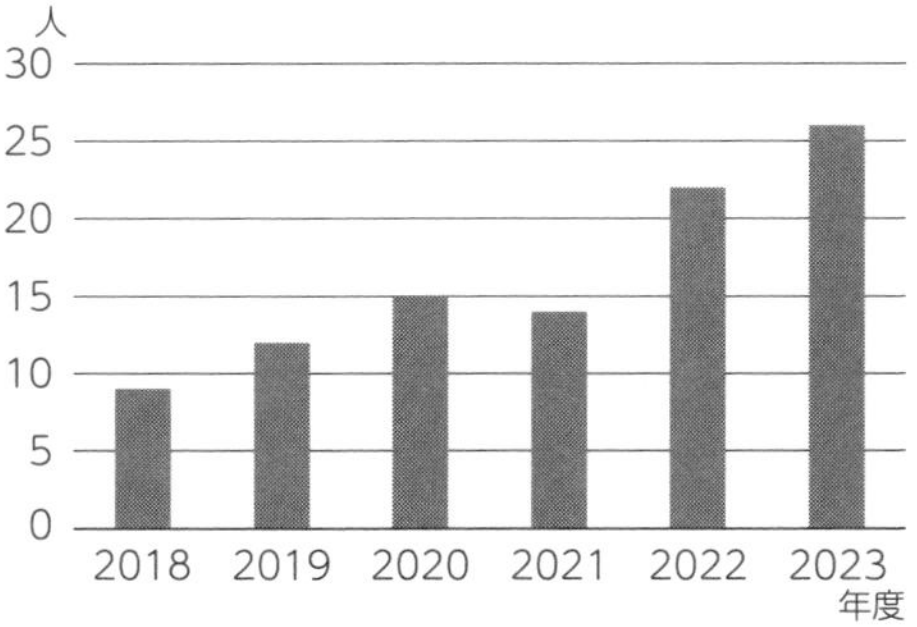

図３　入所人数の推移

【年齢】

0歳児	2人
1歳児	1人
2歳児	3人
3歳児	7人
4歳児	6人
5歳児	3人

【ケアの種類】

酸素療法	10人
喀痰吸引	9人
経管栄養	6人
インスリン注射	5人
導尿	1人
胃ろう管理	1人

【支給決定】

1号	5人
2・3号	17人

図４　入所児のケアの内訳

入所人数：22人（2023年２月現在）

表１　医療的ケアにおける主な疾患群

神経・筋疾患（筋力低下、てんかん、等）	10人
心疾患（先天性心疾患、等）	6人
1型糖尿病	5人
呼吸器疾患（慢性肺疾患、気道狭窄、等）	4人

※複数の疾患を有する児がいるため疾患数と合計人数（22人）は一致しない。

次に多いのが先天性の心疾患で、グレン手術あるいはフォンタン術後というケースです。それらの場合は酸素療法になります。そして1型糖尿病のほか、超低出生体重児として出生し慢性肺疾患や気道狭窄などの呼吸器疾患で酸素療法を必要とする子どももいます（表1）。

また、11人が寝たきりもしくは自力での移動困難な子どもであり、約半数が重度の心身障害という状況です。

②安全面に関する取り組み

安全面に関する取り組みを、すでに述べた医療的ケア委員会、看護師の同行受診のほかに二つ紹介します。

一つ目に、巡回指導看護師を置いています。市役所の職員で、入所前の調整事務、保護者・施設長面談における助言や指導、調整の取りまとめを行います。入所後もおよそ3か月に1回程度、各園を巡回訪問して医療的ケアの実施状況を確認し、助言・指導しています。巡回指導看護師は、小児の看護経験のあるベテランの看護師です。緊急時や臨時に、保育所の看護師に代わってケアを実施する場合もあります。

二つ目は、医療的ケア児支援センターとコーディネート事業所です。兵庫県は1か所、医療福祉センターきずな内に支援センターを設置しています。神戸市内では、医療福祉センターにこにこハウス内にコーディネート事業所を置き、医療的ケア児支援センターと連携して活動しています。医療的ケア児に関する保護者などからの相談事業、関係機関の連携推進、コーディネーターなどへの研修、教育を担っています。ケアの質を向上させる上で非常に重要なセンターになっています。

③ 人工呼吸器が必要な子どもの受け入れ

人工呼吸器が必要な子どもは現在、神戸市総合療育センターで受け入れています。数年前に東部療育センターと西部療育センターを整備し、東部の東灘区、灘区、西部の垂水区、西区をそれぞれ担当する予定になっていますが、現在のところ神戸市総合療育センターを中心に受け入れています。

療育センターにはもともと母子通園事業があり、２０２０年３月時点で64人の利用がありました。そのうち身体障害児手帳１級もしくは２級の保持者が49人、医療的ケアの必要な子どもが20人で、看護師も非常勤を含めて14人が配置されています。経験豊富な看護師がいることから、少し遠い場合もありますが、人工呼吸器についてはすべてこちらで対応することになっています。

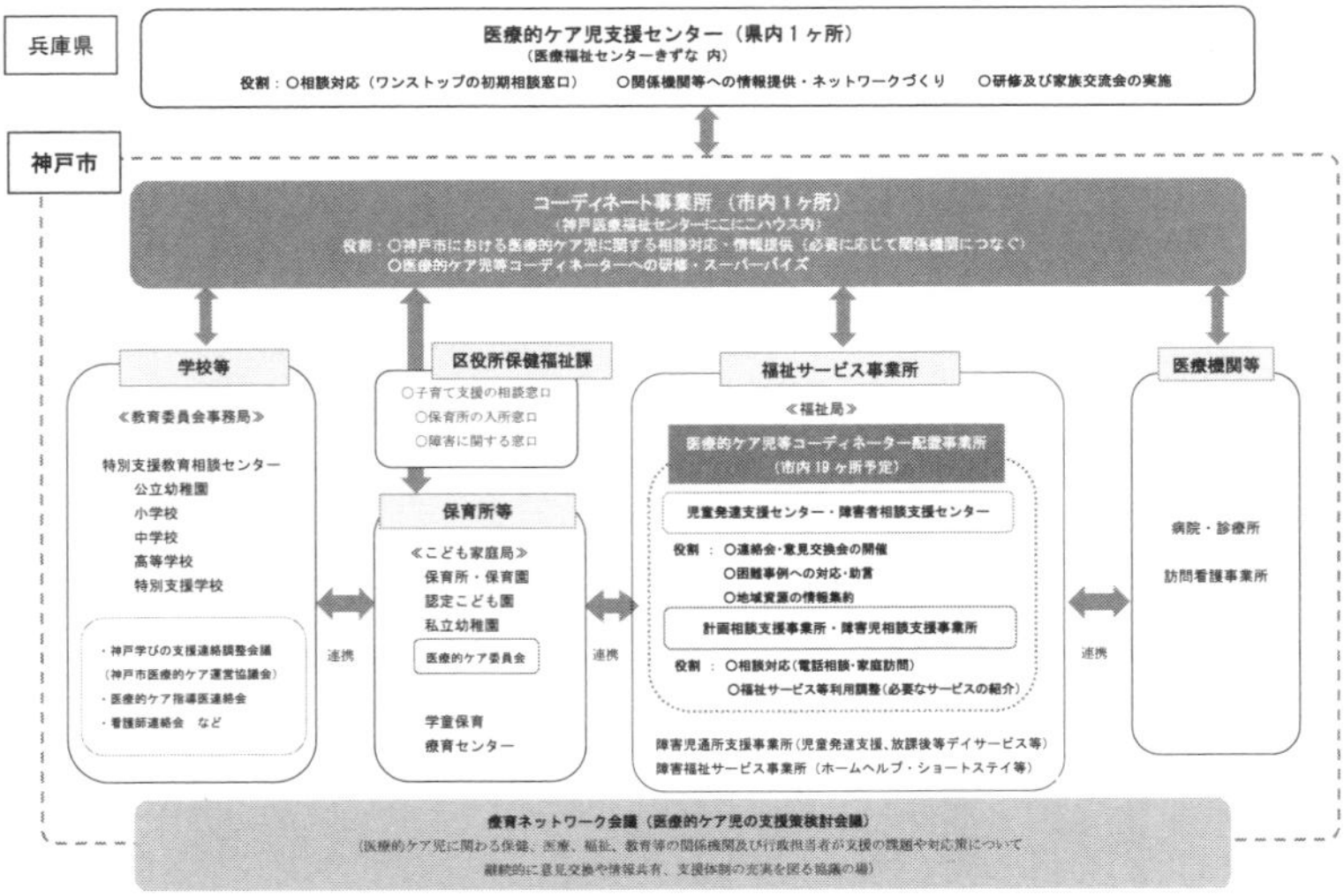

図５　医療的ケア児支援センター

神戸市サイトより（https://www.city.kobe.lg.jp/documents/31216/10kai_siryou.pdf）

④就学前の医療的ケア児の所属

医療的ケアの必要な就学前の子どもは２０２０年度、神戸市で62人でした。その所属は、療育センターに併設する児童発達センターが20人、保育所・保育園、幼稚園が14人、一般の重症児デイが13人でこのうち並行通園・通所が６人でした。所属なしも15人あり、医療だけでなく、子どもたちの所属する施設を増やしていきたいと思っています。

神戸市内の児童発達支援は全体で１２１施設ありますが、主に重症児を対象にしているのは８施設のみです。医療型の児童発達支援はありません。

これらのことから、医療的ケアを行う事業所を増やしていくことや、保護者つきの通園と保育所・園、児童発達支援の並行通園を促進したいと考えています。リハビリなどは療育センターに通い、日常的には普段通っているところでケアを受けるようなスタイルです。また、初期の段階では医療機関や訪問看護、そして療育センターでみていても、成長に伴って身近な事業所で対応していくようにし、そして学校へと移管する、という流れを考えています。

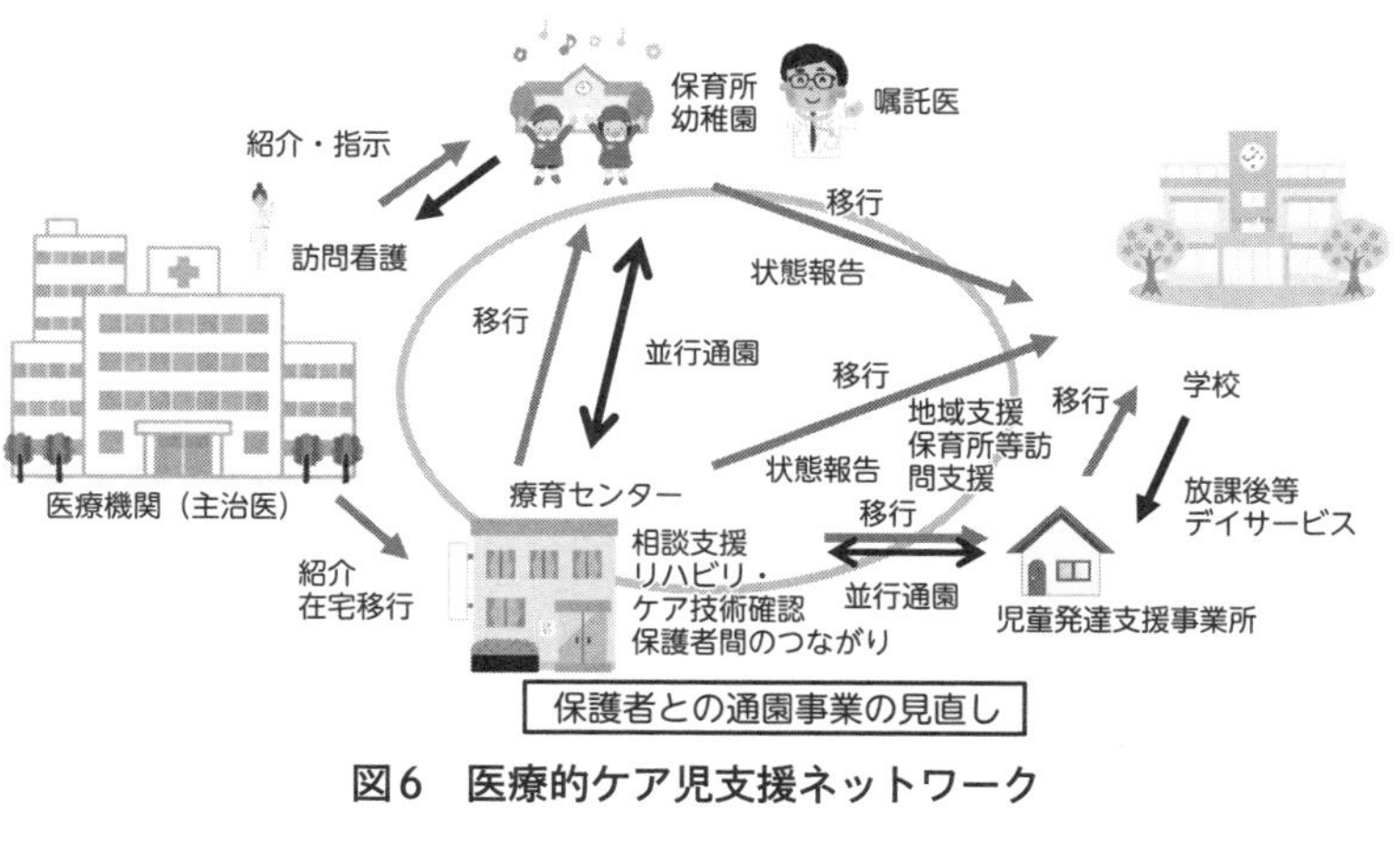

図6　医療的ケア児支援ネットワーク

療育センターにおける保護者といっしょの通園（母子通園）という形態も今後は見直すべきとは思っていますが、初期の段階ではメリットもあります。それは、保護者間で情報を共有できることや非常に強い絆ができることです。また、将来の生活についても具体的な計画や見通しをもつことが可能な点です。初めから保育所等で預かってもらうより、当初は、障害のある子ども、医療的ケアを必要とする子どもの保護者間のネットワークをつくっていこうと考えています。

児童発達支援事業所は増加していますが、医療的ケアを提供できるところが非常に少ない状況です。保育所だけでなく、児童発達支援の事業所等といっしょに横のネットワークをつくっていく必要があると思っています。

⑤ 兵庫県公立特別支援学校の医療的ケア対象児童

図7は、兵庫県の特別支援学校で医療的ケアが必要な子どもたちの状況を、直近3年間の推移でカウントしたものです。２０２０年度に４５７人が在籍していたのが、２０２２年には、３９６人になりました。出生数が減っていることも一つあるかと思いますが、担当する看護師数はほとんど同じです。

一方、一般小・中・高等学校の医療的ケアが必要な児童生徒数は、同じ直近3年間で小学生を中心に急激に増え、それに伴って派遣されている看護師数もすごい勢いで増えています（図8）。

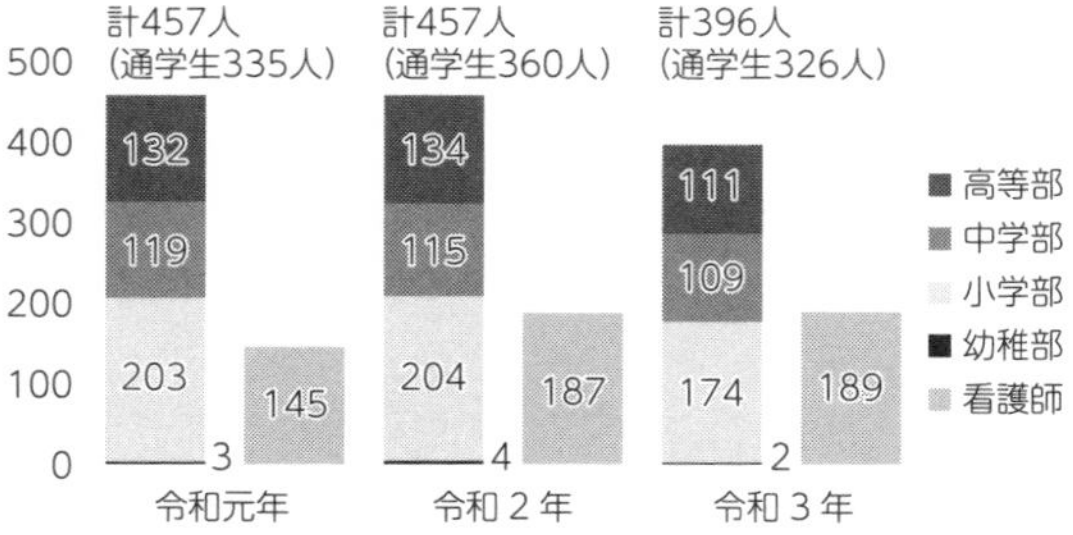

図7　医療的ケア対象幼児児童生徒数の推移
（兵庫県公立特別支援学校）

通学生326人、訪問教育70人（令和3年5月1日現在）
（参考）令和2年度実施校…県立特支17校64人（通学生）
令和3年度実施校…県立特支16校51人（通学生）

このように、看護師に対する需要が急速に高くなっています。質を考慮せずに数だけを見てもすでに看護師確保が難しい状況になっています。それをどのようにするのかが、今後の大きな問題になると思っています。

実は、２０２２年度に保育所等で医療的ケアを受けた子どもは全員、地域の一般校への就学希望です。就学後の体制整備が非常に大事になってきます。特別支援学校での医療的ケアの管理体制はほぼできあがってきましたので、これからは一般小・中学校での体制整備をどうするか、安全性をどう担保するかということが非常に重要です。

⑥神戸市における保育所等の医療的ケアに関する今後の課題

入園、入所希望者が年々増加しているため、それを受け入れる施設数の確保、同時に看護師の確保が非常に重要になっています。受け入れ可能な施設は現在17施設（２０２３年度19施設予定）で、民間施設のほうが多い状況です。

次に、看護師の定着も重要です。研修機会を確保しなければなりません。園のなかでは看護師が１人または２人だけの職種になり、孤独な状態に置かれやすいという問題があります。保育所看護師同士の交流の機会などを検討しているところです。

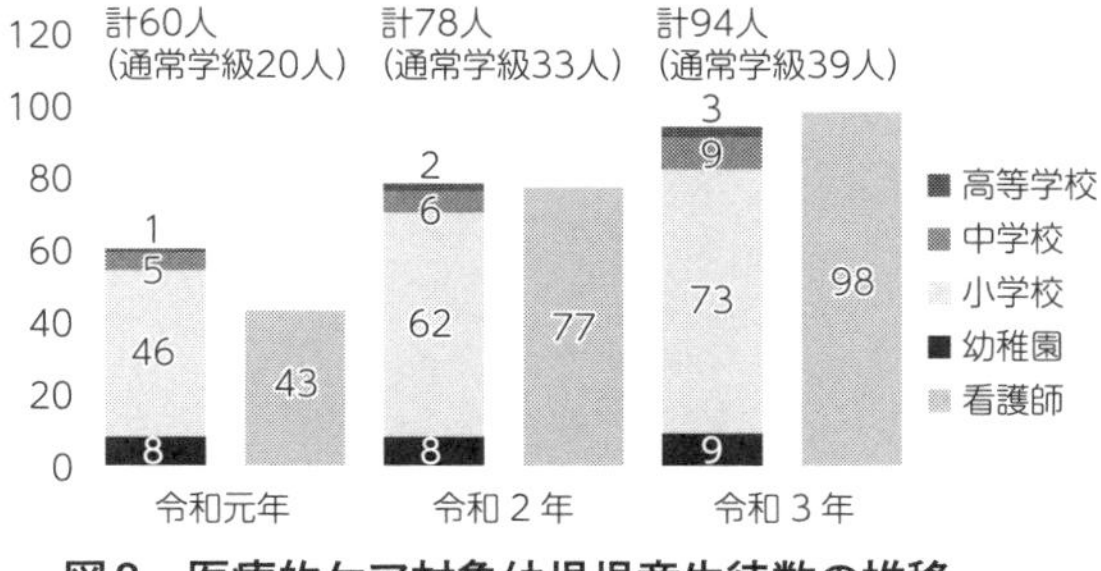

図８　医療的ケア対象幼児児童生徒数の推移
（兵庫県公立幼・小・中・高等学校。神戸市含む）

94人（うち通常学級39人）（令和3年5月1日現在）

また、保育業務を任されることも出てくるため、その適応ができるかどうかも、勤務を継続できるかどうかにかかわる要素になってきているようです。看護師が保育所で働くことへの認知向上も必要で、看護大学の研修先として学生を受け入れ保育所の見学に取り組んでいる施設や園もあります。

第3に、保育施設と主治医が所属する病院との連携強化が重要と思います。同行受診の場では、看護師もその病院の看護師に質問したり手技の指導を受けたりできます。そういう連携を今後も深めていきたいと思います。その際、保育施設の職員が病院に行くだけでなく、できれば医療従事者も保育所を訪問し、その様子を見てもらいたいと思います。医師が定期的に検討会等に参加し、医ケア指導医のような役割を担うようにできれば、今後も安全に進めていけるのではないか、とも思います。

第4に、保育・教育施設のケアに関する不安の解消です。まだまだ不安は非常に大きいものがあります。理事長や園長を訪問して受け入れの検討を依頼していますが、積極的な受け入れに至らないことも少なくありません。各園それぞれの事情もありますから、成功事例を積み重ねて安全にできることを示しながら徐々に施設数を増やしたいと思っています。

第5に、すでに受け入れている施設も含め「集団保育の意義はどこにあるのか」と問われることがしばしばあります。特に重度の子どもについて「うちの園でないと本当にいけないのか」「この子にとっての最善の場所はうちの園なのか」「全体をもうちょっと見て議論すべきではないか」という声もあります。

ここは正解がない議論になりがちですが、実際に医療的ケア児を受け入れた後には「受け入れてよかった」という声をよく聞きます。対象児を世話する子どもが増えたり、仲のいい友達が増えたりして、「支援する側とされる側の関係が、幼いなりにすごく自然な形で見てとれて、子どもの成長につながっています」などの保育士の声も聞いています。そのあたりはいろいろ議論を重ねていきたいと思っています。

最後に、入所後の重症度の変化です。入所時にこの子は大丈夫だろうと判断した後も、病気によっては徐々に悪化することもあり、残念ながら卒園を待たずに亡くなる場合もあります。普段は死というものを目にしない保育施設で、亡くなるかもしれない子を預かるという抵抗感は非常に大きいと思います。安全に受け入れるための客観的なスコアや尺度などが可能かどうかわかりませんが、そういうことも検討しながら、休む場合の基準なども明確にできれば、より安全な受け入れにつながるのではないかと思います。

いずれにしても、今後さらに関係機関、保育・医療・教育・福祉などの連携を推進することが絶対に必要ですので、ネットワークを強化していきたいと考えています。

酒井利浩●豊田市福祉事業団豊田市こども発達センター地域療育相談室、社会福祉士・保育士

3 豊田市におけるインクルーシブ保育の取り組み
――重症心身障害児および医療的ケア児への保育

愛知県豊田市では20年以上前から、障害のある子どもたちの統合保育を豊田市立こども園や私立幼稚園で行ってきました。

導尿や1型糖尿病などの医療的ケアのある子どもたちはこれまでも入園していましたが、2010年頃からは、酸素ボンベやインスリンポンプなどの医療的ケアを常時必要とする子どもたちも、地域園で条件つきながら通い始めました。さらに2019年度からは、重症心身障害の子どもたち（以下、重症児）の地域園での保育も開始し、この4年間で4か所の園に5人の重症児が通いました。

これまでの豊田市の取り組みを紹介します。

（1）豊田市こども発達センターの概要

① 豊田市こども発達センター

豊田市こども発達センター（以下、発達センター）は、豊田市福祉事業団の子ども部門として1996年に開所しました。通園部門、相談・外来療育部門、診療部門の三つの部門があります（図1）。

通園部門には、障害種別ごとに「たんぽぽ」（肢体不自由児等）、「なのはな」（難聴、発達障害）、「ひまわり」（知的障害）の各児童発達支援センターと、保育所等訪問支援事業所「そよかぜ」を併設しています。

私が所属する地域療育相談室は相談・外来療育部門に含まれ、障がい児相談支援事業所「オアシス」も併設しています。

発達センターには診療部門の「のぞみ診療所」が併設されており、児童精神科、小児神経科、小児整形外科、小児歯科、耳鼻科、泌尿器科のほか、理学療法士（ＰＴ）、作業療法士（ＯＴ）、言語聴

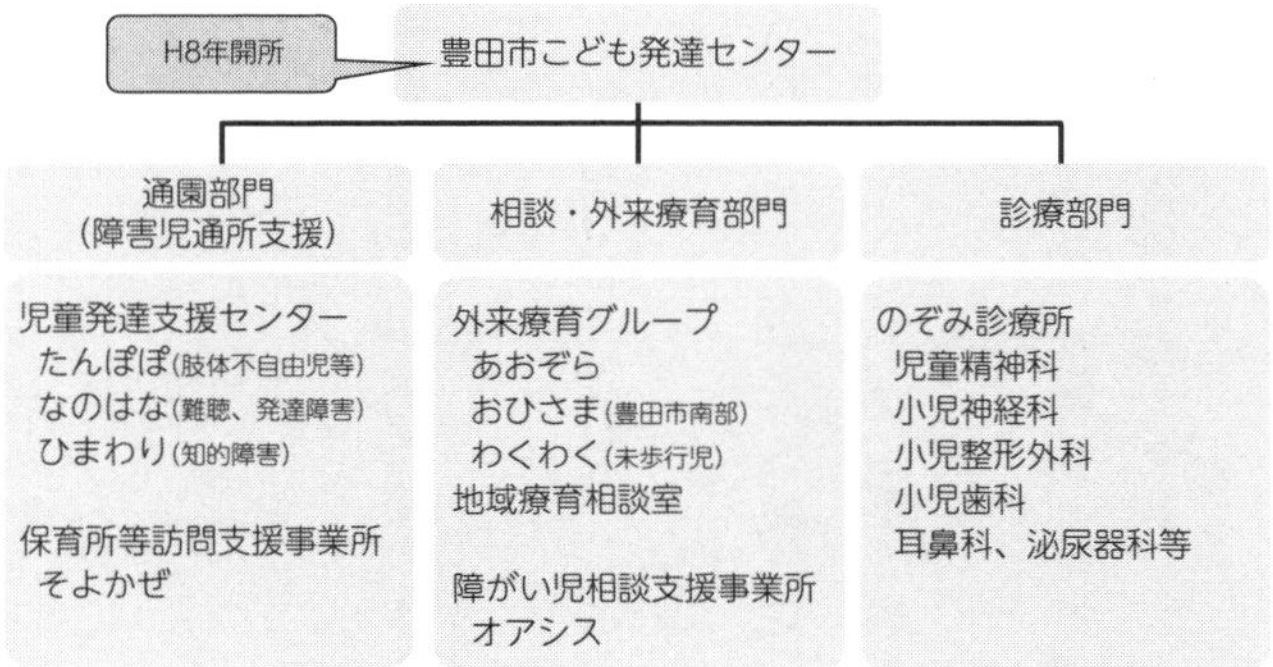

図1　豊田市こども発達センターの組織図

覚士（ST）などの個別療法の部門もあります。

②地域療育相談室

地域療育相談室は、発達センターと外部機関との窓口・連携業務を担っています。主な業務として、0～18歳の子どもの発達障害やその他の発達に関する相談を、年間約５５００件前後受け付けています。

また、早期療育システムを運営していく上で「豊田市心身障がい児早期療育推進委員会（以下、推進委員会）」を設置していますが、その事務局機能を地域療育相談室に置いています。この委員会は、愛知県豊田加茂児童障害者相談センターをはじめ、豊田市保育課や保健師のいる豊田市地域保健課、あるいは豊田市こども家庭課、それから豊田市教育委員会、特別支援学校など、計12の公的な機関が集まって事業運営をしているのが特徴です。

そのほか、学校や園への訪問やさまざまな研修の開催、障害児等療育支援事業、他機関との連携・関係調整業務もあります。豊田市の基幹病院であるトヨタ記念病院や地域の訪問看護ステーションとの連絡調整も行っています。加えて、のぞみ診療所の初診受付など、さまざまな業務を一手に引き受けています。

③豊田市における早期療育システムの概要

豊田市の早期療育システムは乳幼児期の課題を取り扱っており、平成初期の頃から随時見直しを図りながら運用してきています（図2）。

豊田市の場合、発達に心配のある子どもたちは、乳幼児健診で発見されることが多く、愛知県豊田加茂児童障害者相談センターでの相談、あるいはさまざまな医療機関や地域園などでも発見されます。

その後、この療育システムの中核をなす発達センターに紹介されます。発達センターの外来療育グループ「あおぞら」「おひさま」には、年間1000人ほどの利用登録があります。肢体不自由で未歩行児対象の外来療育グループ「わくわく」には、年間60〜80人ほどの子どもたちが月に2回通っています。医療的ケアのある子どもや重症児も、この「わくわく」に参加しています。これらの

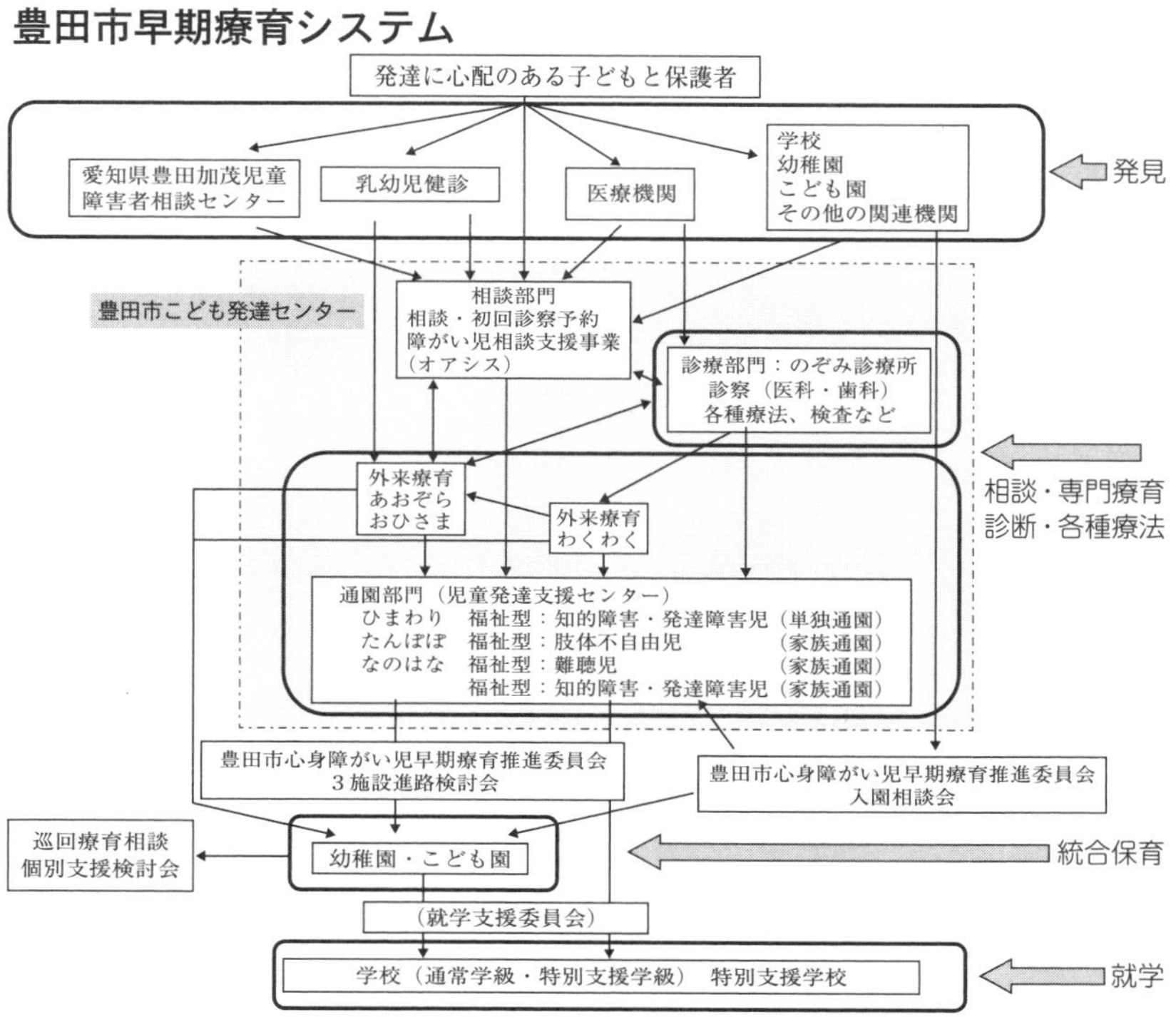

図2　豊田市における早期療育システム

外来療育グループは無料で行っています。児童発達支援センターである「ひまわり」「たんぽぽ」「なのはな」から地域園に入園希望がある場合は「地域園で過ごすことが望ましいのではないか」、あるいは「療育を継続したほうがいいのではないか」という視点で、推進委員会のメンバーにより「3施設進路検討会」で客観的な検討がなされます。その後、地域園の統合保育に通い、就学に至る流れになっています。

発達センターを利用していない障害児や発達が気になる子どもたちがこども園に入園する際には、園での生活や発達に関する不安に相談対応する入園相談会や、発達が気になる子やかかわり方などに関する保育士らの相談に乗る巡回療育相談も、推進委員会の関係機関が役割分担しながら事業運営しています。巡回療育相談は、2022年度600件近くの問い合わせがありました。すべて保護者の承諾を得ながら実施しています。

④豊田市こども発達センターにつながるまで

図3は、重症心身障害や医療的ケアの必要な子どもたちが、発達センターにつながるまでのおおよその流れを示したものです。

出産から退院までは主に基幹病院がフォローします。その後在宅に移行すると、地域保健課の保健師だけでなく訪問看護ステーショ

出産⇒退院	●基幹病院等：トヨタ記念病院 あいち小児保健医療総合センター ※健康状態が安定するまで医療機関がフォロー
退院後 ⇒発達センター （0歳から利用可）	●基幹病院＋訪問看護St.＋障害児相談支援事業所 ※退院直後から福祉サービス等の利用が増加 相談支援や医ケア児等Coの介入
こども発達センター ⇒地域 （1歳頃からが多い）	●小児神経科　小児整形外科　PT　OT　わくわく ●児童発達支援センター「たんぽぽ」 ●地域園　地域小中学校　豊田特別支援学校等

St：ステーション、Co：コーディネーター

図3　豊田市こども発達センターにつながるまで

ンや障害児相談支援事業所、あるいは医療的ケア児等コーディネーターの介入などがあります。その後に、発達センターにつながるケースが増えてきました。かつてはトヨタ記念病院のＮＩＣＵと発達センターが直接やりとりをした時代もありましたが、最近は福祉制度の充実もあり、退院前から関係機関の支えで在宅生活に移行したり、発達センターを利用したりするようになってきています。

そして、「のぞみ診療所」の小児神経科、小児整形外科、ＰＴ、ＯＴ、わくわく、たんぽぽなどを利用しながら、最終的には地域圏に移行していくケースが増えてきています。児童発達支援センター「たんぽぽ」と地域園とを並行通園するケースや、豊田特別支援学校に進路を進めていく子どもたちもいます。

(2) 豊田市での取り組み

①重症心身障害児への支援について

２０１９年まで、集団生活が可能で知的な遅れがあまりない未歩行の子どもたちは、「わくわく」「たんぽぽ」だけでなく、地域園にも通う子どもたちもいました。一方で重症児は、２歳頃までは「わくわく」「たんぽぽ」のほか地域園の乳児クラスに通う場合もありましたが、３歳児になると豊田市では15人に対して担任が１人という集団保育になるため、地域園での保育が難しい時代が長く続いていました。

また「たんぽぽ」は原則として毎日家族通園のため、両親が働いている場合は、祖父母の協力を得るか、あるいは父母のどちらかがいったん退職するケースがほとんどでした。

そこで2018年頃から、いろいろな障害があっても地域園で保育する試みが、これまで以上に増えてきました。しかし、重症児や未歩行かつ知的障害のある子どもたちを、地域園で受け入れた実績がほとんどないため、入園調整が難航していました。

その解決策として、受け入れる拠点園を設置すること、園内に専用保育室を設置すること、さらに保育士らの技術的支援のために障害児への発達支援が可能な職員を配置することになりました。そして私が発達センターから地域園に保育士として出向し、2019年度から「重症心身障がい児保育事業」を開始しました。

専用保育室は畳の部屋にして、トイレも手すりをつけるなど環境を整えました。ただ、後々は園の職員だけで担っていくことを考え、療育よりも保育の視点を大切にしつつ、「発達」「障害特性」という視点も意識した保育を心がけました。

重症心身障がい児保育事業を開始した当時のクラスには、未歩行のダウン症の子どもが2人いました。担当保育士と私の2人で担当し、パート保育士も加えて早朝・延長保育にも対応していました。

給食提供の配慮も難航しました。口腔機能に合わせた給食提供が難しく、メニューによっては弁当を持参してもらったほか、チョッパー（みじん切り器）で刻んだり、すり鉢とすりこぎで潰したりして、出された給食を可能な範囲で再加工して提供していました。

また、対象児が年度途中に歩き始めたため、専用保育室をいったん閉じて通常の統合保育に移行しました。こうして、未歩行や重症心身障害の子どもたちでも、通常の子どもたちといっしょに保育していこうという気運が徐々に高まってきました。

一方で、「重症心身障がい児保育事業」の対象児の範囲をどうするとよいのか、この事業をどこの園で実施すべきなのか、職員体制はどうしたらよいのかなど、さまざまな課題も見えてきました。これらの課題を整理すると四つにまとまりました。第一は、それまで未整備だった「重症心身障がい児保育事業」の目的や内容を整備すること、対象児や拠点園の確定方法、担当者の異動があっても継続可能な仕組みづくりです。第二に、園の職員の相談先や保護者の相談先が必要ということです。第三は、対象児の継続的な発達支援、口腔機能に合わせた給食提供方法です。第四に、園内の保育士の理解促進とスキルアップの方法です。これらの内容を豊田市保育課（以下、保育課）と話し合いを重ねながら決めていきました。

これらから、次の四つの対応策を立ててそれぞれ具体化を図りました。

❶会議体の設置：「重症心身障がい児園生活支援検討会」を設置しました。設置主体は保育課です。大きな特徴は、入園の可否ではなく、どんな支援体制なら保育が可能なのかを検討することです。入園の可否については保育課が判断することになっています。

①会議体の設置

重症心身障がい児園生活支援検討会	
目的	重症心身障がい児の心身の育ちを支える 安心・安全な園生活の保障 保護者の就労継続意向の尊重
内容	対象児の把握：入園前～入園後 拠点園の検討：園の規模や居住地の近隣園も考慮 重症児保育実施園の支援体制の検討：環境調整や人員体制等
参加機関	設置主体：保育課 豊田市こども発達センター 保育課が認めた機関（地域園、学校教育課等を想定）

図4　会議体の設置

❷発達センターと保育課・園との連携の充実：私が出向を終えて発達センターに戻った後、発達センター内に園と保育課との連携を充実するための担当窓口職員を配置しました。これは私が担当し、保護者の了解を得ながら入園前から環境調整を行ったほか、のぞみ診療所のスタッフの園への訪問調整や保育課への進捗報告など、窓口を置いたことでスムーズなやりとりができるようになりました。

❸継続的に訪問できる支援体制：これまで児童発達支援センター3通園の並行通園児・卒園児を、保育所等訪問支援の対象としていることが多かったのですが、3通園利用児以外でも保育所等訪問支援を利用できるように、「そよかぜ」利用のための目安を発達センター職員で話し合いながら整えました。

また、3通園を利用していなくても、のぞみ診療所だけを利用している子どもたちに対し、コメディカルスタッフが園を訪問して職員の相談に応じて助言等を行う「ケース支援」も積極的に活用できる

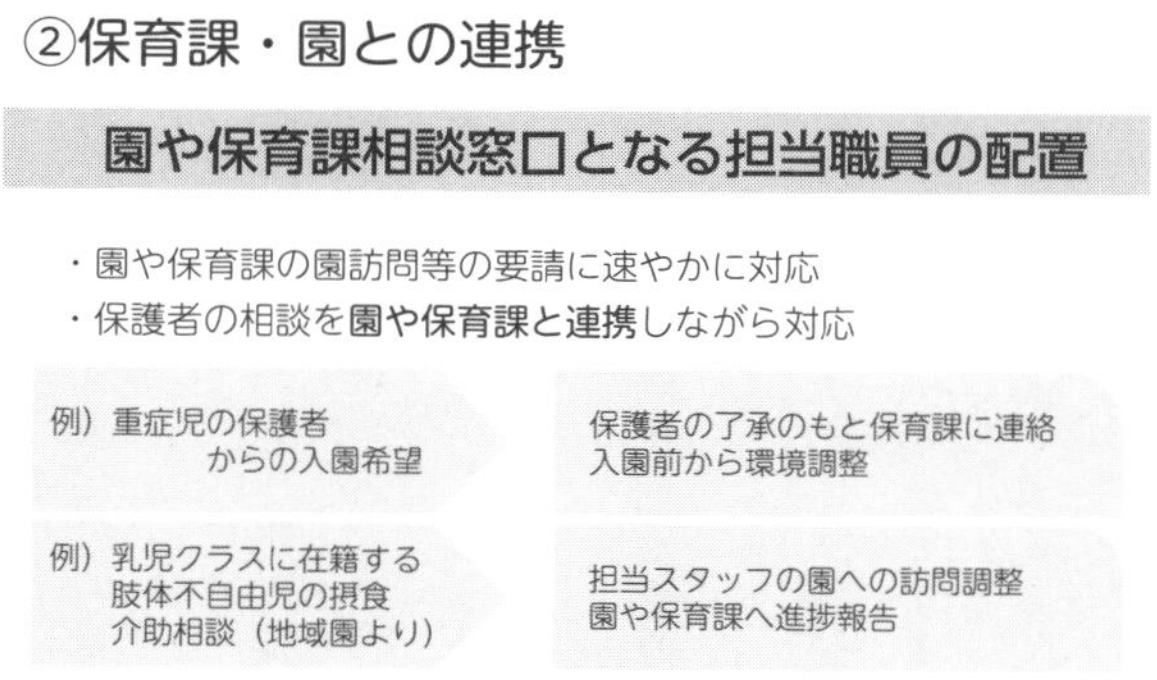

②保育課・園との連携
園や保育課相談窓口となる担当職員の配置
・園や保育課の園訪問等の要請に速やかに対応
・保護者の相談を園や保育課と連携しながら対応
例）重症児の保護者からの入園希望
保護者の了承のもと保育課に連絡
入園前から環境調整
例）乳児クラスに在籍する肢体不自由児の摂食介助相談（地域園より）
担当スタッフの園への訪問調整
園や保育課へ進捗報告

図5　発達センターと保育課・園との連携の充実

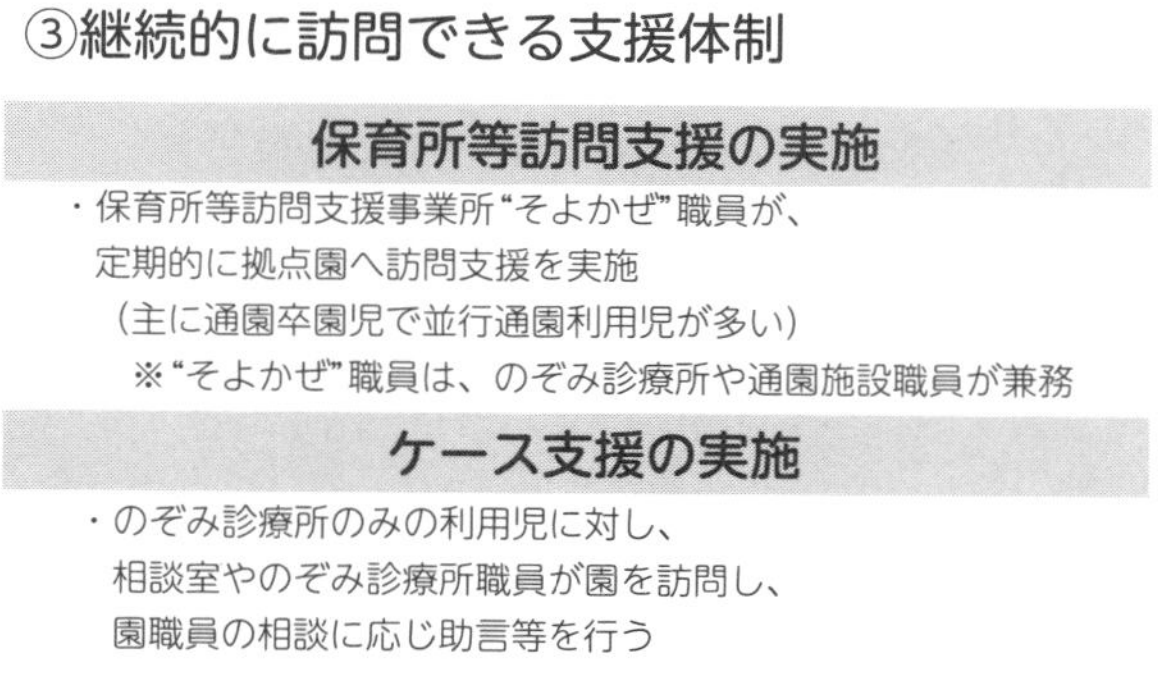

③継続的に訪問できる支援体制
保育所等訪問支援の実施
・保育所等訪問支援事業所“そよかぜ”職員が、
定期的に拠点園へ訪問支援を実施
（主に通園卒園児で並行通園利用児が多い）
※“そよかぜ”職員は、のぞみ診療所や通園施設職員が兼務
ケース支援の実施
・のぞみ診療所のみの利用児に対し、
相談室やのぞみ診療所職員が園を訪問し、
園職員の相談に応じ助言等を行う

図6　継続的に訪問できる支援体制

ように、発達センター内で周知しました。

❹保育士の人材育成：豊田市立こども園に勤務する保育士が発達センターに1年間出向して研修できる制度もつくりました。この研修では、肢体不自由、難聴と発達障害、知的障害の子どもたちが通う各児童発達支援センターでの実地研修を経験するほか、25コースの座学を通して知識や理論も学ぶことができます。研修を修了した保育士が地域園へ戻った後は、直接医療的ケアの子どもに接したり、重症児の専属保育を担ったりしています。1年だけでは学び切れないため、いまでは2年目、3年目の研修に来られるよう、継続的にブラッシュアップも行っています。

また、人材育成の一環として摂食・嚥下研修（再調理研修）も、豊田市内の園に勤務する保育士向け研修として開始しました。豊田市の給食は「給食センター」から各園に幼児食（普通食）が配送されます。口腔機能の発達がゆっくりである子どもたちの多くは、幼児食そのままでは食物の形や大きさが適していないため、うまく咀嚼できません。口腔機能が未発達な子どもたちに対し、誤嚥予防、安心・安全な給食提供のために、幼児食を食べやすい食形態に変更する必要があります。定められた職員が清潔な環境で、ハサミやすり鉢、フードプロセッサーなどを使って再調理しています（ただし、ペースト食やアレルギー食はコンタミネーションの心配があり未対応）。

④保育士の人材育成

研修派遣保育士の制度設立

▶対　　象：豊田市の公立こども園に勤務する保育士２名
▶派遣期間：１年間
▶研 修 先：豊田市こども発達センター
たんぽぽ：約6か月
ひまわり　なのはな：約1.5か月ずつ
あおぞら　おひさま：約1.5か月
相談室　　のぞみ診療所等：約1.5か月
▶研修内容：発達や障害に関する座学や実践を通して理解を深め、障害児にかかわるための知識や技術を獲得する

図7　保育士の人材育成

この研修は、年に2回開催しており、さまざまな演習のほか講演会も実施しています。また、園に出向いて園の給食を使った再調理研修も企画しているところです。

②医療的ケア児への支援について

豊田市では、定期的な導尿などを必要とする医療的ケア児も以前から受け入れていましたが、酸素ボンベや気管切開のための吸引など、常時医療的ケアが必要な子どもたちも、２０１０年頃から保育しています。原則として保護者同伴でしたが、現在では手続きを踏むことで同伴を解除し、園内の看護師や担当保育士が医療的ケアを実施しています。豊田市立こども園では、ほぼ全園で医療的ケア児の保育が可能となっています。

これらの体制を維持するために、四つの支援体制に力を入れています。一つ目は医療的ケア検討委員会で、２０１２年度に設置されています。保育課が主体となり、発達センターや豊田加茂医師会も参加しています。豊田市のこども園における医療的ケア児に関するさまざまな課題への対応を検討している会議体です。

二つ目は、看護師による対応です。医療的ケア児がいる園には看護師が常に勤務している状況になっています。保育課に看護師の配置や業務等の取りまとめを行う職員を配置し、看護師の休みなどに対応できるように工夫しています。

三つ目に、保育士も喀痰吸引等研修（第3号研修）を受け、看護師といっしょに対応しています。主任保育士も受講するなど、一人で抱え込まないような体制づくりに配慮しています。現在では、保育士の第3号研修受講者が10人を超えています。

四つ目は、看護師同士の情報交換です。園内での職種が一人のため、さまざまな不安や悩みを共有したり解決したりするために、保育課主催で定期的に看護師の情報交換会を開催しています。

(3) インクルーシブ保育の推進のために

肢体不自由児、重症心身障害児、医療的ケア児は、退院直後から地域で支える時代がきています。そのためには、関係機関が連携を図りながら対応していく必要性を感じています。そのためには、乳幼児期の課題・問題を話し合える会議体を設置していくのが望ましいと感じています。

豊田市では、入園可否ではなく「どんな支援体制だと受け入れていけるのか」を中心に検討しているのが大きな特徴です。それが、対象となる子どもや家族だけでなく、保育士らも支える仕組みとなり、インクルーシブ保育の推進につながっていくと思います。

なお、市内の私立こども園・幼稚園への障害児の入園については、それぞれの法人の方針にもとづきます。医療的ケア児や重症児も定型発達児といっしょに生活している園もあります。私立園に入園できなくても、近隣の豊田市立こども園などで入園できる仕組みになっています。

どんな障害があっても統合保育を推進してきた豊田市の取り組みは、これまでも何度か新聞で紹介されています。

豊田市こども発達センターはこれからも、保育課やこども園と協力しながらインクルーシブ保育を推進し、保育士らの人材育成も手伝いつつ、相互補完、役割分担と顔の見える有機的連携をとりながら、医療的ケアのある子どもたちをいっしょにサポートしていきたいと思っています。

（注）「害」の表記について

豊田市では「障害」の用語を表記する場合「障がい」と表記する特例を定めています。そのため、本文では豊田市固有の委員会や事業などについては「障がい」と表記しています。

上田一稔●NPO法人幸せつむぎ and にこり日進 施設長

4 児童発達支援事業所（重心型）における医療的ケアの取り組み

ＮＰＯ法人幸せつむぎは、愛知県内に４事業所を運営しています。ここではそのうち、日進市の児童発達支援重心型事業所「ａｎｄ にこり日進」の取り組みを紹介します。

(1) 事業所の紹介

① 児童発達支援（未就学児対象）について

児童発達支援は、基本的に未就学児を対象とした児童福祉法にもとづく障害児通所支援の一つです。この児童発達支援にもいくつか種類があります。

主に知的障害や自閉症のある子どもが通う事業所が大半で、だいたい８～９割を占めます。それ以外に盲や聾の子が通う児童発達支援、２０１８年からは看護師や保育士等が自宅に行く居宅訪問型児童発達支援もスタートしています。「ａｎｄにこり日進」は、主に重症心身障害児（以下、重心児）を受け入れる児童発達支援事業所として運営しています。

② 事業所の概要

現在、１日の定員は５人です。少ない人数で個別支援を提供しています。サービス提供時間は10時から16時ですが、この時間は子どもたちが事業所で過ごす時間です。前後に送迎をしていますから、朝は９時から10時の間に迎えに行き、16時まで事業所で過ごし、その後だいたい17時頃までに自宅に送るという流れになっています。

職員は管理者（看護師）、児童発達支援管理責任者（保育士）、看護師（２人）、保育士（２人）、児童指導員（１人）、言語聴覚士（１人）、理学療法士（１人）、作業療法士（１人）、指導員（６人）、事務員（１人）、嘱託医（１人）という構成です。

③ 利用者について

２０２２年１月末現在の契約者は16人です。医療的ケアが必要な子どもは14人と、ほぼ９割です。いわゆる重症心身障害児認定を受給者証で受けている子どもが11人います。

実施している医療的ケアは、胃ろう・腸ろう・経鼻経管からの注入、口腔内・鼻腔内・気管カニューレ内の吸引、人工呼吸器の管理、浣腸、発作時の対応、気管切開部の管理、酸素療法、皮下注射、血糖測定です（写真１）。

利用者は0歳児から就学前まで、事業所のある日進市とその周辺市町から受け入れています。0歳児から対応しているのは後述する地域特性とも関係し、生後5か月で受け入れたケースもありました。

④事業所の支援方針

支援で意識しているのは、実年齢、発達年齢、身体年齢という「三つの年齢」です。

基本的には、実年齢に沿った支援を提供しています。当然ながら人権に配慮した実年齢相当の支援活動、すなわち保育園および幼稚園と同様にするということです。

発達年齢については、知的障害がありますから、発達検査では低い数値が出てしまいます。そこに関しては、言葉かけを短い単語にしたり、絵カードを用いたりする合理的な配慮を行っています。

写真1　事業所で実施している医療的ケアの風景

胃ろうからの注入

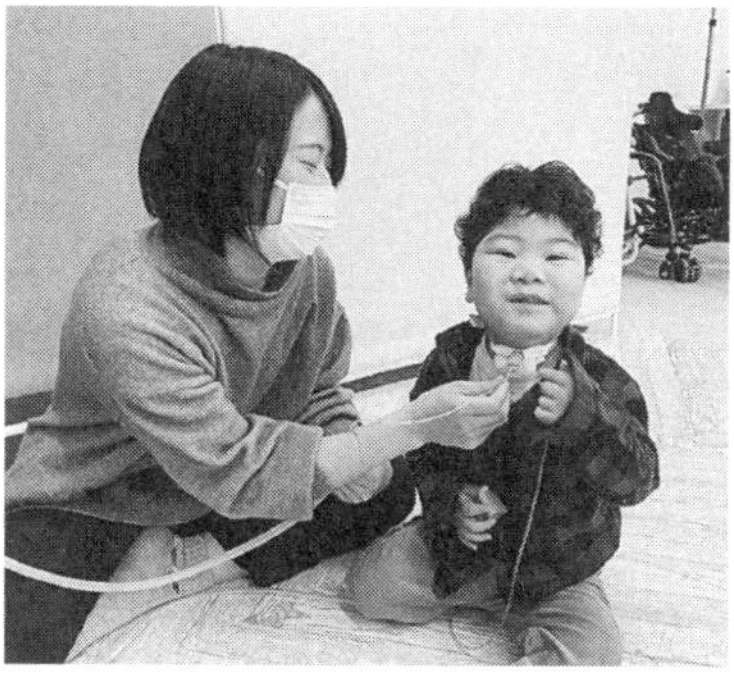

気管カニューレ内の吸引

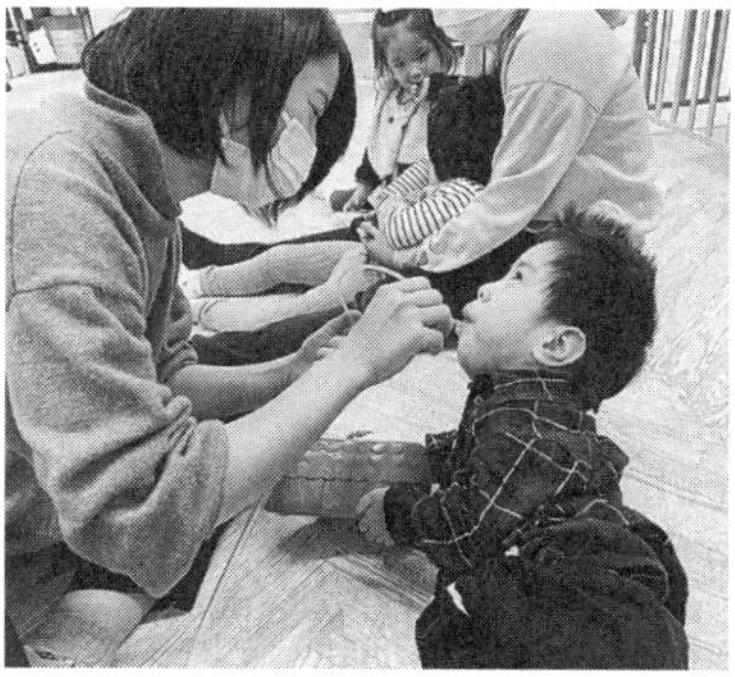

口腔内吸引

身体の部分に関してもそれぞれ状態が異なりますから、機能訓練担当職員が主治医と身体状況を把握しながら連携し、それぞれの特性に応じた支援を提供しています。

(2) 地域特性について

事業所がある日進市は名古屋市の東に広がる東部丘陵地に位置し、約20年前から人口が増加している地域です。若い世代が多いのが特徴で、日進市の近隣市町の長久手市、みよし市、東郷町の人口は、いずれも10年前と比べて顕著に増加しています。合計特殊出生率も全国平均、県平均を上回っています。長久手市は日本一若いまち（2020年）になり、日進市も住みやすいまちランキングで毎年上位に入っています。また事業所の周辺には、大学病院や小児の高度医療を提供する病院が複数あります。利用者の主治医も、おおむね図1の地図に示した六つの病院いずれかの所属です。

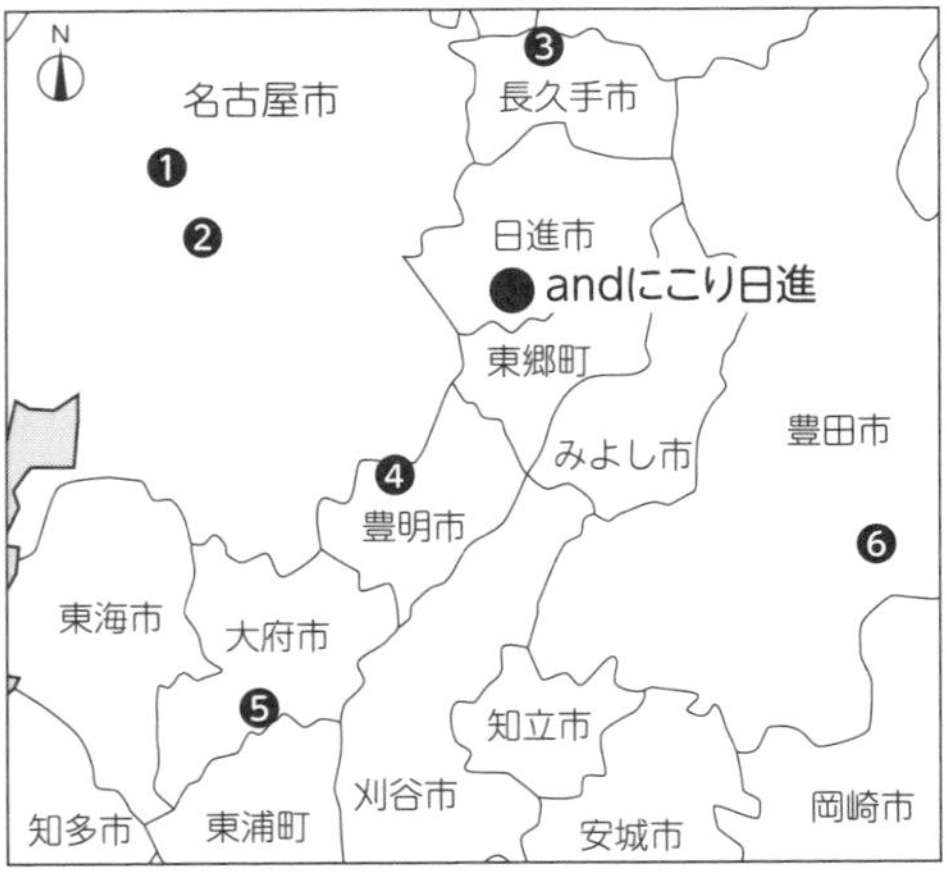

①名古屋大学医学部附属病院
②名古屋市立大学病院
③愛知医科大学病院
④藤田医科大学病院
⑤あいち小児保健医療総合センター
⑥トヨタ記念病院

図1　事業所周辺の病院マップ

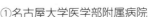

(3) 利用者の受け入れについて（病院側との連携および調整）

利用者の受け入れには、主に二つのパターンがあります。

一つ目は、出生後初めて病院を退院する場合です。多いのはＮＩＣＵに入っていて状態が落ち着き、在宅に戻るケースです。その際、病院によって名称は違いますが、医療福祉相談部などの医療ソーシャルワーカーから電話で受け入れ依頼を受ける場合があります。

二つ目は、退院して在宅で過ごし、その間に訪問看護や訪問リハビリなどのサービスを利用し、その後に家族の生活基盤を整えていく段階で、少し年齢が上がった2歳頃の受け入れです。その場合は担当の相談支援専門員や保護者からの連絡が多くなります。２０２１年度は医療的ケア児等コーディネーターからの連絡も数件ありました。

実際に受け入れる場合、見学→プレ利用→契約・利用開始というのが基本的な流れですが、病院から初めて退院する場合は、それに加えて最初に、事業所として病院で開催される退院前カンファレンスに参加します。カンファレンスでは本人の状態を確認し、受け入れが可能かどうか、事業所を利用中の利用者とのマッチングや職員・看護師の配置なども含めて受け入れを判断しています。また、医療的ケアについては主治医や看護師に確認を行い、その後医療機器メーカーの担当者と打ち合わせを実施します。たとえば酸素が必要な場合は、新しいボンベの搬入のタイミングなどを確認しています。

さらに、緊急時の対応について、支援中の急な体調不良で救急車を呼ぶ場合、主治医のいる病院に搬送するのか、まずは近くの受け入れ可能な病院に搬送してから主治医のいる病院に転院するのか、という問題があります。命の判断にもつながりますから、あらかじめ保護者に選択を求め、同意書で承諾を得ています。

(4) 事業所における医療的ケアの取り組み

医療的ケアは、利用者が楽しんでいるときに別の場所に移すのではなく、できる限りその場で、他の子どもたちと離れずにケアを受けられる状況をつくりながら実施しています。

医療的ケア児の支援で心がけていることは、同年代の子どもと同じ活動に取り組むことです。たとえば、看護師がボンベを背負って公園など外へ遊びに出かけますし、経鼻チューブがあっても工作や感覚統合の遊びをいっしょに行っています。自分たちが食べる昼食の調理実習も行い、完成した後はミキサーにかけたりトロミをつけたりして、各々の食形態に合わせて食べています。また、おやつづくりを行うときは、スーパーに買い物に行く社会体験にも取り組んでいます(写真)。

次に心がけているのは、保護者が自己キャリアを維持できるように支援することです。事業所が送迎を行うことで、預かる時間は最大で9時から17時までとなり、保護者の負担軽減につながっていると思います。送迎も、基本的にすべての医療的ケアに対応しています。人工呼吸器利用者の場合は車中で人工呼吸器の管理をするために、看護師が同乗しています。ただ、看護師やたん吸引のために第3号研修修了者が同乗すると、どうしても人件費が嵩みます。事業所としては苦しいところですが、算定可能な加算を取得して対応しています。

そのほか、訪問散髪や訪問歯科にも取り組んでいます。訪問散髪は2、3か月に一度、美容師が事業所に来所して実施しています。医療的ケアがあると、普通の理容室や美容院ではスペースがなかったり、経鼻チューブがあることで「髪を切るときに何かあったらいけない」と断られたりする場合もあります。訪問散髪では、美容師

調理実習

買い物（おやつづくりの材料）

公園遊び

工作

が髪を切っているときに、保育士や看護師が横にいることで、本人も安心して受けられるよう配慮しています。

訪問歯科も月に一度、地域の歯科医が事業所に来所し、一般的な健診のほか、フッ素塗布の施術も受けています。多くの利用者は病院で歯科医がついていますが、コロナ禍で病院に行きにくい状況もあることから、訪問歯科医への依頼につながりました。

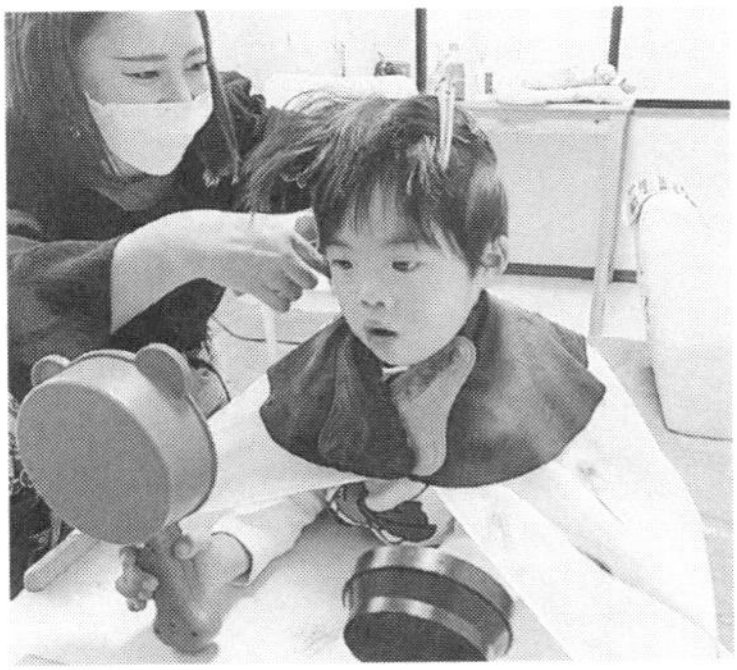
訪問散髪

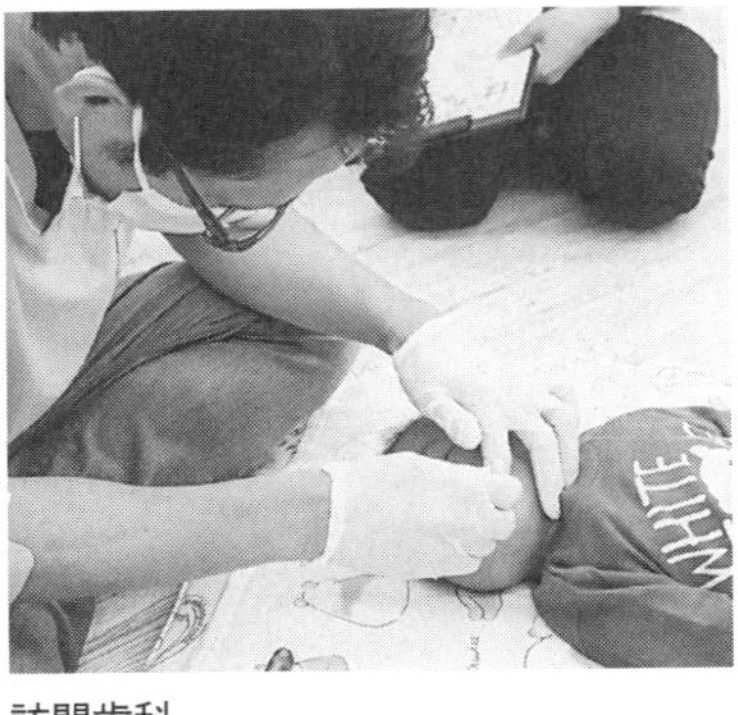

訪問歯科

(5) 動く重心児および医療的ケア児への対応について

私たちの事業所にも、たとえばＷｅｓｔ症候群に自閉症スペクトラムが合併している子どもや、脳性まひと行動障害が重複している子どもが複数名います。行動障害も重度の場合が多く、自傷行為がすでに出ていたり、他害行為があったりもします。

そこで、「環境の構造化」を行ったり、視覚的に情報を整理するのが得意な子どもには「タイムスケジュールの整備」など、自閉症スペクトラムに対する支援方法を用いています。そのため、強度行動障害支援者養成基礎および実践研修を修了している保育士や児童指導員が支援に入るようにしています。

① 実践例(1)

たけし君はパニックがあり、パニックが起きたときに自分で胃ろうなどを引っ張ってしまいます。自閉症スペクトラムに特化した事業所などにはカームダウン用の部屋もありますが、当事業所にはありません。そのため、どうしても落ち着かないときは、たけし君が落ち着くための個別部屋として、静養室としている和室を使用しています。また、多職種が勤務している強みを活かし、さまざまな職種で多角的にアセスメントを行い、利用者の強みを支援に活かす工夫をしています。

② 実践例(2)

かずお君は歩行はできますが、発作が頻回に起きます。水が好きで、自閉傾向が強い子どもです。そして「お気に入りの棒」にこだわりがあります。それを友達が持つと、すぐに怒って髪の毛を抜くなどの自傷行為が出ます。かずお君の支援として、帰りの送迎の出発時間を遅らせ、みんなが帰った後に10分間モップがけを手伝ってもらうことにしました。歩いてモップをかけられますし、最初にバケツの水をつけますから、好きな水にもさわれます。さらに、かずお君お気に入りの棒に類似した持ち手のモップを購入しました。すると、かずお君も余暇時間以外に好きな棒にさわれます。こうしてかずお君はいま、元気にモップがけをしています。

廣野幹子・河合裕美●社会福祉法人みねやま福祉会 吉津子ども園分園マ・ルートキッズランド

5 共に生きるインクルーシブ保育の実践

――ゆうくんの世界の広がり

マ・ルート（Ma・Roots）は、京都府北部の宮津市に2017年9月にオープンした児童、障害、高齢の複合型施設です。海のそばにあり、遠くに日本三景の天の橋立が見えます。保育の定員は20人ですが、現在は定員以上の23人となっています。また、福祉人材の育成施設でもあり、実習生やインターンシップも受け入れています。

「特別な福祉から日常の福祉へ」の考えのもと、高齢者や障害がある人に会いに行かないと会えないのではなく、生活のなかで自然に出会う日常の福祉

施設概要

総合実習センター
（現場一体型人材養成拠点施設）

宿泊しながら、高齢者、障害者、保育に対応できる総合的な福祉施設を一体的に整備し、福祉人材の育成・確保に努める。

■実習施設・宿泊施設（8部屋）
■特別養護老人ホーム（60床）
■保育所施設（定員20人）
　※吉津保育園の分園として
■障害者・児施設
　・就労継続支援B型（定員10人）
　・生活介護（定員6人）
　・放課後等デイ（定員10人）

が可能な施設です。

(1) ゆうくんの受け入れ準備

開設して2年目に、宮津市から医療的ケア児受け入れの打診がありました。私たち保育士にとって医療的ケア児は初めてで、どのように準備していくのか、何もかも手探り状態でした。まずは本人に面会するため、当時入所中の舞鶴医療センターを訪ねました。その後、京都府立医科大学付属北部医療センターや園の委託医との連携を図り、施設内でも情報共有を行いました。

当時のゆうくんは3歳、身長は90cm、体重は10・6kgでした。病名は20トリソミーという染色体異常でした。そのほか難聴や口唇口蓋裂があり、胃ろうを造設していました。そして何よりも、保護者の「地域の保育園の経験をさせてあげたい」という願いに応えたいと思いました。

情報収集をしていくなかで、保育イメージや感染症対策、緊急時の動きなど、具体的な疑問や不安が出てきました。コーディネーターや保健師、保護者と相談を重ね、厚生労働省の「保育所での医療的ケア児受け入れに関するガイドライン」も参考に、疑問点を可能な限り減らして入園準備を進めました。

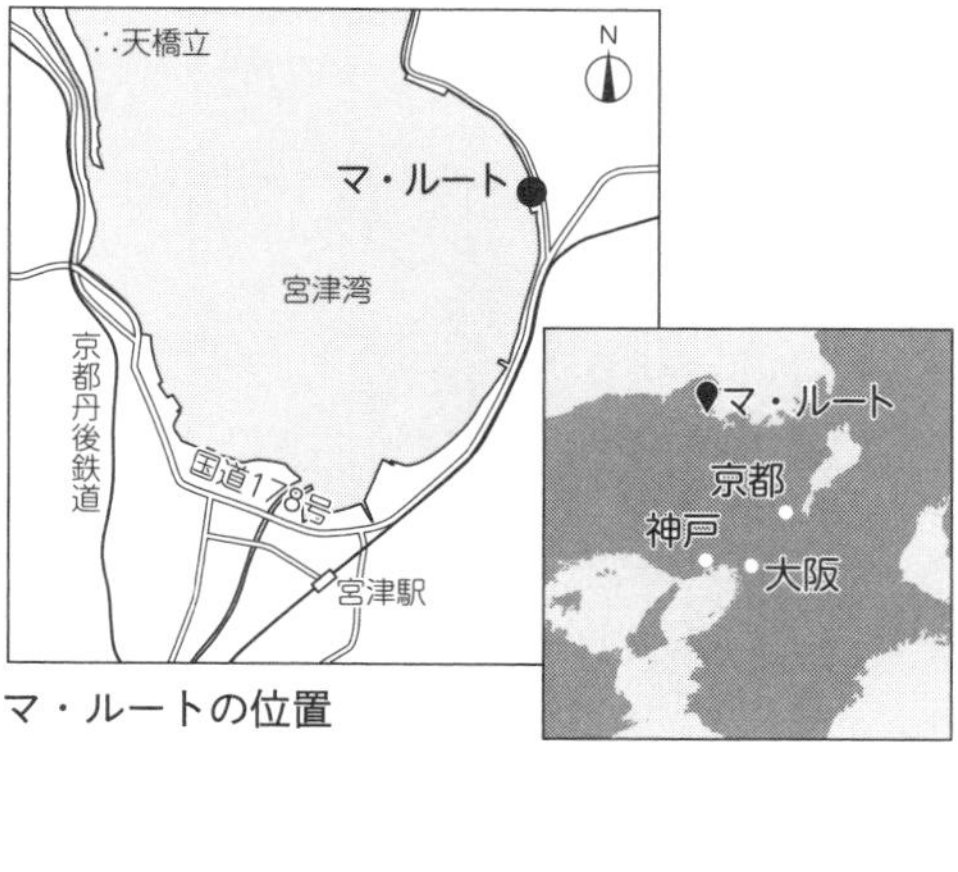

マ・ルートの位置

(2) 受け入れスタート

看護師の配置ができて、いよいよ受け入れが始まりました。通所中の児童発達支援センター「すずらん」を訪ねて実際の療育を見学し、具体的な遊びや支援を思い描けるようになってきました。秋には、主にかかわる2人の保育士が第3号研修を受講し、緊急時に医療的ケアを行えるようにしました。

園でゆうくんが過ごすことをほかの園児がどう感じるだろうと、保育士は不安が先に立っていましたが、子どもたちは自然にゆうくんを友達として受け入れていました。

保育に必要な書類やおもちゃ、生活に必要な椅子や医療用具は十分に揃っていないままのスタートで、ゆうくんに合ったものを試行錯誤で整えていきました。タオルが好きで、自分から手を伸ばし遊ぶ姿が見られ、タオルにボタンや紐、タグなどがついたものを作成し、好きなものを触るとついでにほかのものにも触れられる環境づくりを行いました(写真)。

緊急時に必要な緊急搬送患者連絡票、保護者連絡先、医療的ケアに必要な物品などはリュックにひとまとめにし、散歩や避難時にすぐに

ボタンやタグをつけたタオル

持ち出せるようにしました。また、日常使用している吸引器もすぐに持ち出せるようにしていました。保護者との連絡帳のほか日々の申し送り表で看護師と情報を共有し、体調管理に努めました。また、ひと月の目標や日々の記録を記入し、ゆうくんの保育計画を作成しました。

(3) 体重を増やす

低体重だったゆうくんにとって、体重を増やすことも入園した目的の一つでした。

舞鶴医療センターの栄養士と連携し、カロリーや分量を計算しながら調理スタッフがさまざまなメニューを作り、少しずつ体重を増やすことができました。当初は体重の伸びが少なかったゆうくんに「12 kgまでいったらすごいね～」といっていましたが、1年で12・5 kgに増え、さらに卒園時には14・7 kgになりました。

ゆうくんの体重増量のため、注入食に油を混ぜるようにしました。しかし、カテーテルチップの内管がすぐに硬くなってしまうため、油の入ったメニューはドレッシングボトルで注入するようにしました。

匂いも感じてほしいと、オレンジなど香りが強いものがデザートに出たとき、鼻の下にその汁を少量つけてみました。卒園時には少しだけ味見もできるようになりました。

いつか口から食べられるようにと、舞鶴こども療育センターで嚥下訓練が始まった卒園間近の頃には、フルーツの匂いをかいだり、スプーンに少しだけフルーツの汁をつけて味見したりすることも、給食の楽しみの一つになりました。

(4) 園児の疑問

ゆうくんと過ごしていくなかで、園児たちから「これなあに?」「たべれんの?」など、補聴器や胃ろうのボタンなどについて疑問が出てきました。いずれもゆうくんにとってとても大切なものだと伝えました。

「ゆうくんは、これ（補聴器）がないとみんなの声が聞こえにくいんだって。だから、外れたり、落ちていたら教えてね」

「ゆうくんはお口から食べられないから、ここ（胃ろう）から食べるんだよ。だからこれは、とっても大事なものなんだよ」

補聴器が落ちたときにはすぐに、気づいた園児から届くようになりました。

また外出時、摘んだ花や捕まえた虫などを、バギーに乗っているゆうくんの見える位置に掲げて見せるなど、周りの園児がゆうくんへのかかわり方を考えるようになりました。その一方、距離が近くなり、室内で過ごすなかで、ゆうくんが無意識に動かした手足が友達に当たり「痛い。やめて」などのトラブルも出てきました。そのようなときには保育者が仲立ちとなり、友達との関係を築いていきました。

(5) 職員とのかかわり

ある日ゆうくんが、担当職員のズボンをつかんで「ウフフ」と笑うようになりました。また、職員がゆうくんの胸のあたりに手を置くと、その手をつかんで「ポイッ」と払うやりとりを楽しむようになってきました(写真)。してほしいことには「ウ、ウ」と身体全体を使ってアピールします。その反応がうれしくて、職員たちもさらにいろいろな遊びを考えました。ある日は喜んでくれたことが次の日は興味がないこともあります。そんなやりとりをほかの職員にも話すことで、担当職員だけでは思いつかなかった遊びへと広がりました。

当初、担当職員以外はゆうくんとの接し方がわかりませんでした。ゆうくんがほかのクラスに遊びに行く機会が増えるにつれ、職員の言葉かけも増えてきました。また、注入や吸引の様子も見てゆうくんを身近に感じ、ゆうくんも担当職員以外と過

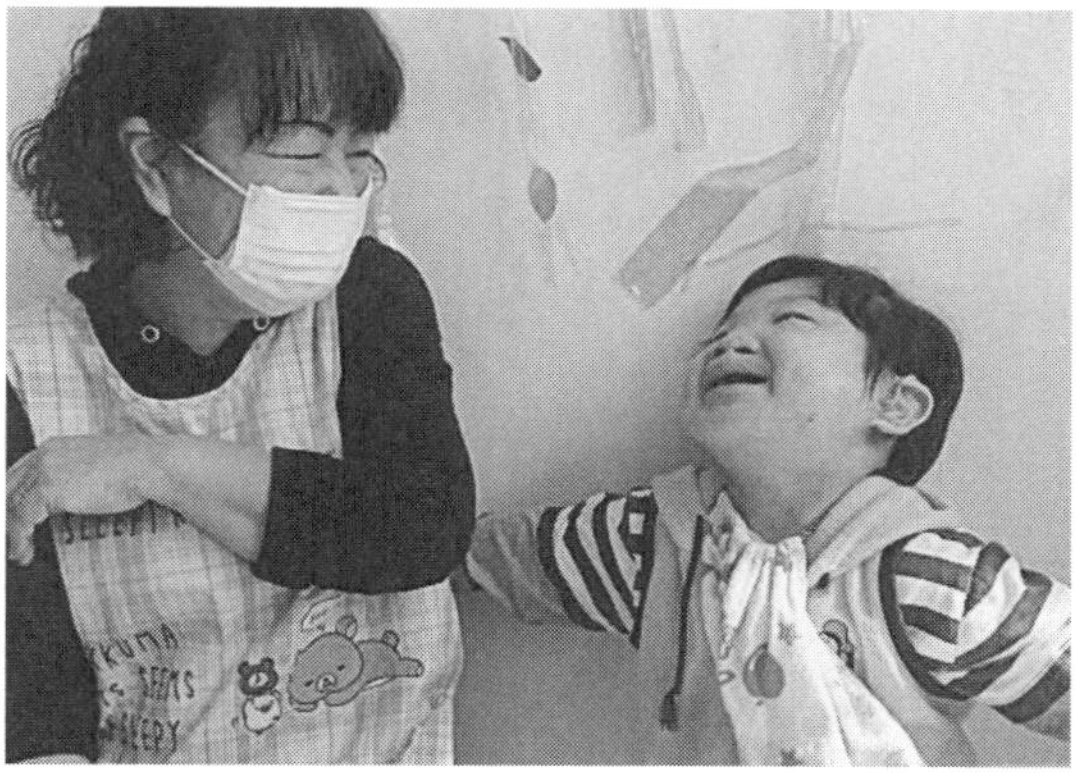

職員とのやりとりを楽しむ

ごせる時間が増えました。

(6) 誕生会

誕生会の写真を見ると、ゆうくんの身体的な発達が目に見えてわかります。

1年目は入園してすぐで、座位保持椅子を使用していました。それでも首が安定せず、数分しか座れませんでした。2年目は乳児の前付き椅子に座れるようになり、ずいぶん安定しました。3年目は、前にテーブルのない椅子に座ることができました(写真)。

(7) ゆうくんの日常

感覚が敏感でシリコン製のバナナの歯固めしか手にしなかったゆうくんが、日常生活のなかでいろいろなものに関心を示し、手に取ったり触ったりするようになってきました(写真)。

誕生会

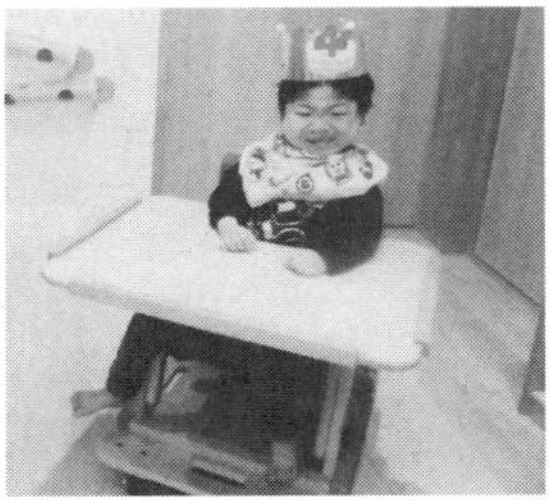

1年目(3歳)

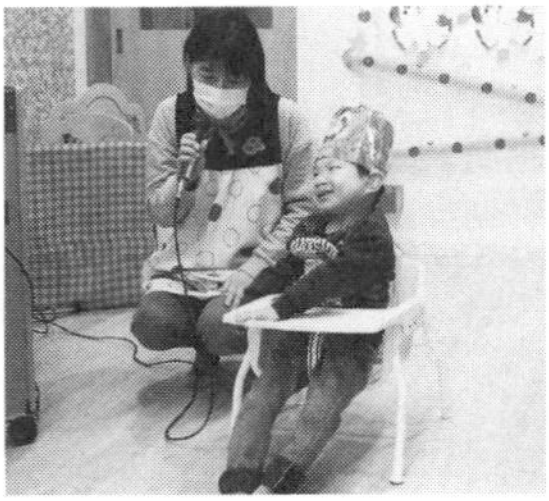

2年目(4歳)

3年目(5歳)

公園に行くと、園児たちがゆうくんのバギーの追いかけっこを始めたり、自分たちの楽しい発見やうれしい発見をゆうくんにも見せたりします。ほかにもゆうくんは遠足やハロウィン、芋掘りなどたくさんの経験をしました。糊や絵の具を画用紙の上にヌリヌリと両手で伸ばす制作の作業は、回をくり返すごとに楽しみな活動となりました（写真）。

入園当初は寝転んで過ごすことが多く、職員は「卒園までに寝返りできたらいいね」と話していました。外で寝転んでみたり、指におはじきを

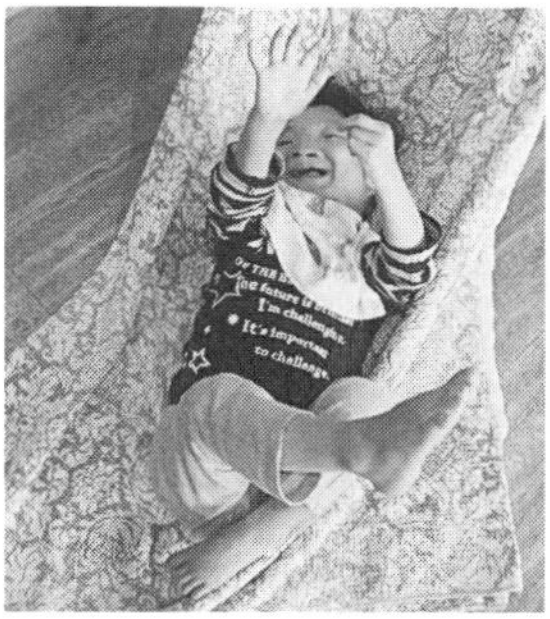

手を眺める

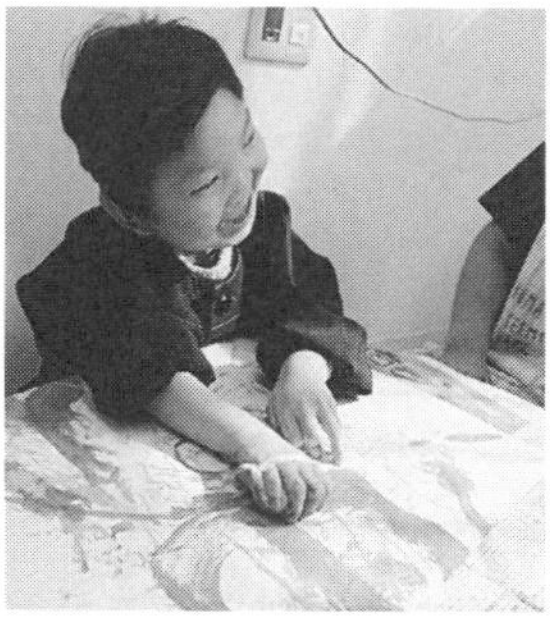

制作の様子

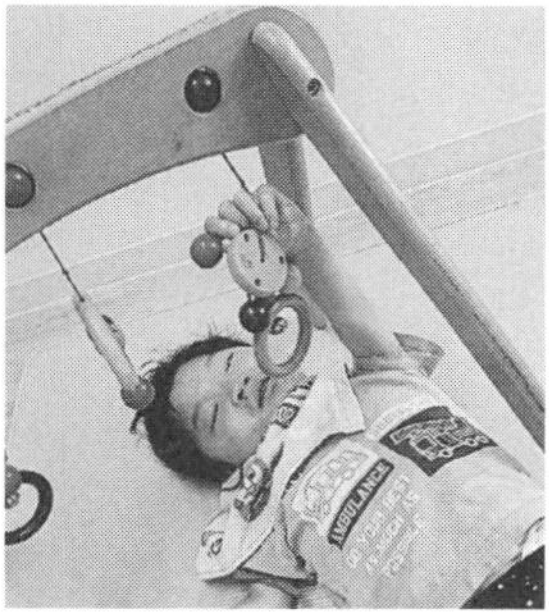

手に取ったり触ったり……

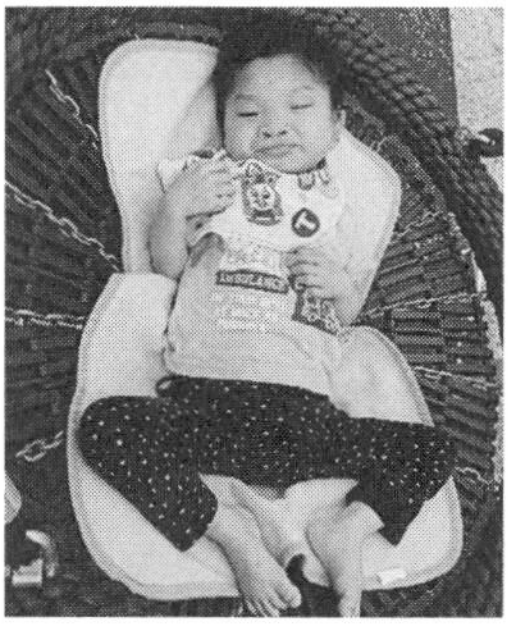

園庭にあるゆりかごスイングに乗ってゆらゆら揺れる感覚遊びを楽しむゆうくん。

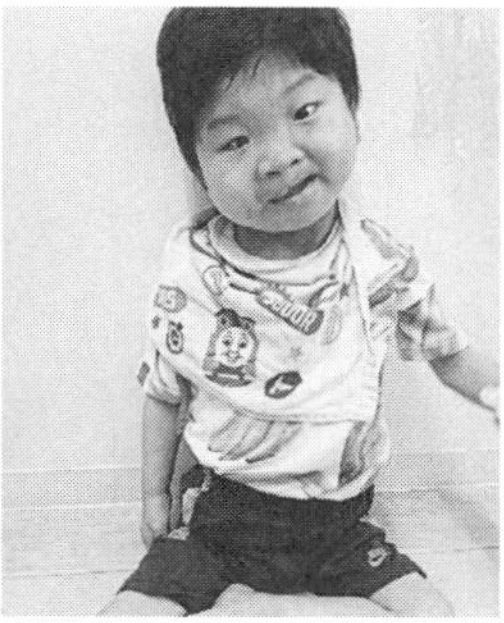

壁にもたれることで、ずいぶん長い間座れるようになった。

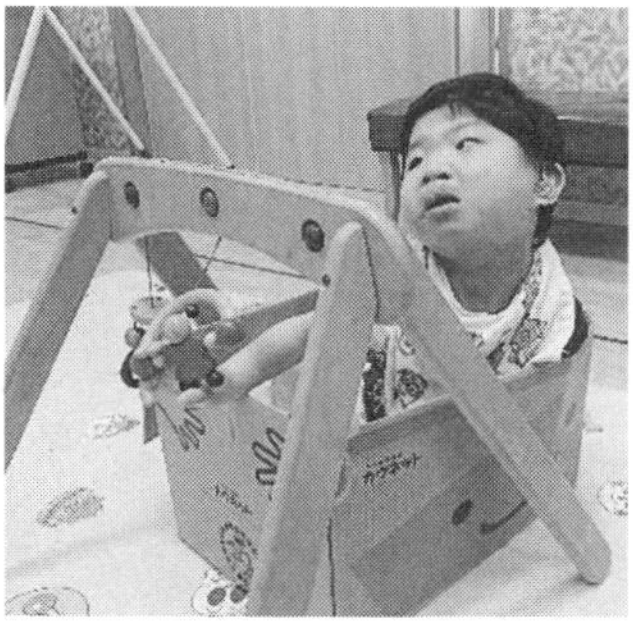

座位保持椅子を嫌がったため、段ボールに座ったゆうくん。座ることに集中しなくてよくて手が自由になり、興味があるものに手が出るようになった。

はさんでみたりするうちに、寝返りや自力で座位保持ができるようになったほか、指を口に入れてみたり、手を眺めてみたりするようになってきました（写真）。

(8) 歯磨き

歯石がよくついていたことや将来的な口腔摂取を視野に入れ、吸引チューブ以外のものが口に入る経験として、歯磨きを始めました。最初は口に何か入ると思っただけで泣いて嫌がっていました。後に吸引ではないとわかって嫌がらなくなり、歯ブラシを近づけると口を開けることも増えました（写真）。地域の歯科医の訪問歯科の機会に同席し、歯の手入れや口腔内マッサージの方法も学びました。

(9) 入浴

あるとき、保護者がゆうくんの入浴に少し困っていることがわかり

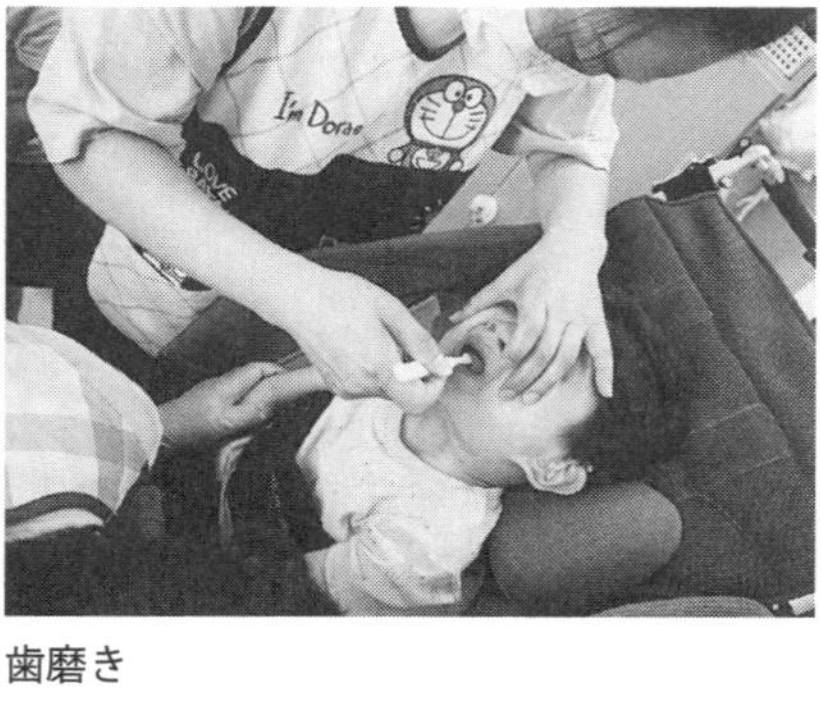

歯磨き

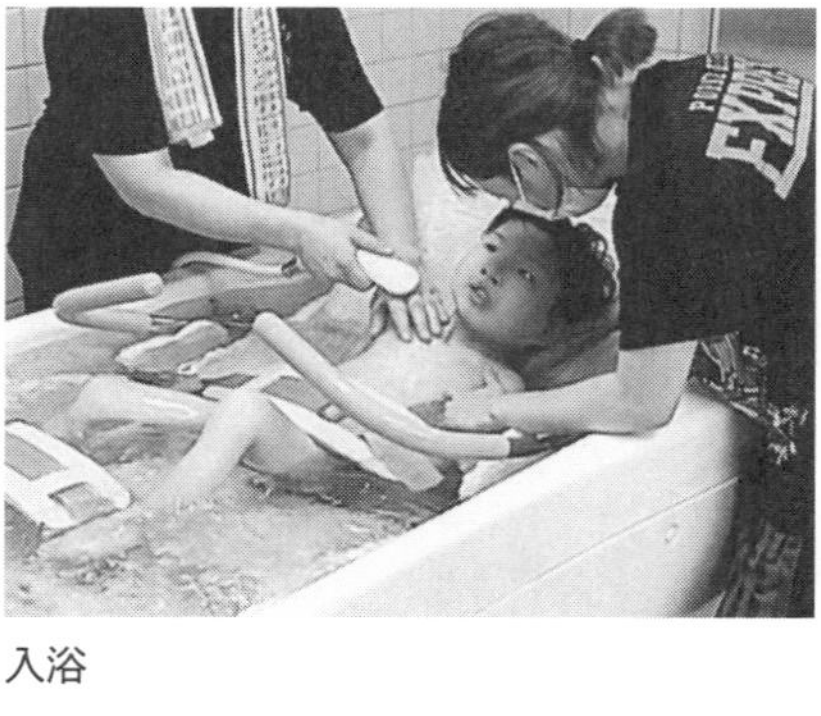

入浴

ました。身体が大きくなって自宅のベビーバスでの入浴が難しくなってきたこともあり、コーディネーターにも相談しました。しかし、訪問看護も毎日の訪問入浴は難しいとのことでした。

そこで、園の乳児用沐浴室で1日1回の沐浴を始めました。とはいえ、やがてそこも手狭になってきたので、同一施設内の高齢者用の特浴を利用できることになりました。電動のジャグジーバスに驚いていたゆうくんでしたが、ゆっくり入浴できるようになりました（写真）。

⑽ リハビリと運動会

寝返りもお座りもできるようになりましたが、まだ保育者の介助が必要でした。そこで、自分で寝返りからお座りができるよう、訪問看護の理学療法士（ＰＴ）にリハビリを依頼しました。園にあるものを使い、衣装ケースに大好きなタオルを巻いて腹ばいになり、少し足を動かすとタイヤが動いて前に進む、という活動をしました（写真）。また、舞鶴こども療育センターのＰＴも見学しました。

ゆうくんができることを取り入れた運動会は、職員も保護者も思い出に残る行事になりました（写真）。「ほかの子と同じように製作物を

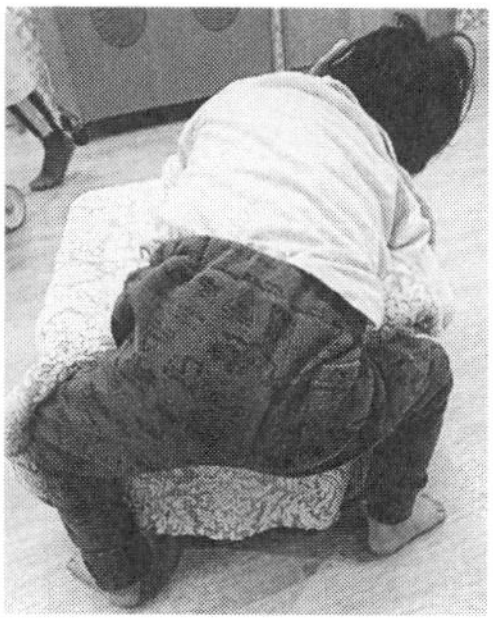
リハビリ

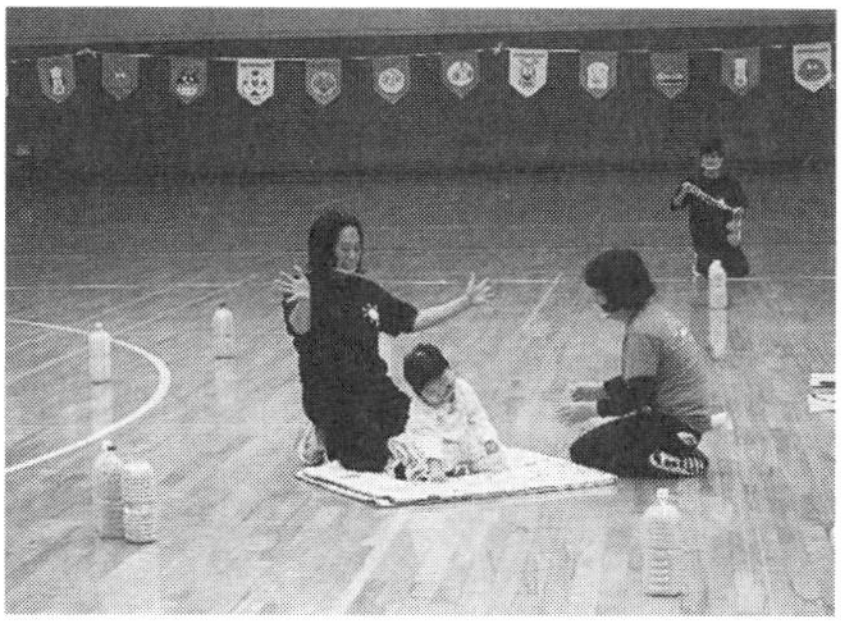
運動会

もって帰って来たり、行事に参加できるなんて……」との保護者の喜びの声に、重みを感じました。

⑾ ゆうくんに教えられた「信じて待つ」

ゆうくんの周りにはいつも友達がたくさんいました。関係者、地域の人たち、当たり前に受け入れた仲間の存在すべてが、ゆうくんの成長に大きく影響していたと思います。

当初は寝返りが目標だったゆうくんは、寝返りで移動することも、うつ伏せから自分でお座りすることもできるようになりました。職員も関係者も、驚きと感動で涙を流しました。うまくいかない支援もありましたが、ゆうくんが座れたときは「力を溜めていたんだ。育とうとする力って、すごいなあ。育つときは、自分で決めるんだな」と実感しました。

ゆうくんに出会い、改めて育つ力を信じて待つことの大切さを教えられました。ゆうくんの世界が広がり、自分の意思で動こうと思えたのは、友達といっしょに過ごした時間があったからです。マ・ルートキッズランドがゆうくんにとって居心地がよく、安心でき、自分を表現できる場所になっていったとしたら、職員一同うれしく思います。ともに過ごした日々はゆうくんだけでなく、友達や職員にとっても大切な宝物となりました。

第2部

学齢期の医療的ケアと学校現場の実状

荒木　敦●大阪旭こども病院／ＮＰＯ法人医療的ケアネット理事長

1 特別支援学校での医療的ケアの現状と課題

(1) 交野支援学校における医療的ケアの変遷

私は、大阪府立交野支援学校の内科校医を20年以上務めています。あまり知られていないかもしれませんが、交野支援学校は、日本における医療的ケアのパイオニア校の一つといえます。

同支援学校では１９９２年に、すでに「医療的ケア」と

表１　交野支援学校の医療的ケアの変遷

1992年	「特別な医療的ケア」について検討が始まる。
1996年	医療的ケアの基本的手順が、まとめられる。
1999年	看護師調査員が本校に１日３時間派遣される。
2001年	巡回相談専門員として、医師（校医）が１人、看護師が２人、１日５時間本校に派遣される。
2002年	医ケア実施要綱と申請手続きを改正する。 非常勤特別講師として、看護師が本校に２人、週40時間配置される。
2004年	国及び大阪府の動向に柔軟に対応できるように医ケア実施要綱と申請手続きを改正する。 非常勤特別講師として、看護師が本校に７人、週160時間配置される。
2018年	看護師12人（巡回６人／日・人工呼吸器５人）

いう考えが検討され始め、看護師免許をもつ養護教諭の指導のもとに、教員による医療的ケアが進められました。1996年には医療的ケアの基本的手順がまとめられ、1999年からモデル事業が始まって看護師調査員が学校に派遣されるようになりました。

2001年には巡回相談専門員として医師（校医）が派遣されるようになり、2002年には非常勤講師として看護師が2人、週40時間配置されました。さらに2004年の法整備（14頁参照）で、看護師が7人に増えて時間も長くなりました。2018年以降交野支援学校には、常時ではないものの総勢12人の看護師が勤務しています。

2012年以降、教員は第3号研修を受けて医療的ケアを実施しています。研修は、大阪府教育委員会による基本研修と、学校で看護師の指導で実施する実地研修の2種類です。すべて修了した後、特定の児童生徒に対して医療的ケアが行えるようになります。

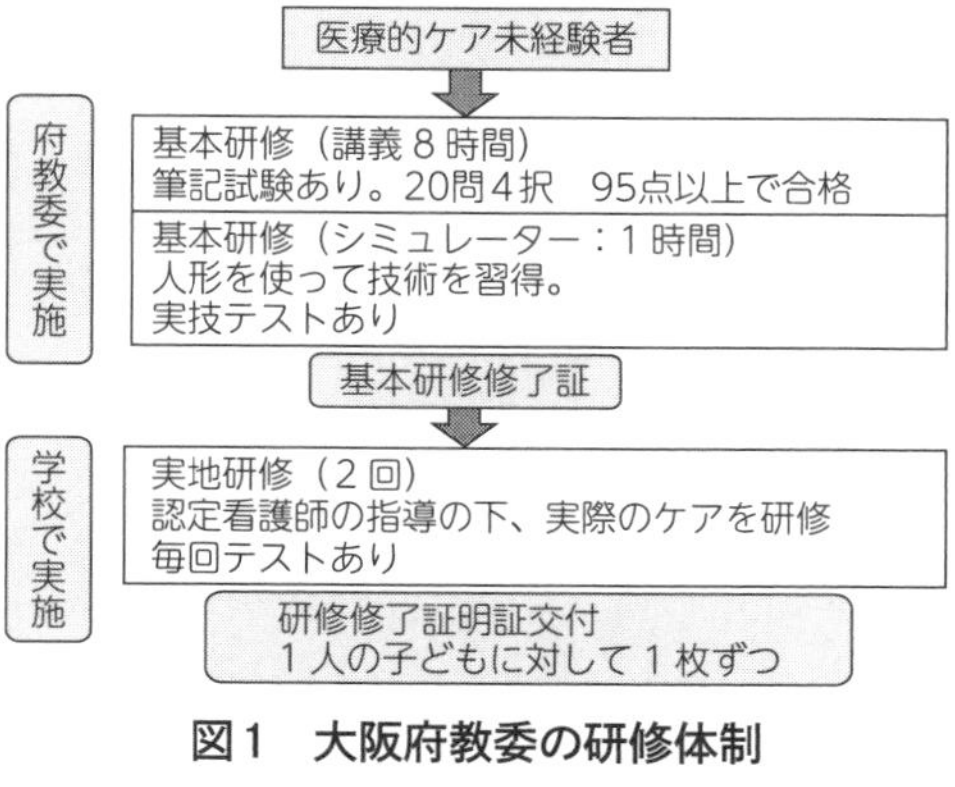
医療的ケア未経験者
府教委で実施
基本研修（講義8時間）
筆記試験あり。20問4択　95点以上で合格
基本研修（シミュレーター：1時間）
人形を使って技術を習得。
実技テストあり
基本研修修了証
学校で実施
実地研修（2回）
認定看護師の指導の下、実際のケアを研修
毎回テストあり
研修修了証明証交付
1人の子どもに対して1枚ずつ
図1　大阪府教委の研修体制

(2) 配置看護師の業務内容

同支援学校に配置されている看護師の業務は表2の通りです。このうち教員が行う医療的ケア「6

行為」への支援が、一番大切な役割です。また教員への実地研修、指導助言や相談も、常に必要な役割になっています。

ほかにも健康管理や緊急対応、「6行為」に含まれない経鼻経管栄養の先端確認、酸素吸入や薬剤吸入、導尿、チューブ抜去時の再挿入などが看護師の役割です。また、関連会議への参加、主治医訪問時の同行なども重要な仕事で、校外学習にも付き添います。

(3) 養護教諭と看護師の協働

同支援学校では、養護教諭と看護師の協働の関係性が非常に良好です。看護師は常勤・非常勤ともに病院での障害児医療の経験者です。けれどもその経験に固執せず、校医や養護教諭との間でバランスよく機能しています。保健室にも養護教諭の机と「看護師団」と呼んでいる看護師らの机とがあり、常に連絡がとれるようになっています(写真)。

看護師はいま12人が交代で勤務しています。「この子、いまちょっとたんが多いんですけど」などと、担任が子どもを連れて相談に来室することもよくあります。看護師も見回りの様子を養護教諭に伝え

表2 配置看護師の業務内容

①医ケア児童生徒の健康管理、その他必要な児童生徒の観察・相談、緊急対応
②教員が行う「6行為」(たんの吸引、経管栄養等)への支援
③「6行為」に含まれない医ケアの実施《教員との協働》(気管カニューレの先端部吸引、酸素吸入、薬剤吸入、導尿、留置チューブ抜去時の再挿入、ろう孔の確保等)
・経管栄養のチューブの空気音確認(胃内留置確認)
・関連会議への参加
・主治医訪問への同行
・校外学習等への付き添い
・教員への指導助言、相談等
・教員への実地研修

るなど、業務は円滑に回っています。

実地研修は、春先が最も多くなります。医療的ケアが必要な子どもが入学したり、教員が新たに着任したりしたときに、それぞれ研修が必要だからです。実地研修は1回目に看護師が指導して、2回目はテスト形式で行います。

(4) 医療的ケアにかかわる教員数

交野支援学校の教員は全体で110人ほどですが、そのうち医療的ケアにかかわっているのは93%にのぼります。医療的ケアにかかわれていないのは、新任の第3号研修未修了者などに限られています。

医療的ケアを必要とする生徒の数が多い上に、それぞれが複数のケアが必要なことがほとんどで、とても看護師だけではまかなえません。ですから

保健室の様子（養護教諭と看護師が同室で協働しています）

看護師から養護教諭へ子どもの健康状態を随時報告。

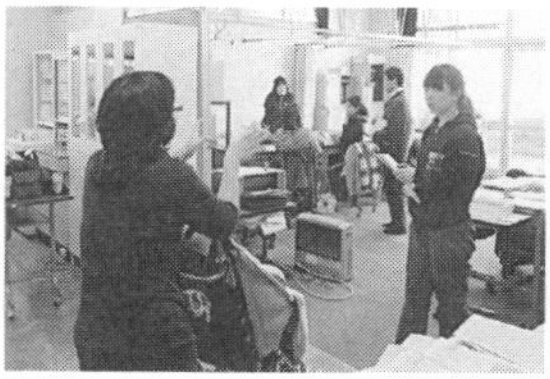

担任が医療的な内容を保健室に相談。

養護教諭から看護師へ、担任からの情報を伝える。

実地研修の様子（1回の研修につき2～4人の教員を対象に実施）

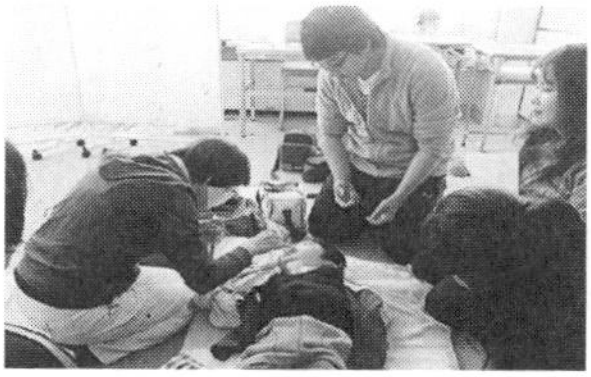

テスト形式で研修実施

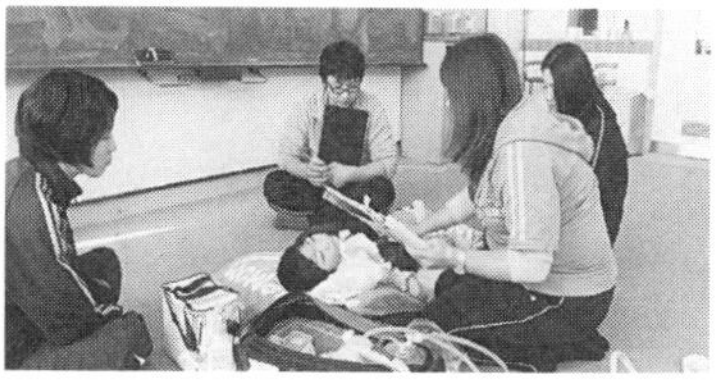

指導看護師による手順、方法の説明。
チェックリストにもとづいた評価を実施。

看護師はむしろ直接手出しせず、教員の医療的ケアを支援することに専念しています。

学校への介護福祉士の導入議論もありましたが、必要となる人数が多すぎて現実的ではありませんでした。

同支援学校の医療的ケアの数は、図2にある２０１５年以降もうなぎ登りに増えています。最初に医療的ケアを考え出した頃、対象者は1桁でした。それが50人ほどになり、１人が複数の医療的ケアを必要としているため、ケアの件数は１００件を超えています。

(5) 今後の問題点

今後の問題点の第一は、指導看護師の確保が難しいことです。交野支援学校の場合は各人のつながりで経験豊かな人を確保できていますが、やはり指導看護師は難しいというイメージがあります。手当ても決して高くはない上に、業務と責任が増えるので、尻込みする人も少なくありません。

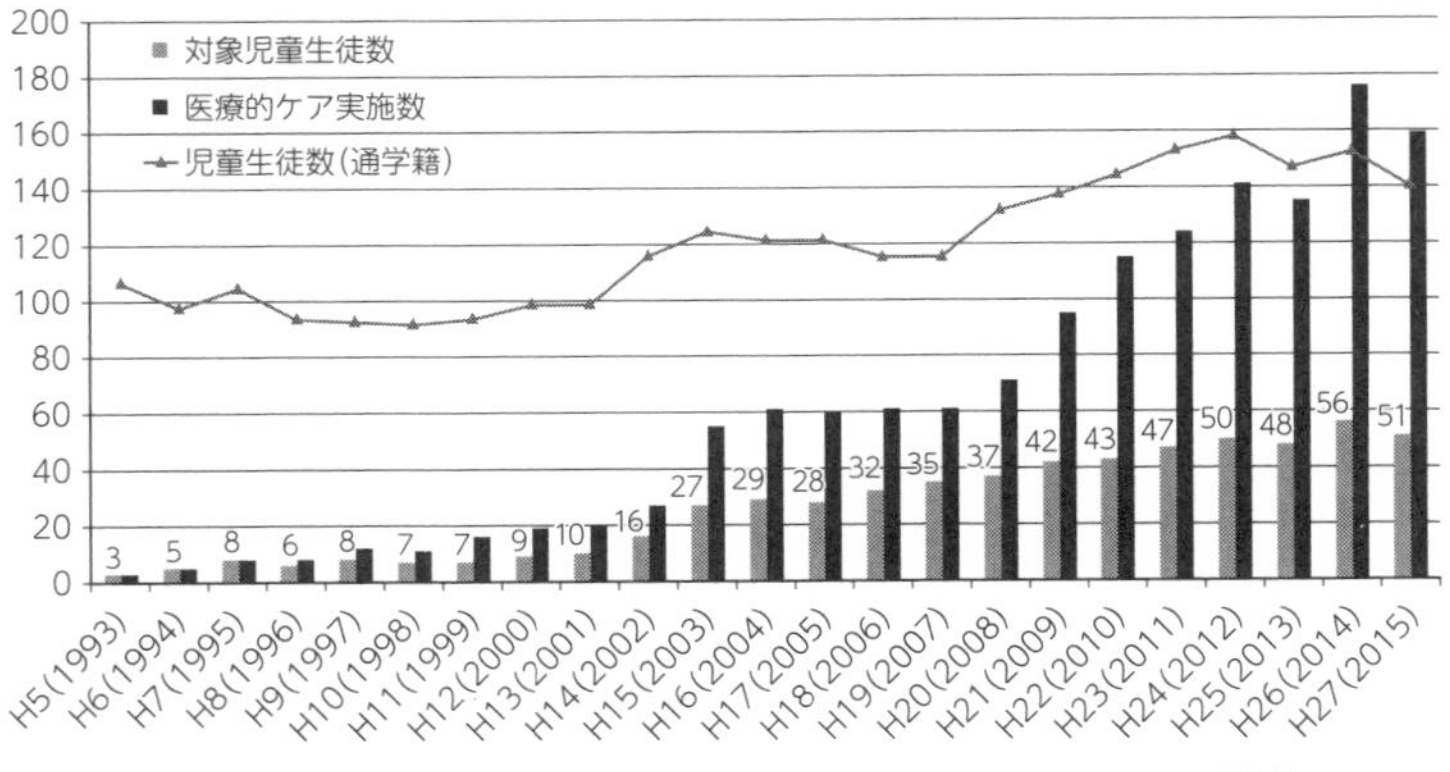

図2　交野支援学校の生徒数と医療的ケア実施人数の推移

第二に、教員の研修時間と研修機会が足りません。研修を受けられる人数の割り当てに学校ごとの医療的ケアの状況が反映されていないため、研修を受けたくても受けられないのが実態です。このままの状況が続くのであれば、教員養成課程に基本研修を組み込んでしまうべきだ、と私は思っています。

第三は、医療が進歩したからこそ、支援学校に入学してくる児童生徒が重度化していることです。本人の状態が重ければ、それだけ注意の必要性が上がります。

そして第四は、いつも話題になる医療的ケアのある子どものスクールバス利用の問題です。いま大阪府では、看護師が同乗してタクシーで送迎するモデル事業が行われています。そういう展開も今後あり得るかと思っています。

(6) 全国的な支援学校の問題点

全国的な問題点としては、看護師配置が決まったことで、医療的ケアの件数が少ない学校では看護師任せになり、医療的ケアの歴史からの逆行が見られることがあげられます。

本来、看護師による「医療的ケア」はあり得ません。看護師配置はあくまでも教員による医療的ケアをサポートするためです。それにもかかわらず、2019年の実績でも十数都道府県で、教員による医療的ケアが認められていません。法律で許されていることを都道府県や教育委員会が認めないのは、由々しき問題だと思います。

(7) 責任系統と体制

医療的ケアの実施には、やはり責任系統が大事だと思います（図3）。まず、保護者が主治医に依頼し、主治医が学校に指示書を書きます。学校では、養護教諭、学校看護師、学校医も含めた医療的ケア検討委員会が検討し、実施の可否を決め、教員を指導して、教員が医療的ケアを実施します。最終責任は学校長ですが、みんなで少しずつ責任を分担するのが大事ではないかと思っています。

最後に、私が考える交野支援学校の医療的ケア体制を表3で示します。

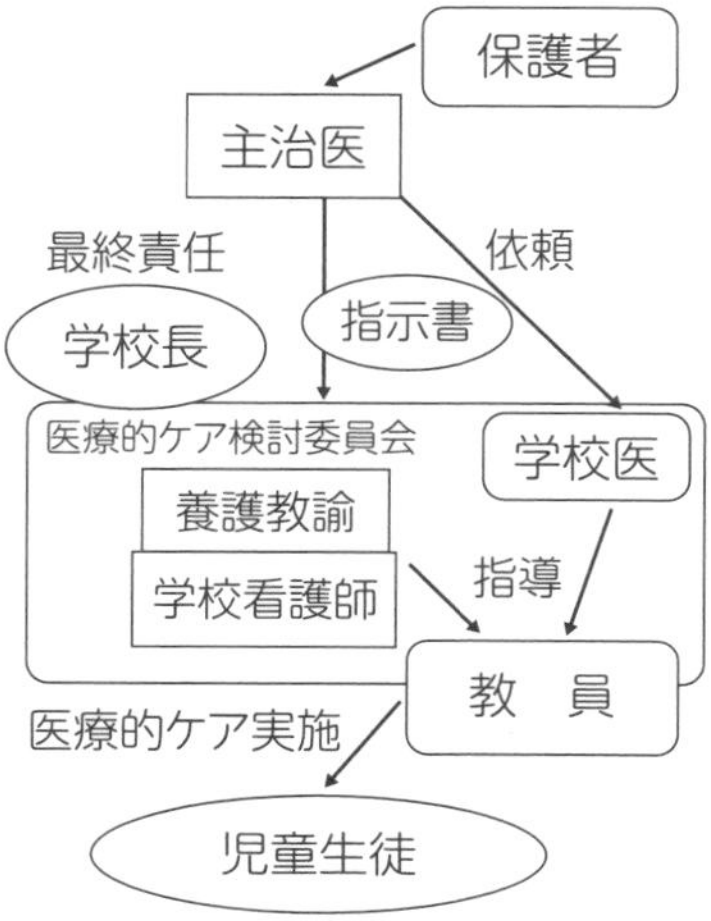

図3　責任系統

表3　交野支援学校の医療的ケア体制（2020年度）

1. 内科校医（小児神経専門医）	1人
2. 養護教諭	3人
3. 看護師（障害児者の看護経験あり）	12人
4. 熱意のある教員	多数
5. 理解のある校長	1人

丹黒一寿子●大阪府立交野支援学校 学校看護師

2 特別支援学校での看護師の役割

(1) 大阪府の肢体不自由校と交野支援学校

① 交野支援学校の概要

大阪府には、視覚、聴覚、病弱、肢体不自由、知的障害など合わせて47校3分校（2022年）支援学校があります。地図（次頁図1）には肢体不自由校の12校2分校を示しています。

このうち交野支援学校は北河内ブロックの寝屋川市、四條畷市、門真市、枚方市、交野市の5市を校区としています。全校生徒数126人、医療的ケア対象児童生徒数58人、医

表1 交野支援学校の概要

児童生徒数	126人（小50人、中39人、高37人）
医療的ケア対象児童生徒数（通学籍）	58人（小16人、中22人、高20人）
医療的ケアのある児童生徒数（訪問籍）	11人（小8人、中2人、高2人）
通学籍の医療的ケアの件数	188件（小47件、中74件、高67件）
人工呼吸器児童生徒数（通学籍）	0人
日中BIPAP児童生徒数（通学籍）	1人
人工呼吸器児童生徒数（訪問籍）	4人

2022年度6月1日現在

療的ケアの総件数は188件です（表1）。現在通学籍で日中の常時人工呼吸器の児童生徒はいませんが、夜間のみの利用者が3人います。また日中のBIPAP装着の児童生徒が1人、主に昼休みに1時間ほど装着しています。NPPV夜間装着者も2人います。

② 交野支援学校の医療的ケアの状況

交野支援学校の医療的ケア実施状況は表2の通りです。2022年6月現在、教員が研修を受けて実施できる医療的ケアは左側の経管栄養や吸引など6項目です。

看護師が実施する医療行為は現在、気管切開部の衛生管理、薬剤吸入、酸素吸入管理、導尿、経鼻エアウェイの留置管理、人工呼吸器の管理は日中のBIPAPを含めて1人、夜間酸素使用が1人、夜

表2　交野支援学校の医ケア実施状況

教員・看護師が実施		看護師が実施	
経管栄養（①鼻腔）	3人	気管切開部の衛生管理	7人
経管栄養（②胃ろう、③腸ろう）	39人	薬剤吸入（薬剤の準備）	28人
吸引（④口腔）	39人	酸素吸入管理	10人
吸引（⑤鼻腔）	38人	導尿	3人
吸引（⑥気管カニューレ内）	7人	経鼻エアウェイの留置管理	1人
		人工呼吸器の管理	1人
		夜間酸素使用 夜間人工呼吸器 夜間カフアシスト	1人 5人 3人

2022年度6月現在

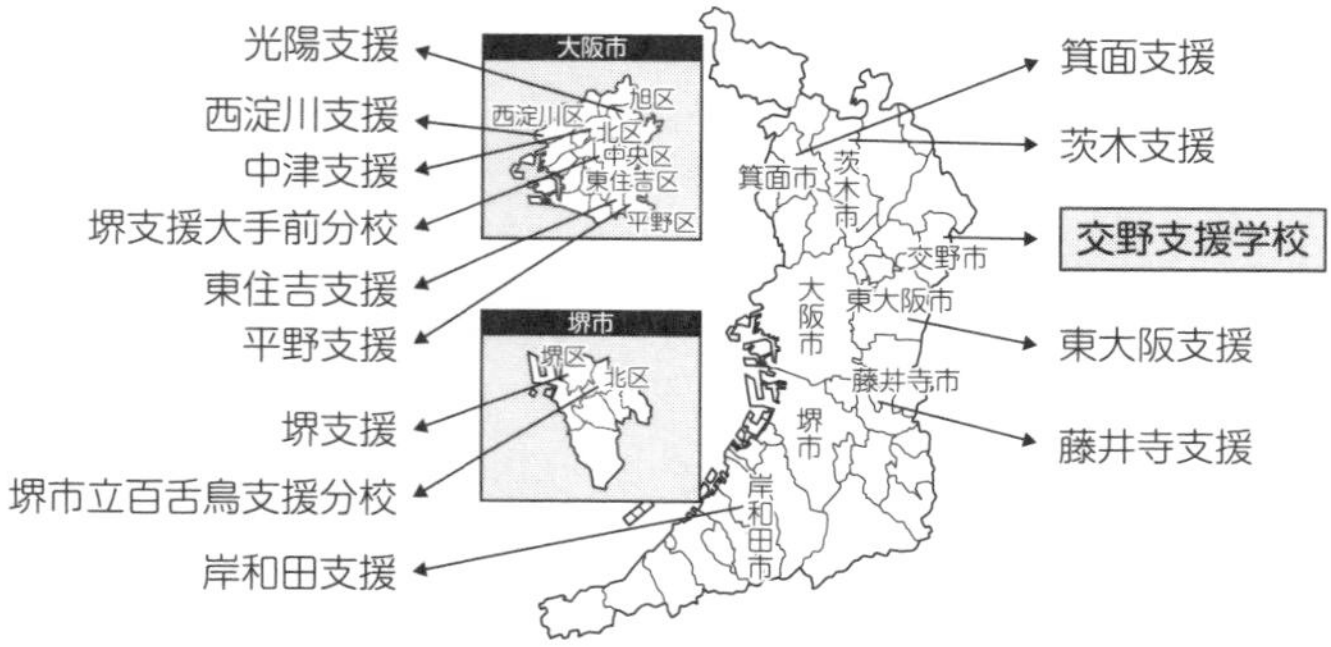

図1　大阪府内の肢体不自由校配置図

間人工呼吸器はＢＩＰＡＰ、ＣＰＡＰを利用している生徒も含めて5人、夜間カフアシストが３人です。

(2) 学校看護師について

① 看護師体制

２０２２年度の看護師体制は常勤看護師が３人、非常勤看護師が週29時間勤務２人、同24時間勤務４人、同12時間勤務２人の計11人です。

常勤看護師の勤務時間は８時半から17時、非常勤看護師は９時から15時45分です。課業中の実働看護師は９人体制です。小・中・高に常勤がリーダーとして分かれ、１週間のシフト制で水曜日に交代し、全看護師が対象児童生徒にかかわることによって情報共有、スキルの安定を図っています。

障害者看護の経験者はわずかで、ほとんどが学校看護師となってから学び、経験を積み上げていきます。看護師のオリエンテーションは２か月ほどかけ、各生徒の個別性や実技の特徴を理解できたらシフトに加わります。これまで離職率は低く、10年以上が３人、５年以上も６人います。

② 学校看護師の業務

業務の中心には児童生徒がいます。医療的ケアが必要な児童生徒たちはもちろん、全校生徒を中心にして教員との連携・協働に努めながら業務にあたっています。そのため保健室でも、養護教諭と看護師が机を並べて勤務しています。

　業務内容にはまず健康管理があります。各学年巡回によるバイタルサインチェック、体温の評価、観察のほか、連絡帳で保護者からの相談などを把握し、養護教諭に申し送りをします。緊急時は迅速に対応し、救急搬送には養護教諭が同乗しますが、呼吸管理が厳しい状況のときは看護師が同乗します。

　次に医療的ケアの実地研修があります。教員への研修、指導、継続的支援をしています。基本研修修了後、実施に不安がある教員には、不安解消に向けた実習をしています。

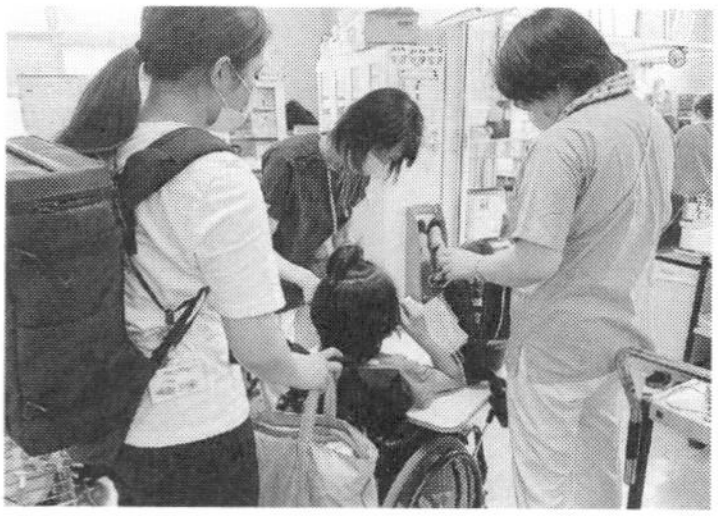
登校時の酸素療法開始時の様子。保健室で看護師、教員とともに、ボンベの開栓確認、サチュレーションの測定後、機器を装着。

朝一番、養護教諭から看護師へ、職員朝礼の内容や担任からの生徒情報を伝達。

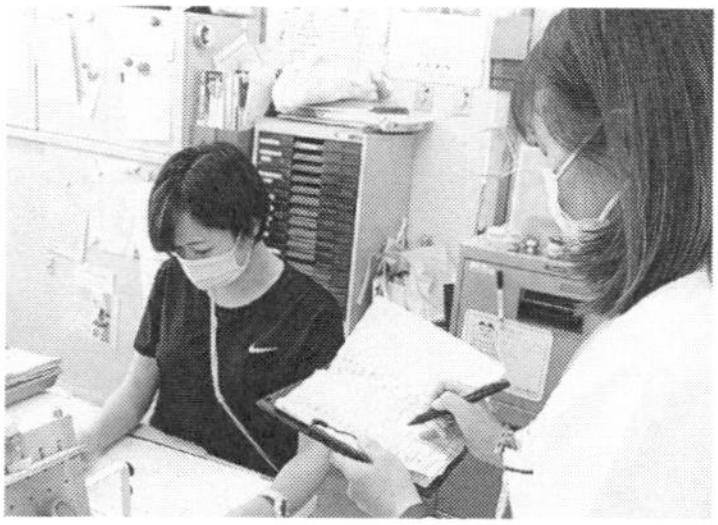
登校後の健康観察後、養護教諭に申し送り。担当している学年の様子をリアルタイムに申し送ることで情報共有ができ、不調、緊急対応の際の速やかな判断、評価につながる。

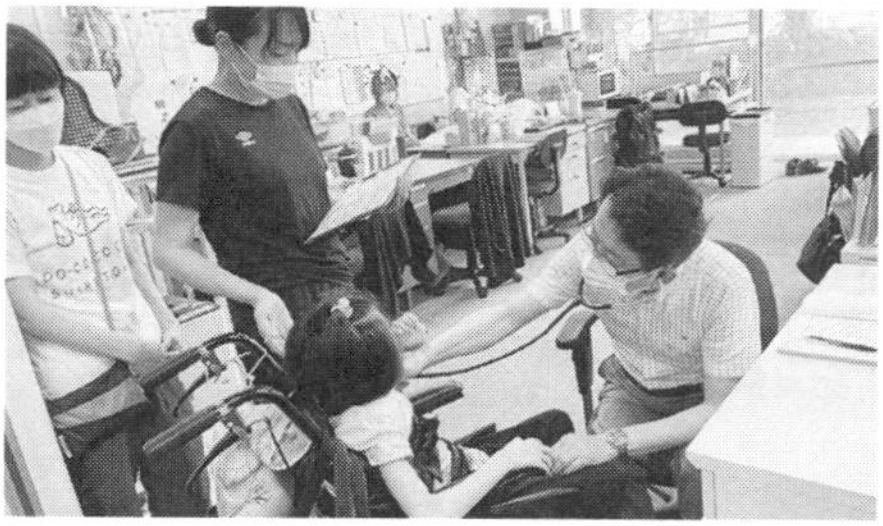
学校医による内科検診時の様子。内科検診は月に1、2回ある。

続いて医療行為の実施です。気管カニューレ内周辺の吸引、導尿、酸素吸入や薬剤吸入、胃ろう抜去時のろう孔の確保、空気音による留置チューブの確認などのほか、物品の安全点検、薬剤管理などがあります。

また人工呼吸器装着の児童生徒の管理は、教員と協働で対応してきました。

各種委員会、関連会議への参加も業務です。学校医による内科検診、医療的ケアの申請や相談における主治医訪問、ケースカンファレンスなどがあります。

さらに、学校の年間行事に沿った対応をしています。校外学習、宿泊学習、修学旅行、プール学習や校内外でのシミュレーションにも対応しています。

③医療的ケア実地研修について

教員による医療的ケアの実施は、ケアのある児童生徒が安心・安全に教育を受けるために必須です。それを実施できる教員を必要な人数確保するには、実地研修の拡大が必要です。これは、授業を組んでいく際の教員配置でも大きなポイントとなります。

大阪府では現在、認定証交付まで約3週間かかります。2021年度実績では、取得人数93人、1教員が複数の児童生徒の認定証をもっているため、のべ人数は191人でした。

中学部、高等部への内部進学の際、2021年度までは教員の実地研修が終わるまで、すべての医療的ケアの保護者付き添いを求めていました。しかし2022年度はその負担軽減を図りました。

注入のある児童生徒の保護者には、入学式から実地研修1回目までの付き添いにとどめ、その間は

4月〇〇日（月）　Ns　9名　※小1Fくん　主治医訪問　♪13時20分下校♪

（家庭訪問週間）

資料：看護師担当表（毎日更新）

学部/学年	担当看護師
小１	A
小２４５	B
小３６	C
中１	D
中２	E
中３	F
高１	G
高２	H
高３	I

研修（小学部）

①Oさん1回	給食時　注入	C
①Yさん1回	9:40～　注入	A
②Yさん	給食時　注入	B

小２、４酸素Ｗ確認

小３適宜Ｗ評価

看護師ケア（中学部）

	登校時	10:30頃	給食
①wさん	D		D
①Tさん	D		D
①Kさん	D	D	D

研修（中学部）

①Hさん	給食時　吸引、注入	E

中２通学支援、吸引対応
中３３，４限エリア内待機
中３導尿　フォロー

看護師ケア（高等部）

	登校時	10:40頃	給食
①Kさん	G	G	G
①Tさん	G	G	G
①Yさん	G		G
①Hさん	G		G

高１、２通学支援対応

高３吸入吸引にて高ホール待機対応

図２　看護師スケジュール表

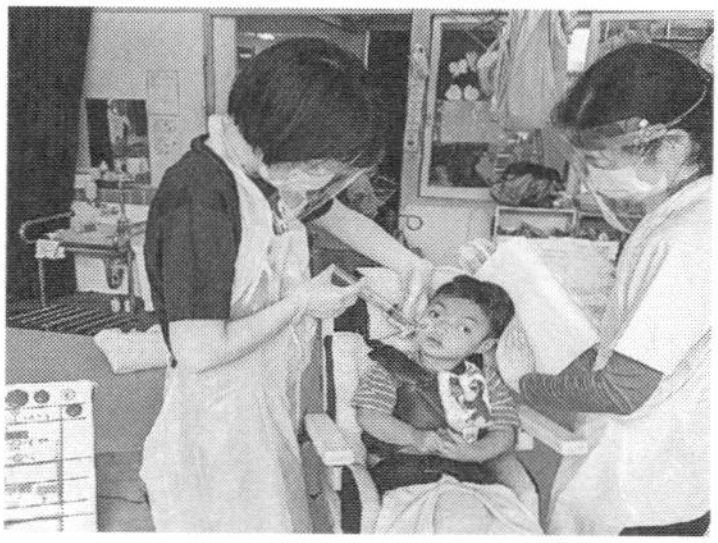
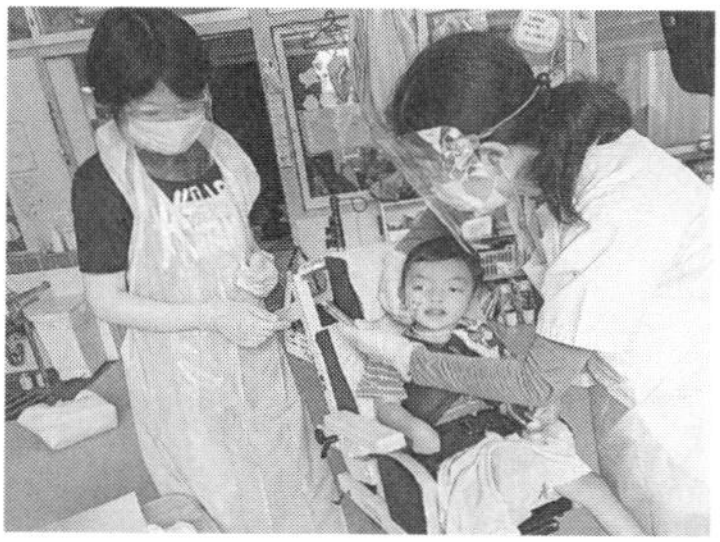

１年生の実地研修の様子。看護師（右）が、個別に作成してあるマニュアルを見ながら研修者（左）の注入手順を確認している。

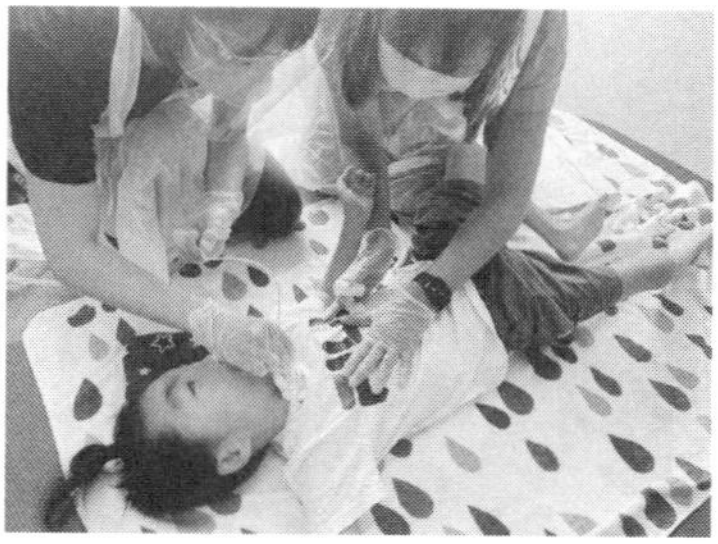
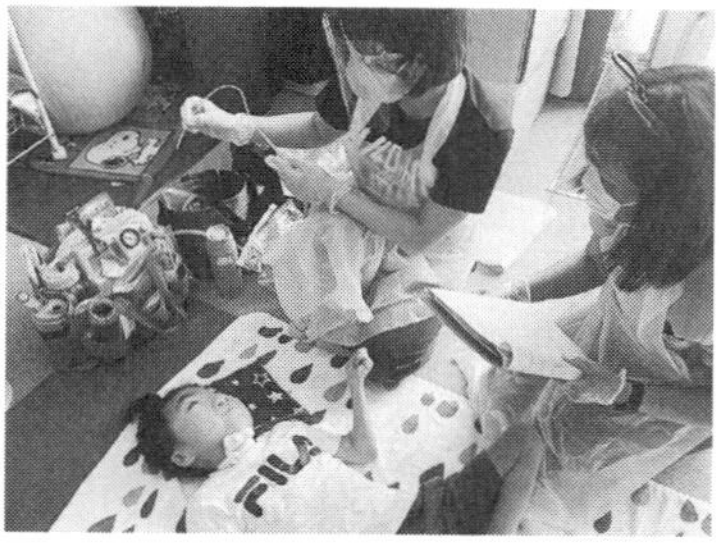

気管カニューレ内吸引の実地研修。コロナ禍の医療的ケア実施時には必ずフェイスシールド、エプロン、手袋を必須としていた。

注入のみ実施してもらいました。吸引は看護師が担当し、研修期間の吸引に関する付き添いは大幅に減りました。注入2回目の研修が終わり認定証交付までは、看護師実施で対応し、その間の当該教員は、給食時などに注入準備を徹底して行いました。

図2は4月のある日の看護師スケジュールです。ABC……とあるのが看護師です。1日は9人体制で、配置はその学年の出席状況によって変わることがあります。この時期の小学部1年生は、入学してまだ情報収集をしている段階が多く、担当看護師は1人です。在校生の2、4、5年生は、3学年を1人で担当しています。

「研修」欄は、その日の医療的ケアの実地研修です。「看護師ケア」欄は、2回目の研修修了後、認定証交付までの看護師実施のケアです。

各学年の担当看護師は1日3回、登校時、給食前後、下校前の定期巡回で健康観察を行いながら酸素、導尿などの医療行為を実施します。加えて複数の実地研修と、認定証交付までは6項目の医療的ケアも看護師が実施するため、1学期は特に繁忙を極めます。

そこで2022年度は、常勤スタッフが毎日スケジュール表を作成しました。各学部で特に支援、配慮が必要なところをピックアップして明記しておくことで、各看護師の動きも把握でき、トラブルなく過ごしてきました。

④日中における人工呼吸器・BIPAPの対応

現在はいませんが、通学籍に常時人工呼吸器装着の児童生徒がいた時期、2017年度からそれまであった保護者付き添いを外す取り組みを行いました。一番多いときで5人の児童生徒の呼吸管理を約2年、教員とともに協働で対応していました。

きっかけは２０１７年度から3年間、文部科学省委託事業「学校における医療的ケア実施体制構築事業」により、人工呼吸器などの高度な医療的ケアが必要な児童生徒の受け入れに関する研究が始まり、大阪府では交野支援学校を含む肢体不自由校４校が重点校になったことです。その国の事業をもとに、取り組みは対象児童生徒が在籍中の２０２０年度まで続きました。

付き添いは、段階的に外していきました。まず、保護者を校内での別室待機に変更しました。そこで問題がないと見られた段階で、次は10分ほどで学校に来られる校外での待機に、そこでも問題がなければ自宅待機へと進めていきました。

保護者が離れてからは、担当看護師が１人ついての学校生活でした。人工呼吸器を外して気管内吸引をするときなどは看護師対応でしたが、注入、口鼻腔内吸引などには教員が協働して積極的にかかわりました。

ＢＩＰＡＰなどの非侵襲的陽圧人工呼吸器については、装着・離脱を看護師管理により、これからも実施していきます。

この事業のほかにも、たとえばトランポリン、プール学習の仕方、火を使う実験、大きな動きのある課外活動などで、どうすれば実現できるかを考えながら日々過ごしたことは、私たち看護師にとっても大きな学びと喜びの共有となりました。

⑤校外学習・宿泊学習／修学旅行について

校外学習は年間12学年の予定がありますが、主に非常勤看護師を中心に、その学年の医療的ケア状況に応じて1～2人が同行しています。また宿泊学習・修学旅行は6学年が対象ですが、常勤看護師2人のほか、医療的ケア状況と夜間の人工呼吸器、看護師の見守り体制などの取り組みに応じて外部看護師を雇用しています。

宿泊に伴う夜間管理については、主治医訪問にて緊急時の対応やサチュレーションの設定を確認し、入念な打ち合わせやシミュレーションを実施しています。夜間のみ人工呼吸器の児童生徒は、保護者も行程に同行もしくは宿舎にて合流し、人工呼吸器の装着と離脱のみ保護者実施とするほかは、別室対応としています。

また、校外でのコロナ対応としての感染症対策の一例ですが、周囲への配慮や衛生面を踏まえ、注入後のシリンジ、チューブ類の洗浄は公共の場所で実施せず、お湯や吸水シーツ、紙コップ、ビニール袋を用いて実施しています。

2016年度以前は緊急対応として、呼吸状態悪化、気管カニューレ抜去時、発作、アレルギー、胃ろう抜去時など、それぞれ個別のマニュアルを作成して活用していました。人工呼吸器児童生徒の保護者付き添い外しの取り組みのなかで、緊急時の対応をよりわかりやすくスリムにする検討もしていきました。

その結果、導入したのが「対応表」（図3）です。これは、対象の児童生徒に関するものを一つの表のなかに明記し、緊急時にどのような対応をするのか、看護師がどのような視点で評価しているのか、教員にも理解しやすく、さらに主治医の確認のもとに医師の指示内容も明記し、第一段階から第三段階に分けたものです。

たとえば呼吸悪化時の場合、第一段階は、吸引の実施や姿勢の工夫で担任が経過を観察します。改善が見られないときは第二段階で、保健室に連絡します。その際、たとえばサチュレーション90％以下が何分以上続いたら酸素を何リットル使用し、上限はどこまでかなど、医師の指示にもとづいて保健室で学校看護師と養護教諭が対応します。それでも体調の改善が見られず学校全体で緊急搬送という判断をするのが第三段階で、搬送の目安と搬送先なども具体的に明記してあります。

この「対応表」を人工呼吸器の児童生徒から採用し、活用してきました。内容の一本化でわかりやすい、いま何をしているか、発作の経過観察、サチュレーションの加減の目安と酸素吸入のタイミングなど、誰が見ても理解しやすくなったと評価されています。

現在は全校生徒を対象に「対応表」を作成し、緊急連

対応表

部　年　名前

酸素申請あり

項目	第一段階	第二段階	第三段階
体温 （平熱　　）	衣服の調節 バイタルサイン測定 クーリング・保温等		
心拍 （　　回/分）	バイタルサイン測定		
薬剤吸入 薬剤預かり：有・無	生食吸入（2ml）	薬剤吸入 ビソルボン0.2ml 生食2ml 痰が粘調で喘鳴がひどく必要と判断したとき。追加吸入は1時間あける。	
呼吸悪化時 酸素ボンベ預り：有・無	姿勢変換 吸引	SpO2が90％を切る状態が続いたとき、鼻カニューレにて酸素吸入を行う。 1ℓ/分から開始し、様子を見てあがらなければ2ℓ/分	○ℓ/分まで上げても改善なければ救急搬送する ○○病院 小児科　○○Dr （TEL　　　）
発作時 薬剤預かり：有・無		明らかなけいれんが10分以上続くとき ダイアップ10mg	ダイアップ挿入後さらに10分発作が持続するとき救急搬送 ○○病院 （TEL　　　）
バス乗車中			
胃ろう抜去時	保健室に連絡する	抜けたボタンまたはネラトンカテーテル12Frでろう孔を確保 保護者に連絡	保護者と相談の上、近くの病院まで受診
アレルギー 薬剤預り：有・無 エピペン預り：有・無	アレルギー症状が出たことを周囲に知らせ、1時間は5分ごとに症状の変化を観察	陽性、全身に赤みや湿疹が広がるとき ○○内服	緊急性が高いアレルギー症状が、エピペンを打ち、救急車を要請し救急搬送する。 ○○病院 （TEL　　　）

対応表の内容

項目
- 体温
- 心拍
- 薬剤吸入
- 呼吸悪化時
- 発作時
- バス乗車中
- 胃ろう抜去時
- アレルギー

第一段階　担任、経過観察
第二段階　保健室（養護教諭・学校看護師）
第三段階　緊急搬送

裏面
- 緊急連絡先
- かかりつけ病院、主治医
- 基礎疾患
- 医療的ケアの内容

図3　対応表

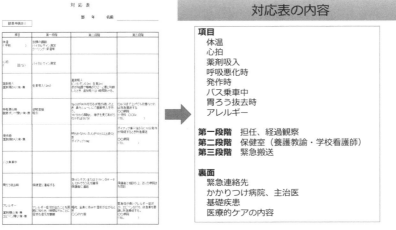

絡先やかかりつけ病院、主治医、基礎疾患、医療的ケアの内容も明記し、より使いやすいものに整えています。

⑥ 通学支援事業へのかかわり

通学支援事業は、大阪府で２０２０年度にモデル事業として始まり、翌年度から本格的に実施されています。医療的ケアがあるため通学バスを利用できない場合など、通学が困難な児童生徒の自宅から学校までの通学保障です。車両は介護タクシーなどが使われますが、これには就学奨励費を活用し、保護者と事業者との同意によってなされます。同乗する看護師は、府教育委員会と事業者との契約で成り立ちます。

対象は府立学校在籍の、車両内で頻回な医療的ケアが必要とみなされる児童生徒です。口腔内、鼻腔内の喀痰吸引、気管カニューレ内の喀痰吸引、酸素療法や人工呼吸器の管理、およびこれらと同等の医療的ケアを有する児童生徒が利用しています。

スタート後しばらくは担任とともに私たち学校看護師も、同乗看護師からの申し送りを受けました。安定してきてからは、担任から申し送り内容を聞き取っています。

現在の利用は小学部２人、中学部１人、高等部２人です。実施前には

通学支援事業引き継ぎ風景

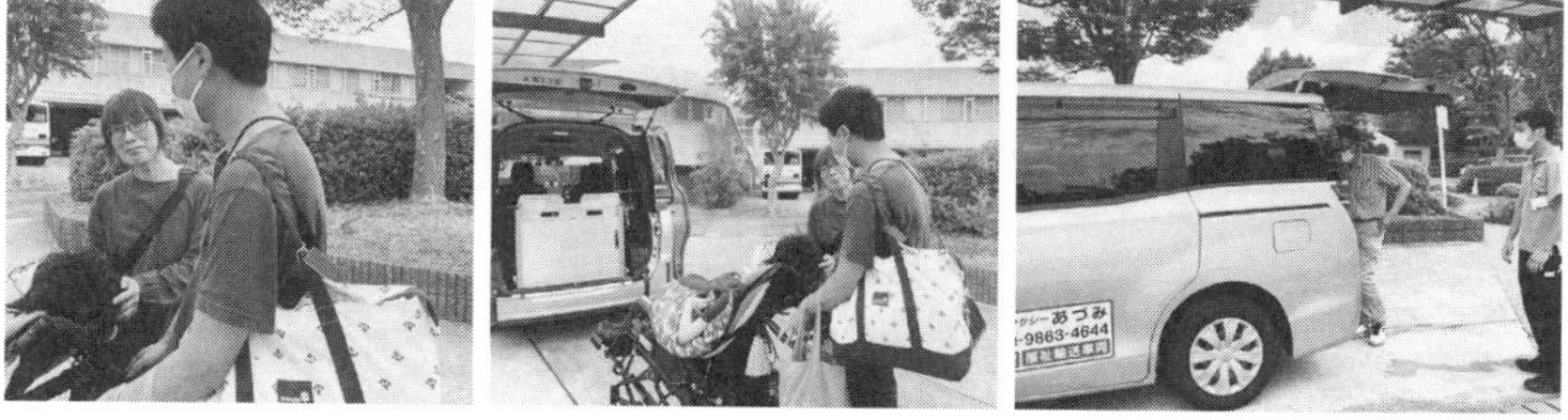

迎えに出た担任が同乗して来た看護師から申し送りを受け、持ち物の確認をする。

必ず保護者と事業所、学校とで打ち合わせをし、試乗を経て開始しています。

(3) より安心・安全な学校生活のために

学校看護師とは、社会のなかで医療的ケアを必要とする生活を送り、学校に通って教育を受け、日々成長していく子どもたち、保護者、家族、教員を支援していく、在宅看護のフィールドだと思います。私たち看護師の多くは、病院現場における医療と看護に携わってきました。その病院のなかで生まれ、NICUを経て退院した子どもたちが、発達の過程でさまざまな局面に直面しながら生きるためにあるのが、医療的ケアのある生活です。

そんな子どもたちが安心・安全な日々を過ごすには、家族以外のたくさんの社会的資源、人と場所が必要です。就学年齢になれば学校生活が始まります。学校生活の12年間をかけて、その後の社会生活につながる教育や、生活習慣の定着、体調の管理に欠かせない医療的ケアに、教員と協働でかかわっているのが学校看護です。自らの身体とそれぞれの表現方法で気持ちや体調の善し悪しを伝えている子どもたちの尊い姿に、私たちは看護師として本当に多くの学びと経験を積ませてもらっています。

これからも、子どもたちにとって大切な学校生活がより安心して安全に過ごせ、その先の人生にバトンをつないでいけるよう、取り組んでいきたいと思います。

植田陽子●医療法人財団はるたか会

③豊中市立小・中学校における医療的ケア児支援の取り組み

(1) 豊中市と障害児教育

私は大阪府豊中市に在職中、2020年度までは教育委員会事務局で地域の小・中学校への看護師配置事業を担当していました。現在は退職し、医療法人で看護師支援の仕事をしています。私自身も看護師です。

豊中市は、大阪府の北部に位置する人口40万人弱の中核市です。市には障害児教育についての考え方を示す「障害児教育基本方針」があります。現在は二代目で、改定作業には私もかかわりました。初代は1978年作成ですから、豊中市は45年ほど前に、障害のあるなしにかかわらず地域でいっしょに学ぶ方針を打ち出した市になります。

在職当時は大阪府教育委員会作成の「ともに学び、ともに育つ」という冊子があり、大阪府全体がこの教育方針をとっています。小・中学校への看護師配置人数（262人+外部委託1人）も、小・中学校に通学する医療的ケア児（216人）も、全国で大阪府が群を抜いてトップです（文部科学省2019年度調査）。

大阪では障害児だけでなく、外国にルーツがあるなどさまざまな立場を含むすべての子どもたちについて、多様性や地域性を大切にした教育を進めてきています。人権教育については非常に長い歴史があると、私も在職中にくり返し教わりました。

豊中市はこのようなベースがある地域だということを、まず強調したいと思います。

(2) 豊中市の小・中学校への看護師配置

① 配置方法の模索

私が小・中学校への看護師配置業務に携わったのは2007年頃からです。当時すでに医療的ケア児も居住地の小・中学校に在籍し、その小・中学校には看護師が固定した形で配置されていました。1校に医療的ケア児は1人でしたから、それに対して1人の看護師がつくという方法でした。

当時は教育委員会が看護師を雇用してもなかなか定着せず、離職が続いていました。私へのミッションは、看護師の離職を止めなさい、ということでした。

まずは学校にいる看護師に話を聞きに行きました。辞めたい理由はいろいろありました。教員ばかりのなかでの孤立感、対象児童が欠席すると仕事がない、あるいは「休暇を取ってくれていいよ」といわれる、などの話が聞けました。同時に、翌年度に小学校に入学してくる医療的ケア児の準備として、予算と求人を計画していきました。

しかし、そのときは看護師の退職を引き止めることもできず、新規募集にも応募がない状況で、新年度に看護師の補充が間に合わない可能性が生まれていました。看護師が残る学校では問題ありませんが、看護師が退職する学校、あるいは新入生に対応する看護師が見つかっていない学校は、いずれも看護師不在という状況になっていました。

公立の学校教育においては公平性を担保すべきことを念頭において、さまざまな方法を検討しました。そして、看護師募集を続けつつ、雇用している看護師を教育委員会事務室に集め、そこから医療的ケア児が在籍している学校に巡回派遣することで、限られた人数の看護師を医療的ケア児全員でシェアする形にしました。

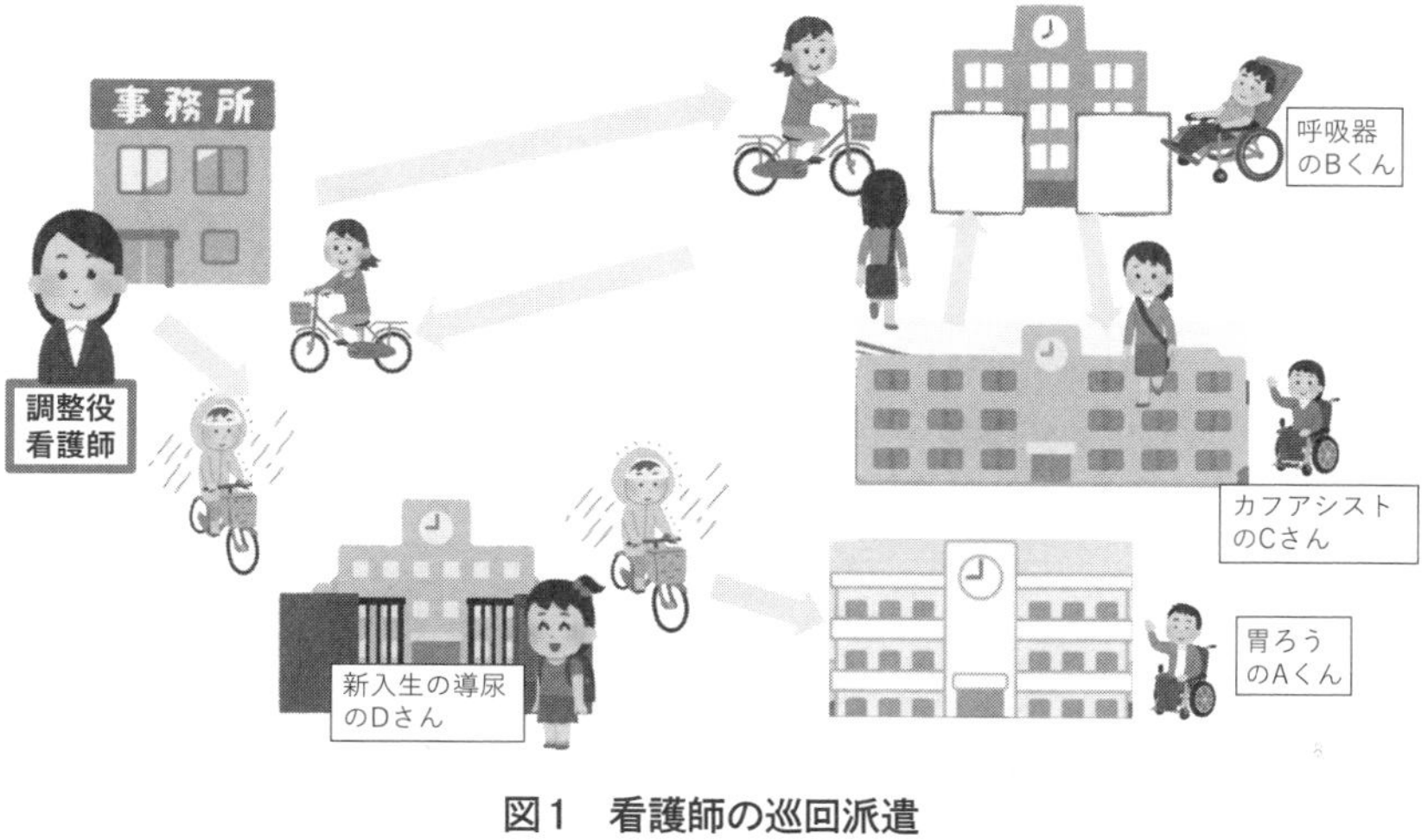

図1　看護師の巡回派遣

当然ながら、看護師が不在となる時間帯や曜日が発生しました。そのときは、教育委員会から保護者に負担を求めざるを得ませんでした。宿泊行事を含むすべての教育課程の時間帯を対応できる人数に至るまでには、かなり年数がかかりました。

②看護師同士で共有し考える

看護師が事務所に戻ってきたときは互いに情報共有し、学校で判断に迷ったときは意見を出し合って対応方法を考え、共通の対応方法を一つひとつつくっていきました。看護師が感じる疑問や、看護師同士だからわかり合えることもあります。「そうそう」と共感してもらえると、安心して建設的な話し合いができました。

看護師同士で話し合った内容は非常にたくさんありました。子どもたちは学校に学ぶために通学しています。時間割はあらかじめ決まっていても、その日の天候や子どものコンディションによって、授業の予定は変わります。そうした学校の予定変更に柔軟に対応できる方法、水泳の授業や遠足などの学校行事の準備についてもいろいろ考えました。そうすることで、学校のなかで専門職としての役割を果たせるようにしていきました。

③看護師チームでかかわる

看護師は常にチームでかかわるようにしました。どの看護師が担当しても同じ対応ができるよう、情報も共有しました。

もちろん、なかには「もっといろんなこと全部やってあげたい」「お母さんの希望通りにしてあげたい」という意見もありました。しかし、それには継続性がなく、そもそも学校教育として適切なのかという検討も必要です。

したがって、何もかもすべてを1人の看護師だけでやり切るのではなく、チームでかかわる体制で運営していました。そうすることで看護の質を担保できると考えました。

④ 新しい体制　学校への看護師配置（2021年度から）

2021年度から、看護師の所属を市立豊中病院に移した運用が始まっています。[注1] 私が担当していた頃よりもバージョンアップした形になっています。

（注1）https://www.city.toyonaka.osaka.jp/hp/shokai/koho/magazine/magazine.files/news54.pdf

(3) 学校教育について

① 医療的ケア児が学校に就学するまで

「医療的ケア児が学校に入学するどれくらい前から学校の情報収集を始めたらよいか」という質問がよくありました。自治体によって流れが異なり、詳しくはそれぞれの居住地域で確認する必要があります。ここではおおむね標準的なパターンを簡単に説明します。

学校の情報収集は早い時期から、先輩家族に話を聞いたり、学校見学を申し込んだりする人もいます。それも大切な情報収集です。

自治体では、多くの市町村教育委員会や小学校が「就学相談」などの名称で相談事業を実施しています。これは小学1年生になる前年、多くは6～11月頃のどこかの時期に実施されていると思います。就学に関する制度を説明したり、保護者の考えを聞いたりする相談事業ですが、これも自治体によって異なります。

就学先は、保護者の意向を聞いた上で市町村教育委員会が決定します。学校で医療的ケアの実施が必要な場合は、その後に医師の「指示書」などの準備を始めます。自治体によって異なりますが、おおむね1月頃までには確定していると思います。

就学先には、義務教育では通常、住所地の小学校あるいは国立や私立の小学校があります。何らかの支援が必要と思われる子どもについては、特別支援学校の小学部も検討対象になります。地域の小学校でも、通常学級か特別支援学級かを検討する場合もあります。

子どもの障害の種別の違いによって最もふさわしいと考えられる学びの場を、保護者の意向と専門職の意見を参考にしながら、学校や市町村教育委員会の担当者で決定していきます。障害が重複する場合、教育委員会担当者や学校は、その地域の状況に応じてさまざまな情報を保護者に提供しています。

医療的ケアの有無だけで就学先が決定されるのではなく、どのような学びの場でどのような教育課程で学ぶのがその子にとって最もいいのかを慎重に検討していきます。学校施設のバリアフリーの状況や、自宅と学校の距離や通学方法、あるいは看護師配置の状況なども検討事項になります。

② 学校に看護師が配置されるまで

就学先が決定したら、具体的な看護師配置を学校と教育委員会が調整しますが、これも自治体によって運用が異なります。1校に配置される看護師の人数や勤務時間などは地域によってさまざまなパターンがあります。

医療的ケアを学校の看護師が実施するために、多くは保護者に「依頼書」の提出を求めています。それを受けて医師が「指示書」を作成することで、看護師は学校で医療的ケアを実施できます。「指示書」を作成するのは多くの場合、保護者が指定する主治医です。自治体や学校が委嘱し教育活動を熟知している指導医が作成する場合もあります。

学校で看護師が行うケアの多くは、保護者の手順に合わせています。教育活動の流れのなかで行うケアですから、時間割等を意識して時間制約なども生じる場合がありますが、いずれにしても医師の指示書にもとづいて、使用する物品や手順を保護者に確認し、教員や看護師が説明を受けて、ていねいに引き継いでいきます。この引き継ぎ期間に、手順のマニュアル作成や緊急時対応の取り決めを一つひとつ行っていきます。

③ 教員が行う授業とは？

学校で教員が行う授業は、文部科学省が定めた学習指導要領にもとづいています。これにより、日本のどこに住んでいても一定水準の教育を受けることができます。

これをもとに各学校で教育課程が編成され、教育目標あるいは子どもの学習目標が設定されます。

教員は、この目標に向かって指導計画を立案します。そして、子どもの習熟度を確認し、評価をしながら、指導方法を検討し、子どもに合った教材や教具を選択しながら日々の授業を行っています。

教員が行う授業にはさまざまな方法があります。その指導により、子どもたちの人格形成がうながされ、成長発達し、目標を達成していく、そのプロセスそのものが学校教育です。障害の有無にかかわらず、どの子も必ず成長し発達します。学校教育を受けることで、子どもたちの成長発達はさらにうながされていきます。

④学校で看護師が働く意味

学校で看護師が働く意味は、この学校教育を支えるためです。医療機関や福祉施設とは目的が違います。

学校には教員が行う「指導」という大きな柱があります。その柱の中身を看護師も理解することで、何を支えているのかを具体的にイメージできます。学校で働く看護師は、医療的ケアの手技を手際よく行うことも大事なスキルですが、それだけではなく、学校教育の意義や目的を理解しておくことが重要だと思います。

それには、教員も看護師に対し、自らが立てた柱をていねいに説明することが大切です。これが教員と看護師が密接に連携するということになります。

(4) 子どもの学びを支える看護

①学校は「教育の場」(文科省の通知より)

いうまでもなく、学校は「教育の場」です。決して、病気の治療や保護者のレスパイトのための場ではありません。これは、文部科学省通知「学校における医療的ケアの今後の対応について」(2019年3月)の冒頭にも明記されています。

②互いの専門性を知る

学校で行う医療的ケアは当然、教育活動と密接に連携します。教員と看護師が互いの役割を理解しないまま、それぞれが子どもにとってよかれと思って互いに主張をぶつけ合うと、かえって溝が深まってしまう場合があります。

双方が互いの専門性の違いを理解して、互いに自分の専門性を発揮することで、子どもの成長発達が最大限に促される教育環境になります。当然ですが、学校で働く看護師自身も、子どもが教育を受ける意味を理解することが重要です。

③ 学習指導要領（自立活動編）

学校教育における指導は看護師の業務ではありませんが、学校の看護師には学校教育についての理解が必要だと考えます。そのためには、学習指導要領が参考になります。

文部科学省「特別支援学校教育要領・学習指導要領解説　自立活動編」(注2)は、6区分27項目で構成され、重度重複障害児についても、さまざまな角度で捉えて子どもが自立できる姿をめざす指導方法の例が示されています。

たとえば「1．健康の保持」の「②病気の状態の理解と生活管理に関すること」では、てんかんのある子どもへの指導例について次のように書かれています。

「疲労を蓄積しないことや、定期的に服薬をすることを具体的に指導したり、てんかんについて分かりやすく示した絵本や映像資料などを用いて理解を図ったりすることも大切である」

私の感覚では、小児科の看護師が取り組むような内容と捉えられます。教員も日々子どものそばで、学校教育としてこのようなことに取り組むよう、文部科学省が示しているわけです。さらに、子ども自身は「自分の病状を他の人に適切に伝えることができるようにすることも大切」と書かれています。また同じ項の「⑤健康状態の維持・改善に関すること」には、医療的ケアに関する部分も指導内容として記載されています。ここからは、子どもが授業に集中できるようケアのタイミングについて教員と相談しながら進めるために、学校の看護師も、教員の指導内容を知っておく必要がある、と推察されます。

特別支援教育では、教員が「個別の教育支援計画」を作成します。小・中学校の特別支援学級でも同様です。保護者とともに作成し、場合によっては関係するさまざまな職種との連携に活用する場合もあります。

これとは別に、教員は「個別の指導計画」も作成します。これは指導のねらいや指導内容、目標を設定するために作成するもので、福祉と共有するものではありません。「指導計画」では、子どもを主語にした目標やねらいが、何ができるようになるか、という子どもの学習成果がわかるような表現で設定されます。

看護師が立案する看護目標も患者を主語にして作成しますから、教員が立案する学びのねらいを看護師が共有することは、学校での看護の実践には重要なことだと思い

表1　自立活動の内容（6区分27項目）

1 健康の保持	2 心理的な安定	3 人間関係の形成	4 環境の把握	5 身体の動き	6 コミュニケーション
①生活のリズムや生活習慣の形成に関すること。	①情緒の安定に関すること。	①他者とのかかわりの基礎に関すること。	①保有する感覚の活用に関すること。	①姿勢と運動・動作の基本的技能に関すること。	①コミュニケーションの基礎的能力に関すること。
②病気の状態の理解と生活管理に関すること。	②状況の理解と変化への対応に関すること。	②他者の意図や感情の理解に関すること。	②感覚や認知の特性についての理解と対応に関すること。	②姿勢保持と運動・動作の補助的手段の活用に関すること。	②言語の受容と表出に関すること。
③身体各部の状態の理解と養護に関すること。	③障害による学習上又は生活上の困難を改善・克服する意欲に関すること。	③自己の理解と行動の調整に関すること。	③感覚の補助及び代行手段の活用に関すること。	③日常生活に必要な基本動作に関すること。	③言語の形成と活用に関すること。
④障害の特性の理解と生活環境の調整に関すること。		④集団への参加の基礎に関すること。	④感覚を総合的に活用した周囲の状況についての把握と状況に応じた行動に関すること。	④身体の移動能力に関すること。	④コミュニケーション手段の選択と活用に関すること。
⑤健康状態の維持・改善に関すること。			⑤認知や行動の手掛かりとなる概念の形成に関すること。	⑤作業に必要な動作と円滑な遂行に関すること。	⑤状況に応じたコミュニケーションに関すること。

https://www.kyoiku.metro.tokyo.lg.jp/school/primary_and_junior_high/special_class/files/guideline/03.pdf 東京都教育委員会より

ます。

(注2) https://www.mext.go.jp/component/a_menu/education/micro_detail/__icsFiles/afieldfile/2019/02/04/1399950_5.pdf

④「学びの達成度」の評価を共有する

学びのねらいに向かって教員は指導し、子どもたちの学びの達成度を評価します。設定した子どもの目標に対し、指導によって子どもがどのように変化したのか、子どもたちは何ができるようになったのか、を確認していきます。子どもたちが目標を達成できたということは、看護師が行った看護実践における看護目標も達成できたことになります。教員が指導方法を修正したときは、できれば看護師もその理由を共有し、看護の実践に反映させるべきだと思います。

看護師が学校で勤務するにあたっては、普通の看護師を学校で働く看護師にしていく過程が必要です。看護師免許所持者というだけで学校に配置すれば、多くの看護師は自らの経験が役に立たなくて驚き、へこみます。

学校での看護は、子どもたちの学びを支える看護です。教育についての考え方は、地域によってさまざまにあると思います。したがって、それぞれの教員が立てた教育の柱に着目し、その目的に沿って看護師の役割を整理していく必要があると思っています。

＊本稿は２０２２年２月時点での取り組みの報告です。

上野多加子●NPO法人まいゆめ理事長

4 医療的ケア児を中心とした放課後等デイサービスの取り組み

(1) 医療的ケア児に特化した「まいゆめ」の通所サービス

① NPO法人まいゆめ

NPO法人まいゆめは、愛知県名古屋市西区にあります。西区には「青い鳥医療療育センター」という、重症心身障害児の外来や入所を担うとても歴史のある施設があります。また、愛知県のなかでも一番歴史の古い名古屋特別支援学校があり、「まいゆめ」の事業所はそこから約200m、歩いて5分ほどの場所にあります。

重症心身障害児を対象としているデイサービス(以下、重心デイ)ですが、特に医療的ケア児に特化したサービスを展開しています。事業所の開所は2016年で、現在は児童発達支援事業所、二つの放課後等デイサービス事業所、生活介護事業所の、四つの事業所を運営しています。

それぞれの事業所の概要は図1の通りです。児童発達支援の登録には就学を見据えた駆け込みも多く、翌年には移行が予想される放課後等デイサービスの人数がキャパを超え始めてきています。生活介護も含めて登録は全体で70名ほどになり、すべて定員5名のデイサービスですから、キャンセル待ちも出るような状況で運営をしています。

②「まいゆめ」の特徴

私は小児科病棟で勤務していましたが、その小児科ナースが立ち上げた事業所というのが第一の特徴です。しかも名古屋特別支援学校のエリアに初めてできた重心デイでしたから、開設当初から利用希望が多数ありました。

そして、定員5名でマンツーマンの支援を大事にしていること、医療スタッフが多数いてナース同乗での送迎もしていること、リハビリスタッフと保育士という療育のプロがタッグを組んで活動を展開していることも特徴です。

医療機関との連携も密にとっています。医療行為の内容によって利用を断ることはなく、細かな配慮をしていますから、医療的ケアがあっても安心・安全に過ごせる場所を提供できていると思っています。

重症児デイサービスmini　登録24名
• 児童発達支援/放課後等デイサービス
• 定員5名　主に重心、医療的ケアのある未就学の子どもたち
重症児デイサービスmiki　登録19名
• 放課後等デイサービス
• 定員5名　主に重心、医療的ケアのある小学生の子どもたち
重症児デイサービスdonna　登録13名
/　生活介護days　登録8名
• 放課後等デイサービス/生活介護
• 定員5名ずつ　主に重心医療的ケアのある中高生や学校卒業後の方々

図1　各事業所の概要

③「まいゆめ」がめざす支援

私たちがめざす支援はまず、すべての中心は子どもたち、ということです。重心の子どもたちは自分の思いを言葉にして伝えるのが難しい場合も多いのですが、その子はどう思っているのか、ベストな状態は何かについて、常に考えていきたいと思っています。

また、障害の有無に関係なく、子どもが子どもらしく、家族も家族らしくいられることを支えたい、と思って活動しています。

そして、さまざまな職種のスタッフがそれぞれの能力を最大限に発揮して注ぐことで、子どもたちはいろいろなことができるようになっていきます。毎年実施しているイベント「まいゆめふぇす」では、たくさんの人の協力でバルーンを飾ったり、スイッチシステムをレンタルして重心の子も楽しめるブースをつくったりしています。これらはリハビリスタッフの強い分野でもあり、こうした形でも多様な能力を注いでいます。

さらに、安心・安全が何より大事ですから、子どもたちにとって居心地がよくて、家族も安心して委ねてもらえる場所をめざしています。

そしてもう一つ、治療とは違う「生活と育ち」を支える支援です。

利用者は、普段の生活のなかに当たり前に医療がある子どもたちです。人工呼吸器がついていても経管栄養をしていても、子どもであることに変

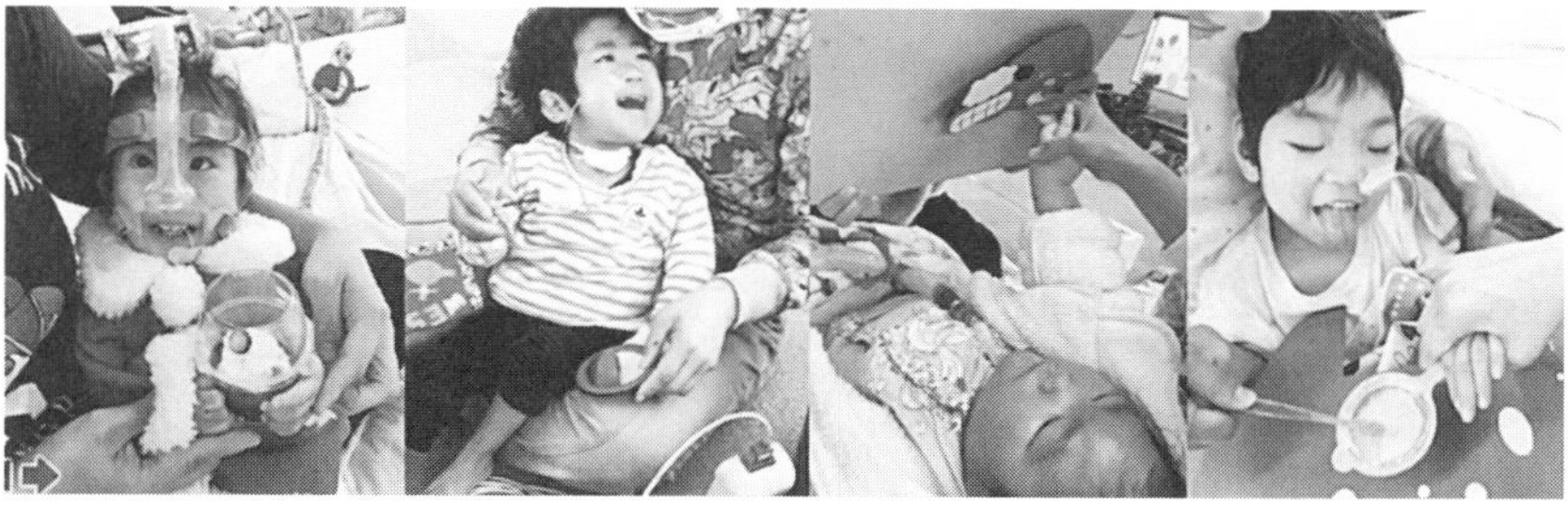

わりはありません。いたずらしたいとかお腹が空いたとか、子どもにとって当たり前の感情を一生懸命表現しています。

子どもたちは人工呼吸器もメガネのような感覚です。家族はそれぞれ、生活のなかで試行錯誤しながら最終的にたどり着いた医療的ケアの方法を編み出しています。そういう家族の思いもくみ取りながら、子どもたちが安全に楽しめるようにサポートしています。

④スタッフ構成

法人全体のスタッフ構成は、看護師（常勤・非常勤合わせて15人）、リハビリスタッフ（4人）、保育士（4人）、児童指導員（12人）のほか、子どもが好きな人には指導員として働いてもらうなど、たくさんのスタッフに支えられて事業所を運営しています。

また、母親スタッフがたくさん活躍しているのも特徴です。わが子を「ｍｉｎｉ」に預けて「ｍｉｋｉ」で働くなどのパターンがあります。ケアのある子の母親、亡くなった元利用児の母親も多く、母親の就労を支える点でも役に立てているのではないかと思っています。

医療的ケアのある子どもがいると、急な体調不良や定期的な受診などで親が仕事を休まざるを得ない場合がよくありますが、そういう欠勤に配慮できる職場は少ないでしょう。「まいゆめ」には、そういう場合の働き方も支えられる体制があります。

子どもたちのことを最も身近で見ているのが母親ですから、その目線を支援に活かしてもらっています。また、普段からわが子にしている医療的ケアを、喀痰吸引研修などで資格として活かせるような動きもしています。

将来的には、ここで働いて自信をつけほかの仕事に転職するなど、「まいゆめ」を社会への第一歩として活用してもらいたいと思っています。

⑤ 地域との連携

「まいゆめ」は、地域の人たちにも支えられています。近くのお寺から「流しそうめんやるからおいで」と呼ばれたり、近くの飲食店から「あそこの駐車場空いたから使えるよ」などの情報が寄せられたり、季節のイベントなどでも積極的に交流したりしています。

また、エリア内で初めてできた重心デイだったことから、地域の自立支援協議会にも世話人としてかかわり、重心の子どもたちの目線を伝えてきました。医療的ケア児支援法ができた流れも受け、医療的部会の発足に向けた動きも始まっています。

(2) 「まいゆめ」の医療的ケア

① 医療的ケアの内容

全事業所で、ほぼ全員が何かしらの医療的ケアを抱えています（図2）。その内訳も、人工呼吸器や酸素投与をはじめさまざまです（表1）。なかでも、人工呼吸器をつけている子どもの割合が年々増加している印象があります。

② 医療的ケアの情報共有

事業所内では、医療的ケアの情報共有にも努めています。誰が見てもわかるようにすること、チェックリストを活用することで、たとえば経験の浅い看護師でも見える化によって医療行為に自信がもてるようにしたり、人工呼吸器などは複数の看護師のダブルチェックにして、わかるスタッフから伝達がいくようにしたりしています。

また、面談のたびに家族に医療的ケアの内容を確認し、変更時はその都度情報を更新しています。さらに、救急車の呼び方も全部セリフ化してわかりやすくしています。

こうした見える化で、スタッフも安心して子どもにかかわれるよう工夫しています。

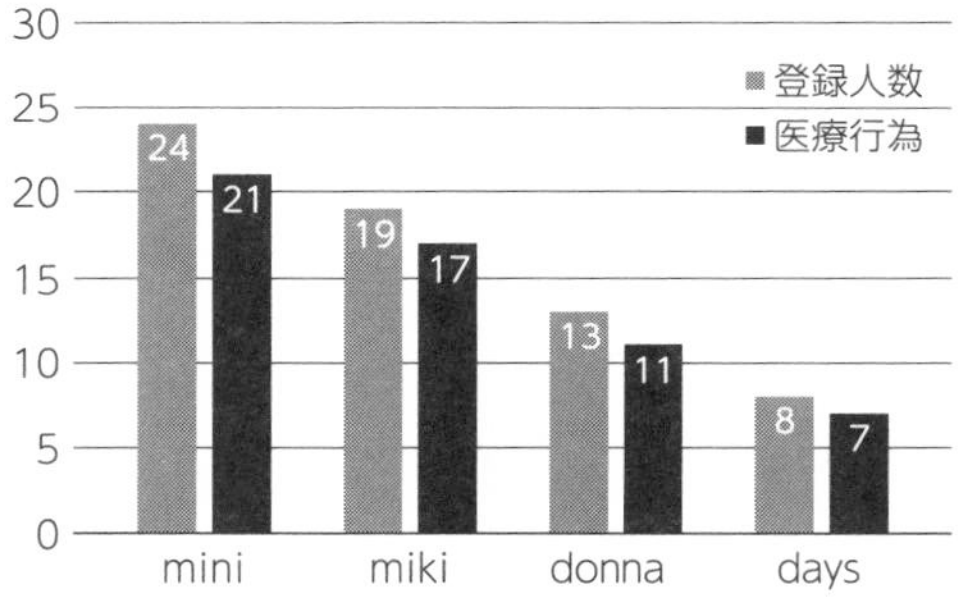

図2　医療的ケアの割合

表1　医療的ケアの内訳とその人数

	人工呼吸器	気管切開	鼻咽頭エアウェイ	酸素投与	吸引	ネブライザー	経管栄養	持続ポンプ	導尿	排便管理	モニタリング	その他	合計
mini 24	4	5	0	7	10	6	13	0	1	5	6	3	60
miki 19	7	8	0	6	13	7	13	3	0	5	5	8	75
donna 13	2	4	1	6	10	4	7	0	1	0	4	3	42
days 8	3	5	1	5	6	4	7	1	1	2	3	4	42

1人3種類以上の医療的ケアを抱えている。人工呼吸器使用の割合は年々増加している。

③さまざまな機関との連携

主治医との指示書等のやりとりはもちろん、さまざまな機関とやりとりする際は、個別支援計画をもとに報告しています。重心デイでの支援内容、なかでも体調や医療的ケアに関するところは特記事項として共有しています。

最近は、通所リハビリや訪問リハビリのスタッフと連携をすることも多く、主治医の方針を確認しながら、各機関で一貫した支援ができるよう情報共有を行っています。訪問診療や訪問看護も同様に、日頃の体調などで気になることがあれば情報を共有しています。

児童相談所ともやりとりし、少し気になる事例があればその都度連携しています。

(3)「まいゆめ」の放課後等デイサービス

①重症児デイサービスmiki／donna

放課後等デイサービスは、学校が終わった後の余暇時間の充実が目的です。「ｍｉｋｉ」「ｄｏｎｎａ」という2事業所があり、概要は図3の通りです。いずれも日曜日と年末年始以外はすべて稼働しています。脳性まひの子どもが多いのですが、18トリソミー、13トリソミーなど染色体異常のある子どもも多くいます。

重症児デイサービス「ｍｉｋｉ」は主に小学生が利用しています。低学年では、体力もついて成長

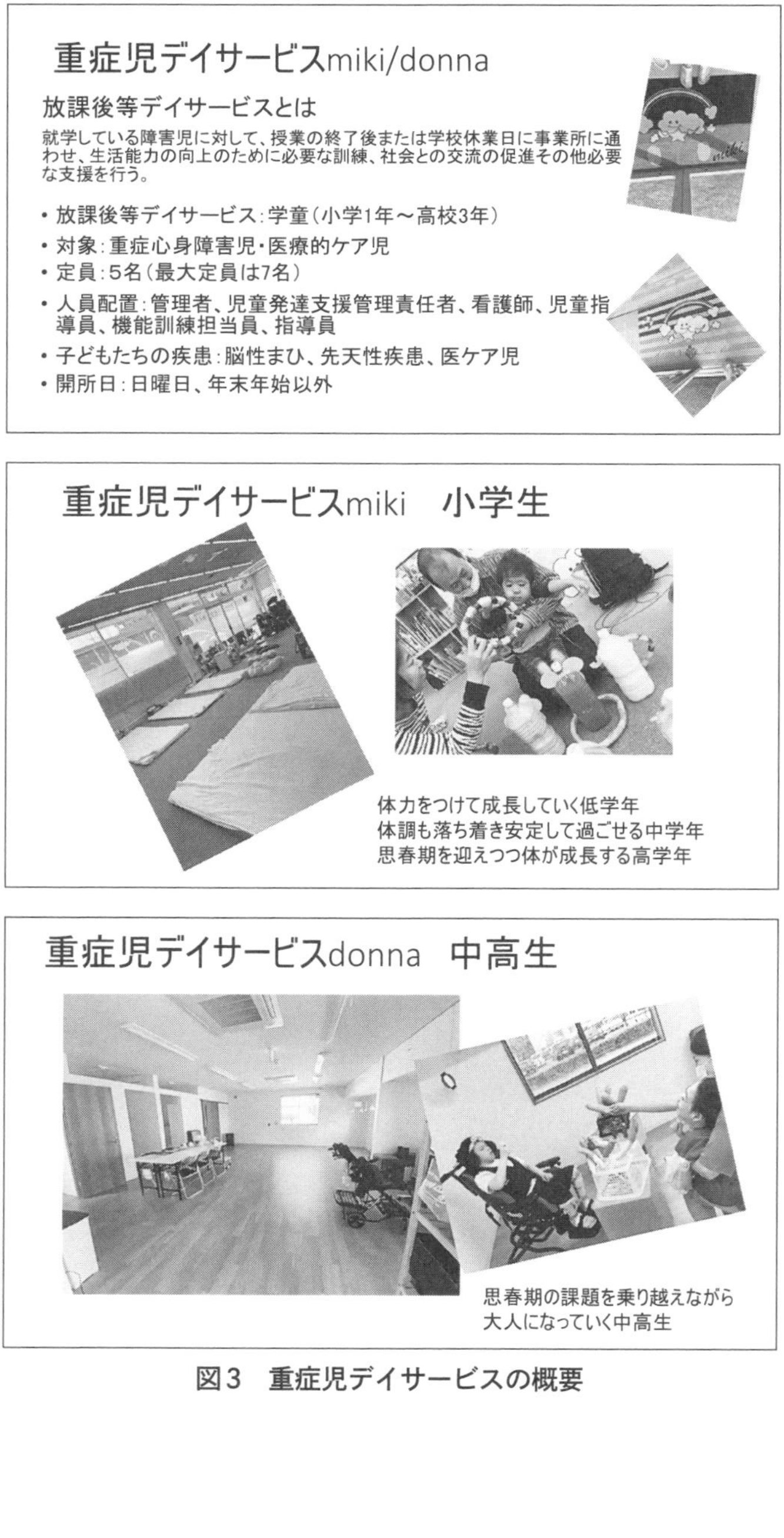
重症児デイサービスmiki/donna
放課後等デイサービスとは
就学している障害児に対して、授業の終了後または学校休業日に事業所に通わせ、生活能力の向上のために必要な訓練、社会との交流の促進その他必要な支援を行う。
・放課後等デイサービス：学童（小学1年～高校3年）
・対象：重症心身障害児・医療的ケア児
・定員：5名（最大定員は7名）
・人員配置：管理者、児童発達支援管理責任者、看護師、児童指導員、機能訓練担当員、指導員
・子どもたちの疾患：脳性まひ、先天性疾患、医ケア児
・開所日：日曜日、年末年始以外
重症児デイサービスmiki　小学生
体力をつけて成長していく低学年
体調も落ち着き安定して過ごせる中学年
思春期を迎えつつ体が成長する高学年
重症児デイサービスdonna　中高生
思春期の課題を乗り越えながら
大人になっていく中高生

図3　重症児デイサービスの概要

していく姿が見られます。中学年では、さらに体調が落ち着き安定して過ごせるようになります。高学年になると思春期に入ってきて、ホルモンバランスの変化や、身長が伸びたり喉に変化があったりする特徴が見られます。

重症児デイサービス「ｄｏｎｎａ」は、中学・高校生がメインで利用する事業所で、少し大人っぽい雰囲気です。思春期ですから、女の子だと月経が始まるなど体調的にも変化が出る時期で、子どもから大人への階段を登っていく年代ですから、活動も大人らしいコンセプトで提供しています。

②放課後等デイサービスを利用する子どもたち

放課後等デイサービスを利用する子どもたちは、学校に通うことで日々のリズムがつき、未就学児よりは体調が安定しているように思います。ただ、学校で授業を受けた後で疲れている様子が見られることもありますから、体調には特に留意しています。

学校からの下校時には、教員や学校看護師に体調などについてヒアリングしています。また学校の給食はかなり工夫されているため、その食形態についてもリサーチしています。

新学期は、進学や進級のタイミングで担任も代わることがよくあり、食事介助やポジショニングなどすべて再伝達するようなことが起きます。そのため本人も家族も「お疲れモード」になりやすく、私たちも気をつけてかかわるようにしています。

学齢期はまた、気管切開が必要になってきたり、新たに人工呼吸器が導入になったりと、成長に伴って医療デバイスも変化していく時期です。家族の気持ちにも変化が出てきます。「先輩家族はどうしていますか」などの相談を受けることもあり、家族の思いを確認しながらサポートしています。

学校には長期休みがあるのも特徴です。長期休み後に摂食や筋力などの機能低下が発生することもあります。そうしたことがないよう、積極的にストレッチをしたり、食事介助にも留意したりしています。

(4) 連携の実際

① 特別支援学校との連携はまだまだ不十分

特別支援学校との連携はまだまだ不十分だと感じています。カンファレンスや会議を開いても、教員は学校からなかなか出られないようです。そのためケース会議は、私たちが出向いて特別支援学校で開催できるようにしてもらっています。この点では、通常学校の教員より訪問学級の教員のほうが身動きしやすいような印象があり、訪問学級の教員の見学来所もよくあります。

また個人情報の問題があるため、子どもの情報共有が難しい場面もよくあります。家族を通してやりとりしていますが、学校とのスムーズな連携を課題として感じています。

② インクルーシブ教育に向けた活動

医療的ケア児支援法ができたことで、家族は普通学校、支援学校を視野に入れて動いている印象があり、これからの課題になってくると思っています。

人工呼吸器をつけた子どもの進学を前にしたある市の教育委員会から、学校設備の整え方の問い合わせや看護師派遣を打診されたことがありました。実際には無事に看護師も見つかったそうですが、そのときに学校の教員の事業所見学もありました。

その際、医療的ケアのある子どもの通学を具体的にイメージすることが難しい現状がわかり、その点で連携できたのはよかったと思います。その後の様子を問い合わせると「前もっての対応ができるような目線を培うことができて助かった」とのことでした。

(5) 子どもたちの未来をいっしょに創る

成長していく子どもたちとともに、家族もライフスタイルが変化していきます。第二子が生まれたり、兄弟姉妹が受験を迎えたり、いろいろなイベントがやってきます。

そういうときに利用時間や頻度を調整したり、ほかの関係機関と連携したりして、切れ目のない支援をしていくことが大事だと思います。家族はどうありたいのか、この子にどのように育ってほしいのかも聞きながら、子どもたちの成長をみんなで喜べるような社会になるよう貢献したいと思っています。

岩出るり子●訪問看護ステーションみらい代表

5 訪問看護ステーションから見た医療的ケア

(1) 小児の在宅医療意思決定支援と在宅対象者

① 家族支援のアプローチ

在宅医療の意思決定時における家族支援アプローチは、まず病院内で、家族の気持ちを理解し、家族の関係性を理解し、基本的な育児指導、医療的ケアの指導、社会資源の紹介、在宅に継続支援の確保、などについて調整することから始まります。調整ができたら退院調整会議を行い、そこに訪問看護師も参画していきます。

子どもとの自宅での生活が成り立っていくには、新しい家族を受け入れられること、育児ができること、さらに医療的ケアが必要な子どもが帰る際には医療ケアが課せられていきます。

その際に私たち訪問看護師は、できれば24時間のサポート体制を敷いて迎えることが望ましいと思います。

②小児在宅看護の対象者

小児在宅看護の対象者はまず、ＮＩＣＵから在宅に移行する子どもたちです。生後すぐに訪問看護が介入していく場合が多く、高度医療ケアを必要とします。療育者の育児不安が強い場合は、短期間の訪問で終了することがよくあります。

もう一つの対象者は重度心身障害児です。ある程度成長してから介入する場合もあります。医療ケアをしながら家族でなんとか介護をして成長し、児童発達支援が必要になって介入していくケース、病状の変化により高度な医療ケアが必要となって介入するケース、介護者のレスパイトとして介入していくケース、などがあります。

(2) 訪問看護ステーションみらい

私たちの訪問看護ステーションみらいは大阪府枚方市にあります。枚方市は交野市に隣接する人口約40万人の中核市で、高齢化率は25・6％と全国平均並みです（２０１５年）。訪問看護事業所数が多く、50近くの事業所があるといわれています。しかも小児をみる事業所が日々増加していて、すでに10ステーション近くになっています。

事業所は、訪問看護ステーションみらい、居宅介護支援事業所みらいが２００４年の設立です。私はそれ以前から他法人で訪問看護に従事していましたから、訪問看護歴は20年以上になります。その後、児童発達支援・放課後等デイサービスきぼうを２０１５年に設立しました。

看護師は10人在籍していて、常勤換算すると５・５人になります。保育士２人、生活指導員３人、理学療法士（ＰＴ）１人、運転手１人、ケアマネジャー１人というスタッフ構成です。

デイサービスきぼうをオープンしたのはその頃、重症心身障害児の受け入れ施設が少なかったこと、入浴介助の依頼が訪問看護でも多く、家族のレスパイトの必要性があり、兄弟姉妹の学校行事など訪問看護でのレスパイト依頼も増えていたことなどがあげられます。特に、運動会などは同じ時期にあることが多く、働くスタッフも自分の子どもたちの行事などで休まざるを得ず、人員不足になってなかなかレスパイトに対応できない、という状況になりました。

そんななかで、児童発達支援事業・放課後等デイサービスの指定を受けて、一般浴の設備もあるデイサービス事業を開始しました。

(3) 小児訪問看護の現状

① 大阪府の小児訪問看護の現状

大阪府訪問看護ステーション協会が年に一度実施している実態調査があります。そこから大阪の小児訪問看護の現状を紹介します（図1〜3。２０１９年度調査、回答８４０件）。

事業所の小児訪問看護（0〜18歳）の受け入れ体制について、「受け入れ体制がある」「相談により受け入れる体制がある」を合わせて50・2%、約半数は小児の訪問看護を受けてもよいという回答でした。実際に小児利用があるのは30・4%で、約20%は「受けてもいい」が実際の利用者はいなかった、という結果でした。小児をみるスタッフがそろっていないことなどが理由でした。

年齢区分ごとの利用者は6~12歳が最も多く、次いで4~5歳でした。乳児を受け入れる事業所は、まだまだ少ないように思われます。

大阪府訪問看護ステーション協会は小児訪問看護委員会を設置しています。府内886施設を11ブロックに分け、各ブロックから小児委員を選出、定期的な会議を開催して次のような取り組みを進めています。

まず、府内訪問看護事業所の小児受け入れの推進です。また、事業所のスキルアップとして実技演

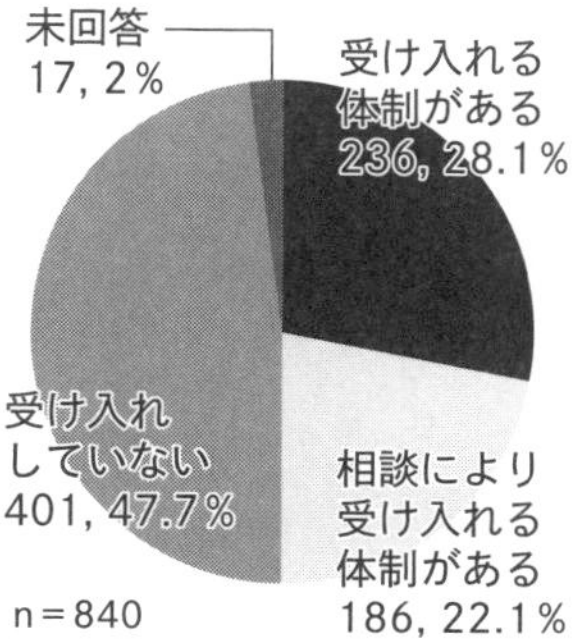

図1 小児訪問看護の受け入れ体制

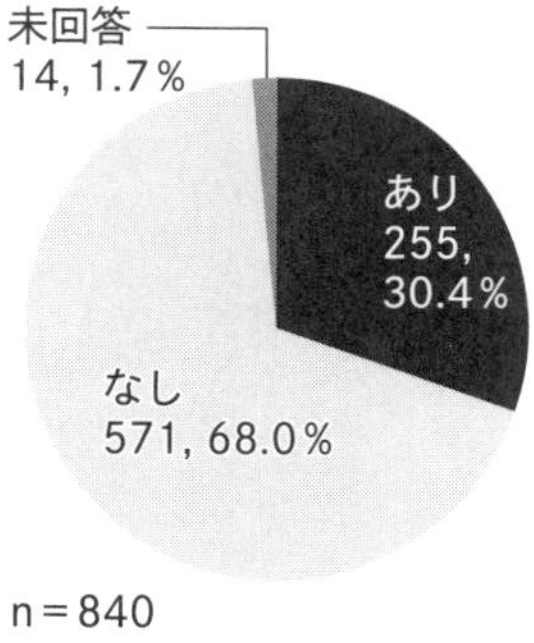

図2 小児利用者の有無

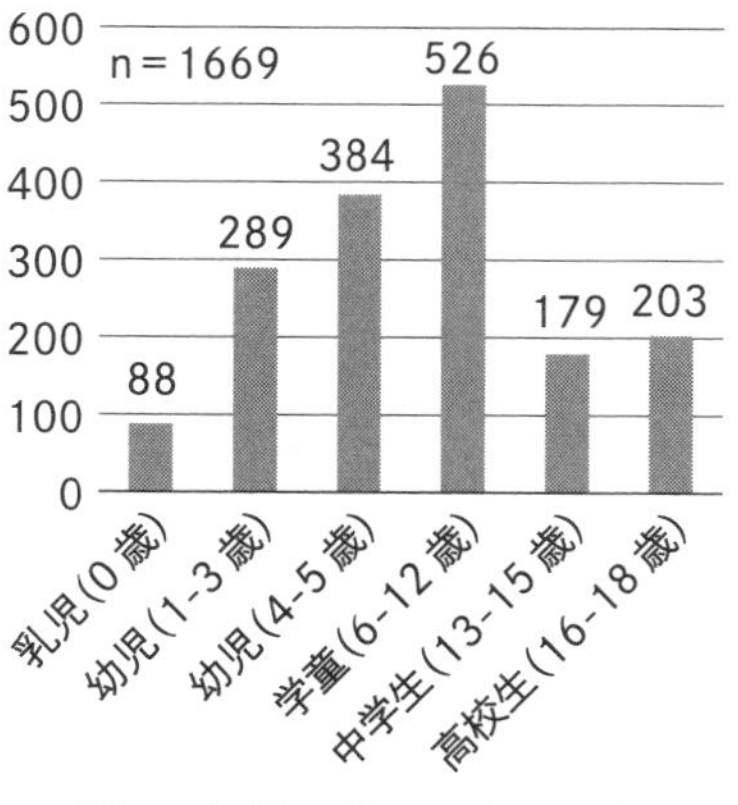

図3 年齢区分別の利用児数

習や講習を、大阪府の小児科医会の協力を得て実施してきました。２０２０年度、２０２１年度は集合研修が難しかったため、「小児お悩み相談室」として小児在宅の基本制度や虐待についてなど、要望があった内容で３本の動画を作成し、ＳＮＳで配信しました。

② 訪問看護ステーションみらいの小児利用者

２０２１年５月のデータから「みらい」の利用者について紹介します（図４〜５）。

「みらい」の小児利用者は41人で、全利用者の75％です。ここでは20歳以上でも小児科医からの指示書がある人を小児としているため、30代の人も含みます。

初回利用時の年齢を過去11年のデータで見ると０〜１歳が最も多く、ＮＩＣＵから直接依頼されるケースが近年は増えています。

現在の利用年齢は０〜２歳未満と２〜７歳未満で約６割、未就学の子どもが半分以上を占めています。学校に通学が決まったときに、訪問看護を継続するのかどうかが一つのネックになっていくようです。社会参画していくなかで訪問看護は少し休み、もう少し大きくなったらまた利用するというケースもあるように思わ

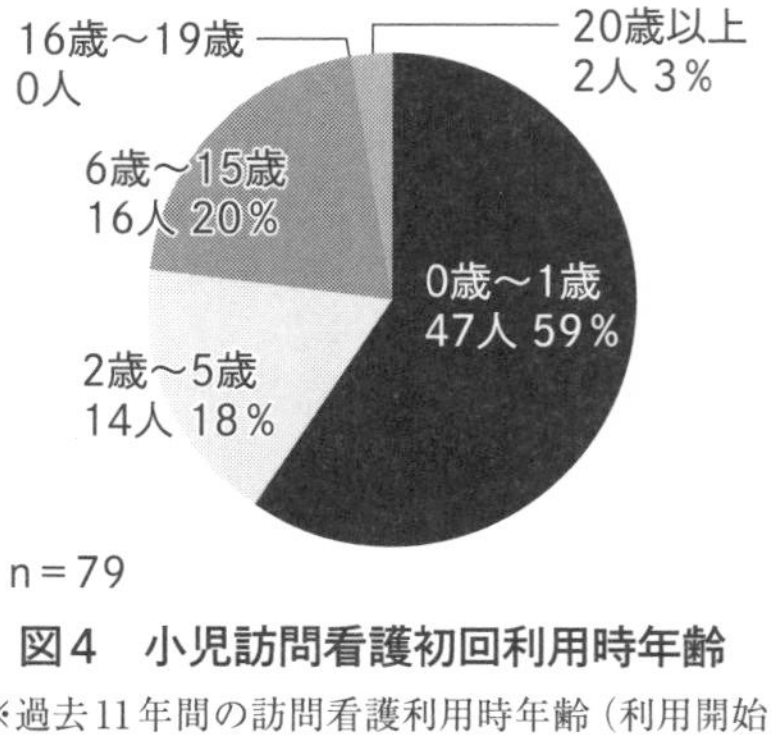

図４　小児訪問看護初回利用時年齢

※過去11年間の訪問看護利用時年齢（利用開始時20歳までの人数）

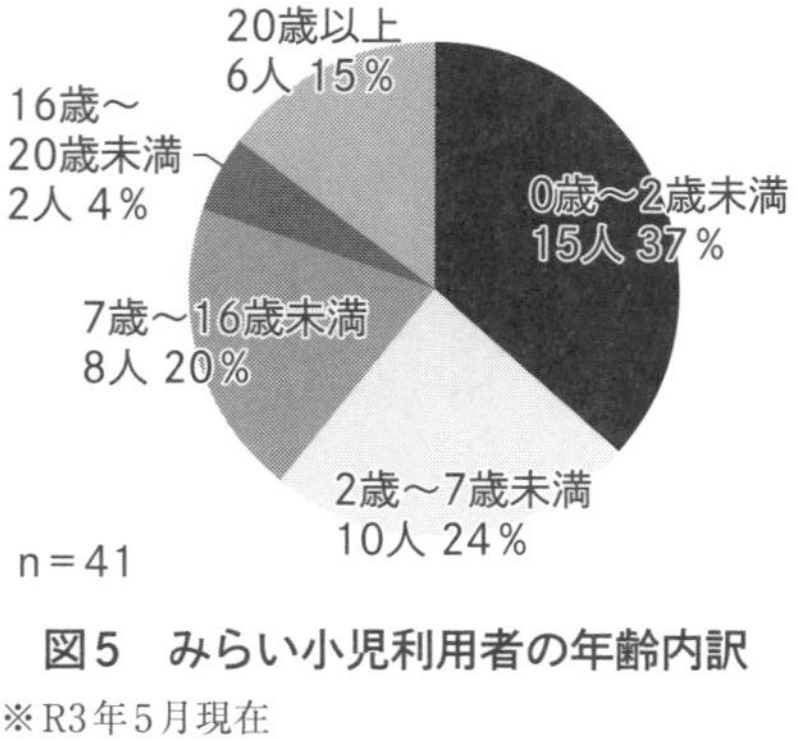

図５　みらい小児利用者の年齢内訳

※R3年5月現在

れます。

一方、20歳を過ぎて小児慢性特定疾患などではなくなっても訪問看護は続けていきたいという人も、重度の人を中心に存在します。

③小児利用者の主な医療的ケア

「みらい」の小児利用者の医療的ケアは鼻腔栄養が最も多く、次いで酸素・経皮酸素モニター（SpO_2）です（図6）。注目点は、全体の41人中15人（夜間装着も含む）が人工呼吸器を使っていることです。気管切開は18人ですから、かなりの割合を占めていると思われます。

年齢別に気管切開と人工呼吸器の利用者を見ると、やはり0～1歳の間は気管切開をしても人工呼

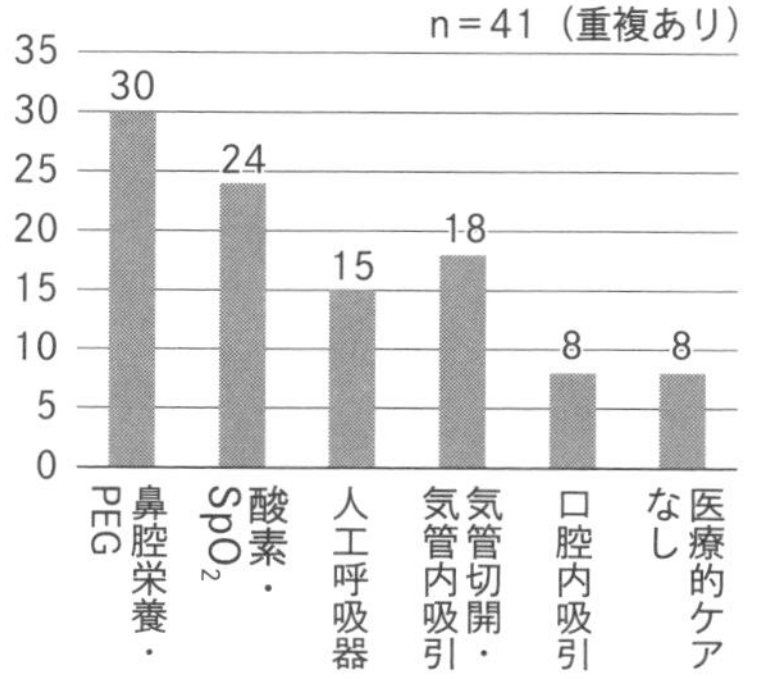

図6　小児利用者の主な医療的ケア

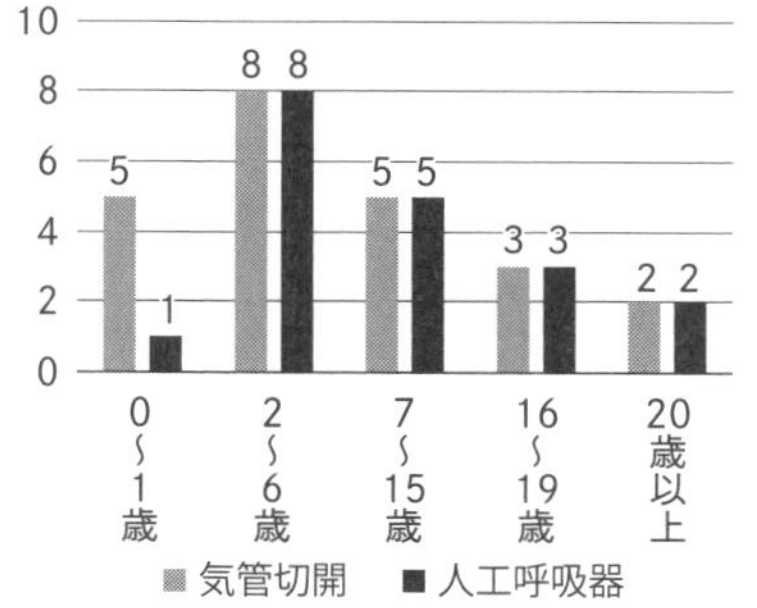

図7　年齢別気管切開・人工呼吸器利用者

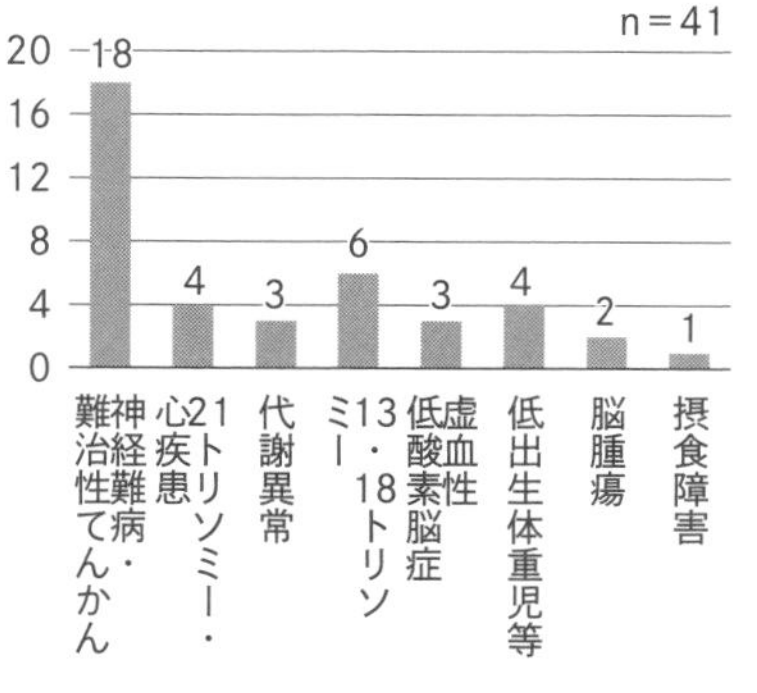

図8　小児利用者の主な疾患

吸器までは利用していないケースが割と多く、そこからは気管切開をして人工呼吸器も必要になるパターンが見受けられます（図７）。

主な疾患は、神経難病・難治性てんかんが多く、10年ほど前まではこれらの疾患がほとんどでした。最近では13・18トリソミー、虚血性低酸素脳症、低出生体重児等が増えてきているように思います（図８）。

また小児利用者のここ10年の推移を見ると、２００８年と２０１８年の比較で９人から41人へ、４・５倍に増えています。

(4) 制度の変化

最近は、大島の分類だけでは分類できない子どもが増えています。日常必要とする医療・看護の量が極めて多い重症児は「超重症児」と呼ばれ、医療と看護の内容を点数化した「超重症児（者）」「準超重症児（者）」の判定基準ができました（図９）。

これが診療報酬のほうに評価されるようになり、超重症児、準超重症児が何人いるかで変わる形で、訪問看護にも診療報酬評価というものが得られるようになっています。

あるデータでは、人工呼吸器を必要とする19歳以下の子どもが２００５年の全国２６０人から２０１５年には３０００人超と、10倍以上になっているとされています。退院時に蘇生法を習得しなければ

☆医療における

「重症心身障害児」

・医学的側面から、中枢神経系の広汎な障害・中枢神経の生命維持機能も障害（呼吸・摂食・循環・排泄・体温・睡眠・成長・免疫において異常をきたしやすい）⇒二次的な各種合併症への対応も必要

日常必要とする医療・看護の量が極めて多い重症児は「超重症児」と呼ばれ医療と看護の内容を点数化した**超重症児（者）・準超重症児（者）判定基準**

⇒　診療報酬の評価

1　運動機能：座位まで

2　判定スコア　（スコア）

(1)	レスピレーター管理※2	=	10
(2)	気管内挿管・気管切開	=	8
(3)	鼻咽頭エアウェイ	=	5
(4)	O_2吸入又はSpO_2 90%以下の状態が10%以上	=	5
(5)	1回／時間以上の頻回の吸引	=	8
	6回／日以上の頻回の吸引	=	3
(6)	ネブライザ　6回／日以上または継続使用	=	3
(7)	IVH	=	10
(8)	経口摂取（全介助）※3	=	3
	経管（経鼻・胃ろう含む）※3	=	5
(9)	腸ろう・腸管栄養※3	=	8
	持続注入ポンプ使用（腸ろう・腸管栄養時）	=	3
(10)	手術・服薬にても改善しない過緊張で、発汗による更衣と姿勢修正を3回／日以上	=	3
(11)	継続する透析（腹膜灌流を含む）	=	10
(12)	定期導尿（3回／日以上）※4	=	5
(13)	人工肛門	=	5
(14)	体位交換6回／日以上	=	3

〈判定〉 1の運動機能が座位までであり、かつ、2の判定スコアの合計が25点以上の場合を超重症児（者）、 10点以上25点未満である場合を準超重症児（者）とする。	合計	点

図9　超重症児（者）・準重症児（者）判定基準

表1　機能強化型加算　※2018年改正で看護職員4人で機能強化3新設

機能強化型訪問看護ステーションの要件見直しにより超重症児等の小児の訪問看護に積極的に取り組むステーションを評価

必要な要件	機能強化型訪問看護管理療養費　1	機能強化型訪問看護管理療養費　2
常勤看護職員人数	7人以上	5人以上
24時間対応体制加算	必要	必要
超・準重症児の利用者数	常時6人以上	常時5人以上
特掲診療施設基準	別表七に該当者10人以上	別表七に該当者7人以上
居宅介護支援事業所 指定障害児相談支援事業所	同一敷地内に設置 連携が望ましい	同一敷地内に設置 連携が望ましい
休日・祝日等	訪問可能な体制	訪問可能な体制
その他	地域住民に対する情報提供 人材育成の研修	地域住民に対する情報提供 人材育成の研修

※何が今までと違うのか…ターミナルのみに限られた要件に超・準重症児が追加された

ばいけないなど、命の危機と隣り合わせでの日常生活を送る子どもとその家族に、訪問看護師がどうかかわっていくべきなのか、永遠の課題だと思っています。

超重症児、準超重症児の利用者が常時5人以上、または常時6人以上の場合、機能強化型訪問看護ステーションとして届け出をすることができます。従来はターミナル期に濃いかかわりをした事業所にのみ認められていたものですが、超重症児、準超重症児の利用者数などによっても評価されるようになりました（表1）。

これまで、どれだけ重度の子どもを受け入れていても訪問看護ステーションに評価がなかったものが、一つ改善されました。

(5) 在宅小児患者を取り巻く環境

① 医療・福祉・教育の連携

地域で安心した生活を送るために、医療体制と福祉体制、そして教育がしっかり連携をとっていくことが大事だと思っています。

医療体制としては、緊急時の入院の受け入れ、定期的な往診医の訪問の確保、訪問看護によるケアサポートが求められます。福祉では、訪問介護（ヘルパー）の導入が必要だと思います。そのために、子育て期間は母親の仕事と決めつけず、育児と介護は違うことを行政も理解してほしいと思います。

また、通所施設や短期入所施設の充実も重要です。

学校とのかかわりを考えるために、気管切開と人工呼吸器をつけている「みらい」利用者にインタビューをしました。２０１９年４月のデータですが、そのとき小学校入学者で気管切開・人工呼吸器の使用は３人（地域の学校２人、支援学校１人）でした。同時期の小・中学生で気管切開・人工呼吸器が５人（地域の学校１人、支援学校４人）、同じく高校生は３人（地域の学校１人、支援学校２人）でした。

これら11人に、学校を選んだ理由を尋ねたところ、支援学校を選んだ理由には「通学が困難なので訪問籍がよいと思った」「支援学校しか無理と思った」「この子に合わせたスピードで教育が受けられる」、地域の学校を選んだ理由には「看護師さんがマンツーマンでいてくれる」「体調に合わせ通学しやすい」「近いから・普通に兄弟と同じ学校に行かせたい」「支援学校の通学バスに乗れないから」「同世代の子どものなかで学校に行かせたい」などがありました。

②訪問看護師と学校の連携

訪問看護師と学校の連携として「みらい」で行っていることに、まず支援学校の修学旅行の同行があります。「みらい」では行ける看護師がいれば、出張扱いで派遣しています。私も以前同行したことがありますが、家の中では見られない子どもたちの顔を見ることで、訪問看護にも役立っていくのではないかと思っています。

支援学校の学校運営会議にも参加しています。これは支援学校の様子を知っていく上で、とても勉強になっています。

支援学校や地域の学校の医療的ケア児のカンファレンス等にも参加しています。

また、大阪府の通学支援事業について「みらい」にも保護者から依頼がありましたが、スタッフの人数的に実現が難しい状況でした。現状ではここに訪問看護師がかかわることが厳しいという意見は府内でもけっこうあり、それらを踏まえて2022年度は大阪府訪問看護ステーション協会小児訪問看護委員会で、通学支援事業も踏まえて学校の教育現場とかかわっていくことを決めています。

現実問題として、訪問看護師が学校へ行くには難しい点もあります。まず、サービス提供の場が制度上「在宅」とされているため、学校では提供できません。また、訪問看護師の人数不足があります。やはり1事業所の人数が少ないのです。訪問の時間と送迎の時間が重なる点もあります。訪問看護も夕方帰宅してから入浴のサービス等になるからです。また訪問看護の制度と同等のコストと報酬が難しい、という点もあります。

たとえば大人であれば、デイサービスやショートステイに短時間訪問看護師が行って、契約上在宅の現場でなくてもサービスを提供することは可能です。ですから制度としても、訪問看護師を学校でも利用できるよう改善できれば、と思っています。

また、学校内にかかわるにしても、どの時間帯で可能なのかなど、学校看護師との話し合いができればとも思いますし、学校職員との連携も重要だと思っています。

一方、訪問看護師が学校へ行く利点を考えてみるとまず、生まれたときからかかわっていることが多く、保護者の安心が得られやすいのではないかと思います。また、日常のケアを行っているため状態変化を把握しやすいのも利点だと思います。

さらに、学校における看護職の安定した体制確保という点で、1人の子どもを中心に、看護職が学校や外部などのいろいろなところから集まって、同職種でタッグを組むということがとても大切ではないかと思っています。たとえば地域の学校で、看護師が休むとその子も休まなければならなくなるケースを聞きます。そういうときに学校に訪問に行けるよう、訪問看護の制度として利用できるようになれば、スムーズな活用になっていくのではないかと思っています。

加えて、学校職員の医療的ケア習得における母親の負担軽減というところでもかかわれるのではないかと思います。通学バスへの看護師同乗にもかかわれると思いますが、これは通学支援事業にも重なってくると思います。

訪問看護師の医療的ケア児への支援を列挙すると、①在宅移行期の家族支援、②医療的ケアの担い手、③病状の把握と医師との連携、④家族支援（母親のレスパイトと療育支援）、⑤成長発達に合わせた環境整備、⑥関係機関との連携などがあげられます。「医療的ケア児支援法」の成立により、私たちが日頃行っているこれらの支援がよりよく子どもたちや家族に届けていけるような、そんな訪問看護でありたいと思います。

第3部 卒業後、大人の暮らしと医療的ケア

常石秀市●兵庫県医療的ケア児支援センター／医療福祉センターきずな院長

1 大人の暮らしと医療的ケア
――医療的ケア児支援センターの立場から

(1) 重症心身障害と医療的ケア

① 重症心身障害と医療的ケアの役割

胎児～幼少期に脳に傷ができると、筋肉の動きを制御できずに脳性まひという状態になります。その最も重症型が重症心身障害です。すなわち、脳性まひと重度の知的障害を重複して認め、関節が固まって拘縮が強く、寝たきりの状態となります。統計予測からは、現在日本中で8万人弱といわれています。だいたい人口1万人に6人くらいです。その7割以上はてんかんの薬を飲んでいて、ほかにも側彎、便秘、尿路結石、褥瘡などいろいろな障害を合併します。

そのなかで充実した日々を生きていくためには、安楽な呼吸と十分な栄養が非常に重要です。その二つが障害されると、気管切開や人工呼吸器で呼吸を補い、栄養面では鼻からチューブを入れたり胃ろうを造設したりして栄養剤などを注入します。生活のなかでのこういった医療器具を使って生きていく生体機能を補うケアが、医療的ケアとして認知されるようになってきています。

医師法に規定されているような痛みや出血を伴う点滴や手術などと、家族が自分の子どもにするシャンプーや爪切りなどの、二つが重なったところが「医療的ケア」です（図1）。

たとえば胃ろうは、すでに手術が終わって胃ろうボタンがお腹にあります。そこに日々チューブをつないで栄養を入れる行為は、痛みやリスクを伴うわけではなく、医師や看護師でなくても保護者にもできます。それを学校の教員もできるよう、2012年に介護福祉士等の法律が改正施行されました。この「等」のなかに特別支援学校の教員も含まれ、第3号研修を履修のうえ、特別支援学校で医療的ケアが実施されるようになりました。

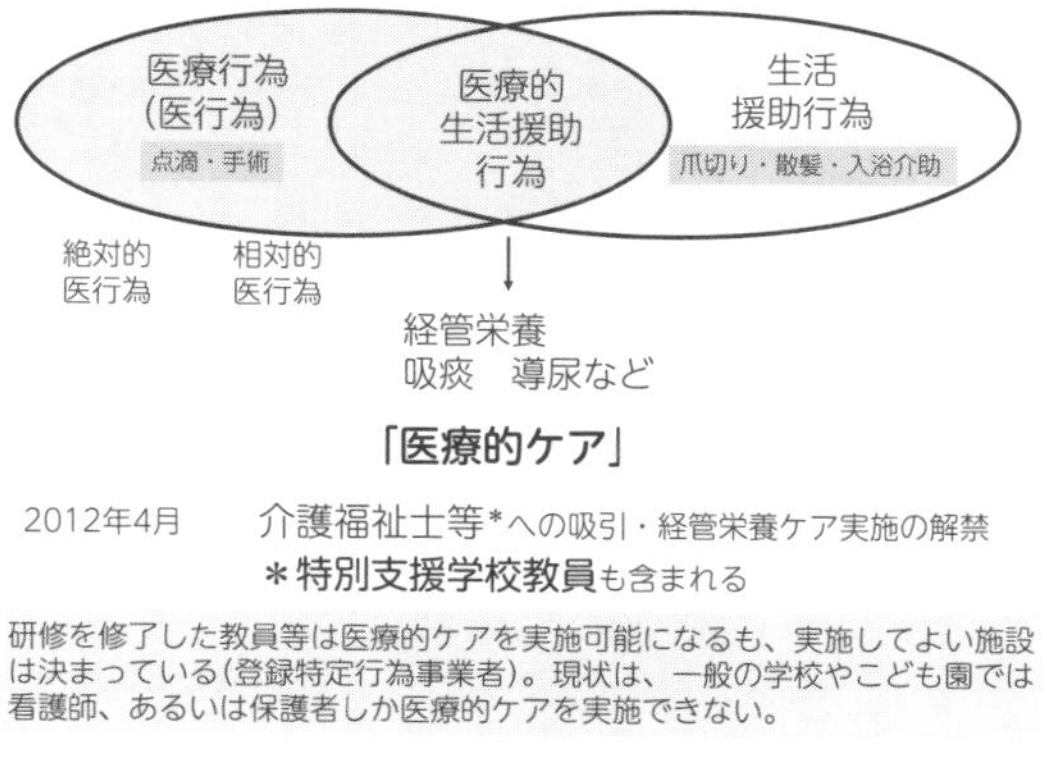

医療行為
（医行為）
点滴・手術
医療的
生活援助
行為
生活
援助行為
爪切り・散髪・入浴介助
絶対的
医行為
相対的
医行為
経管栄養
吸痰　導尿など
「医療的ケア」
2012年4月　介護福祉士等*への吸引・経管栄養ケア実施の解禁
*特別支援学校教員も含まれる
研修を修了した教員等は医療的ケアを実施可能になるも、実施してよい施設は決まっている（登録特定行為事業者）。現状は、一般の学校やこども園では看護師、あるいは保護者しか医療的ケアを実施できない。

図1　医療的ケア

②医療的ケアの現状と第3号研修

文部科学省によると、日本中の特別支援学校で医療的ケアを受けている人数は、胃ろうも人工呼吸器も2007年からの14年間で3倍程度に増えています（表1）。2021年度からは少し減りましたが、これは子どもの数が減った影響も少しあることに加え、看護師の配置を得て医療的ケアが必要な子どもが一般の学校に通っているケースが増えているからでしょう。つまり、これから看護師ももっと必要になり、一般の学校での医療的ケアが重要になっていきます。

研修のうち、第1号、第2号は「不特定多数の者」、つまり誰に対してもケアができるようになります（表2）。第1号は喀痰吸引（口腔内、鼻腔内、気管カニューレ内）、胃ろう・腸ろう栄養、経鼻経管栄養が可能になり、第2号はたとえば吸引だけなどに限定した行為が可能になります。第1号は講義数が50時間以上あり、実習も実際の患者を対象に計90回もの手技練習が

表1　特別支援学校での主要な医療的ケア実数（全国）

全国に約2万人の医療的ケアを要する子どもたち

	19年度	22年度	25年度	28年度	R1年度	R3年度	対19年増加比率
経鼻チューブ	2,273	2,219	2,376	1,808	1,598	1,406	0.6倍
胃ろう	1,340	2,310	3,672	4,063	4,885	4,818	3.6倍
腸ろう	87	98	137	137	130	162	1.9倍
中心静脈栄養	31	49	105	66	119	118	3.8倍
口鼻吸引	3,870	4,881	6,499	6,454	9,914	9,977	2.6倍
気切部吸引	1,366	1,878	2,844	1,177	3,412	3,207	2.3倍
酸素療法	762	1,030	1,447	1,554	1,858	1,788	2.3倍
人工呼吸器	523	763	1,270	1,333	1,591	1,534	2.9倍
導尿	334	434	599	631	1,074	704	2.1倍

14年間で3.6倍

14年間で2.9倍

表2　介護職員等への研修種別

種別	対象	喀痰吸引			経管栄養	
		口腔内	鼻腔内	気管カニューレ内	胃ろう・腸ろう	経鼻経管栄養
第1号研修	不特定多数の者	○（5つ全部）				
第2号研修		○	○	○	○	○
第3号研修	**特定の者**	特定の者が必要とする行為				

第1号研修：すべての喀痰吸引等の行為が可能
第2号研修：各行為のうち任意の行為についての実地研修を修了した場合、個別に認定特定行為業務従事者認定証の交付あり
第3号研修：重症児など特定の利用者への実施を前提としている

必要な厳しい内容になっています。費用も20万円超と書かれています。

第３号研修は「特定の者」が対象です。たとえば学校が「医療的ケアを実施します」と県に申請し、指導看護師も配置し、医療的ケア委員会も設置して登録事業所になると、当該校に所属する教員が担当する児童生徒が「特定の者」に該当し、その児童生徒に医療的ケアを行うための研修が第３号研修です。ほかの職種でも同様です。第３号研修に絞ると２日間で修了できます。講義が８時間、実習も人形を使ってのもので、第1号、第２号に比べると簡易で、費用も２～３万円ですみます。

③兵庫県の医療的ケアの実状

２０１９年に小児科医にアンケート調査を実施して、在宅人工呼吸指導管理料の対象患者数を調べました。管理料の請求は１人１か所ですから重複はありません。０～18歳の子どもで、気管切開をして人工呼吸器をつけているケースが１５３例ありました（図２）。過疎地域にも存在しています。

兵庫県特別支援教育課によると、２０２１年５月現在、兵庫県の特別支援学校に通っている医療的ケアを必要とする子どもは３９６人です（図３）。このうち自宅からの通学が３２６人、訪問学級が70人でした。訪問学級のうち54人（２０２２年デー

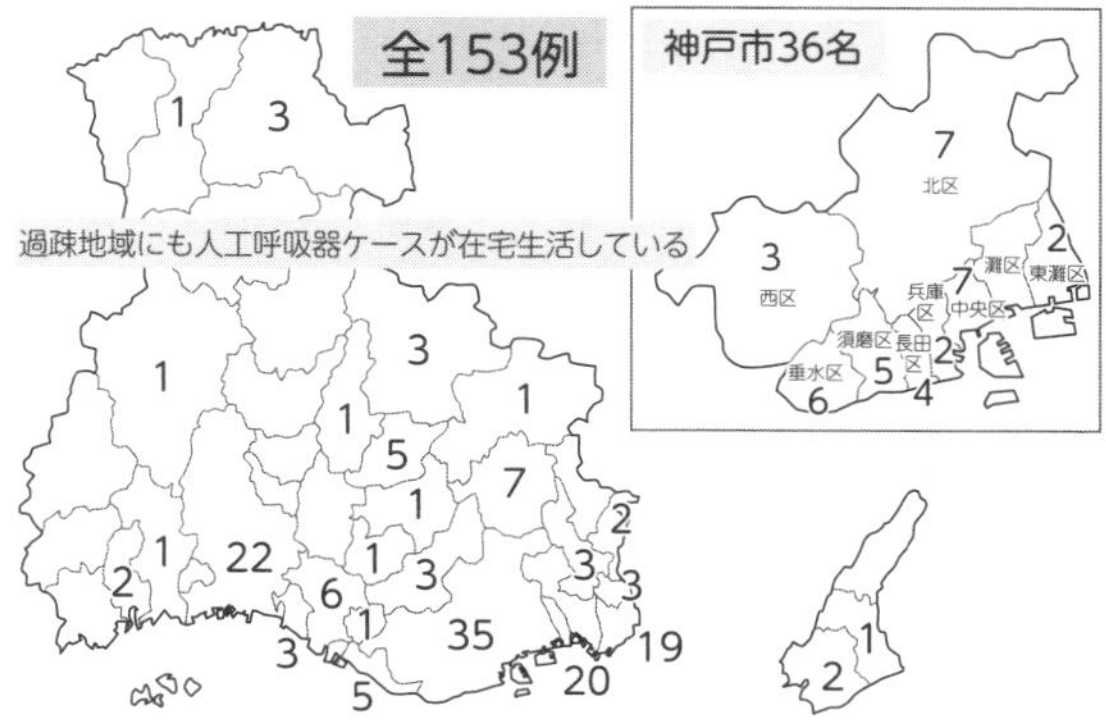

図２　兵庫県内在住の18歳以下のIPPV管理ケース分布
2019年1月1日現在

タ）は重症心身障害児施設内のいわゆる院内学級です。残る16人は在宅で、教員が訪問しています。

一方、医療的ケアを受けながら一般の公立学校に通っている子どもは84人です。そのうち4割ほどの33人は、特別支援学級ではなく普通学級に在籍しています。これらの子どもの医療的ケアは人工呼吸器のケースが多いわけではなく、たとえば導尿だけ、血糖測定とインスリン注射だけという子どももいます。気管切開はあるものの、走り回れる子もいます。

ただし、現状では一般の公立学校で医療的ケアはできません。医療的ケアの登録事業所ではないからです。登録事業所には看護師も医療的ケア委員会も必要で、教員も第3号研修を修了する必要があります。ですから、医療的ケアは看護師または保護者が実施しています。

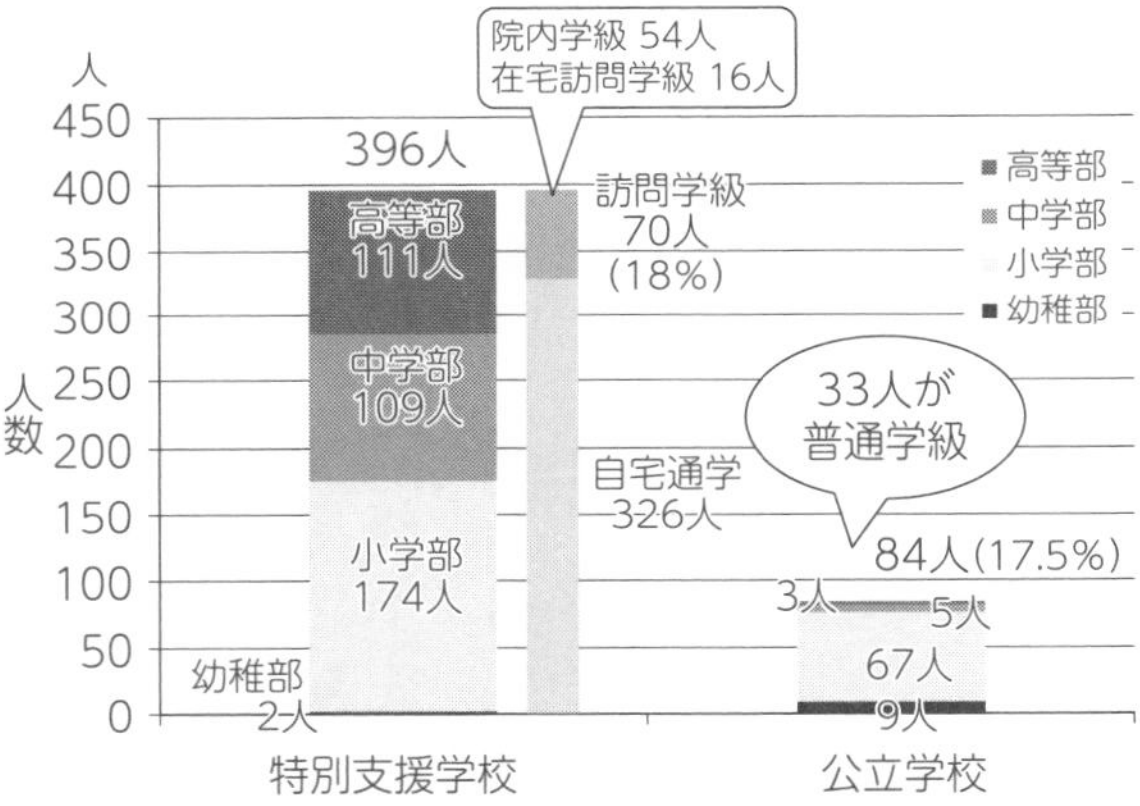

図3　兵庫県内公立学校・園における医療的ケア実施状況

2021年5月1日現在

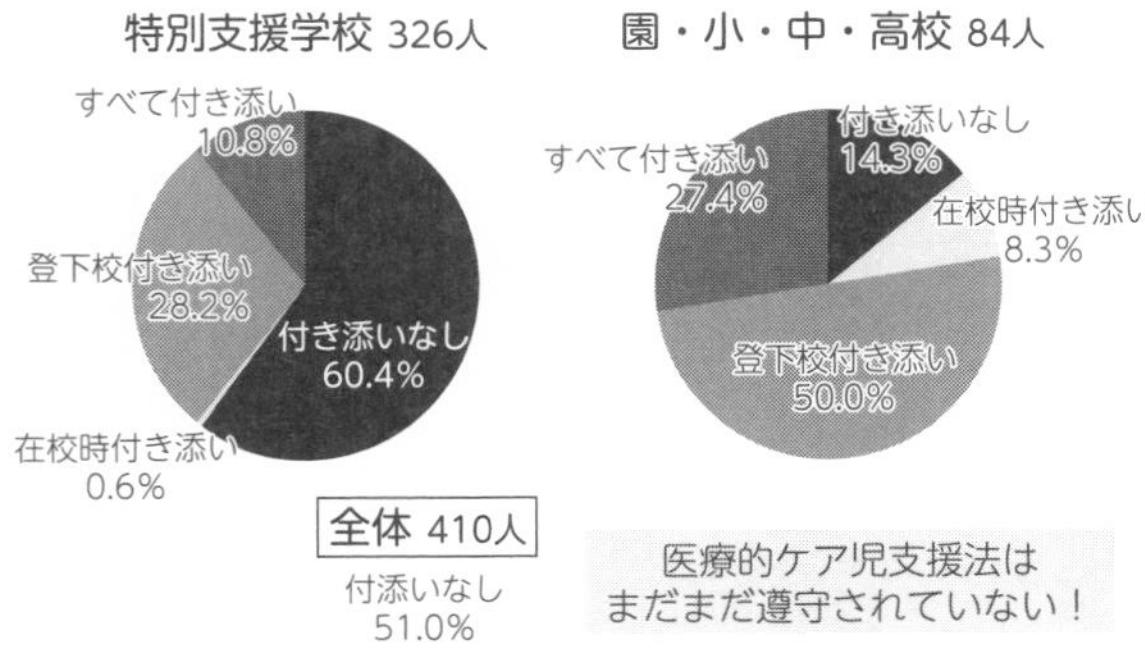

図4　兵庫県内医療的ケア児の付き添い状況

2021年5月1日現在

また、2021年の保護者付き添いの状況（図4）を見ると、326人の特別支援学校通学者のうち、全時間付き添いが約1割、これに登下校の通学バスに乗れずに保護者が送迎している約3割を加えた4割ほどが何かしらの付き添いが必要です。つまり保護者が働くには支障が出ます。一般校はすべての時間で付き添いが27・4％、登下校のみが50％のほか在校時だけの付き添いもあり、結局85％は保護者が付き添わないと学校生活を送ることができていません。いまだ医療的ケア児支援法とはそぐわない状況です。

(2) 医療が必要な重症児が地域で暮らしていくために必要なこと

このような実状のもと、兵庫県では小児在宅医療委員会を8年前に立ち上げ、次の六つの項目について取り組みを進めてきました。これら六つの課題に、医療的ケアの必要な方々がその地域で暮らしていくために必要なことが集約されていると考えます。

① 重症通園

障害児福祉の施設は、2012年に法律が変わったときに、児童福祉法にもとづく施設と障害者総合支援法にもとづく施設に整理されました（図5）。

児童福祉法の施設：児童福祉法にもとづく施設は、就学前の子どもが発達促進のための療育を受ける児童発達支援と、小・中・高校生が社会で生きていくためのスキルを身につけるための指導を受ける放課後等デイサービスの二つに集約されました。

2021年8月現在、神戸市だけで児童発達支援は134か所、放課後等デイサービスは268か所を数えました（図6）。そのうち、行政から重心児であるとの指定を受けて利用する重心型はそれぞれ7・5%、6%程度です。ただ、非重心型に通っている言葉が出ない自閉症の子どもや知的障害の子どもも、たとえば胃ろうをつくって医療的ケアが必要になったとき、重心型が近所になければ利用できませんから、重心型はもっと増えてほしいと思います。

障害者総合支援法の施設：18歳以上は障害者総合支援法にもとづき、就労能力によって就労継続支援A型、同B型、生活介護の3種類のいずれかに通所している場合がほとんどです。その行き先を決め

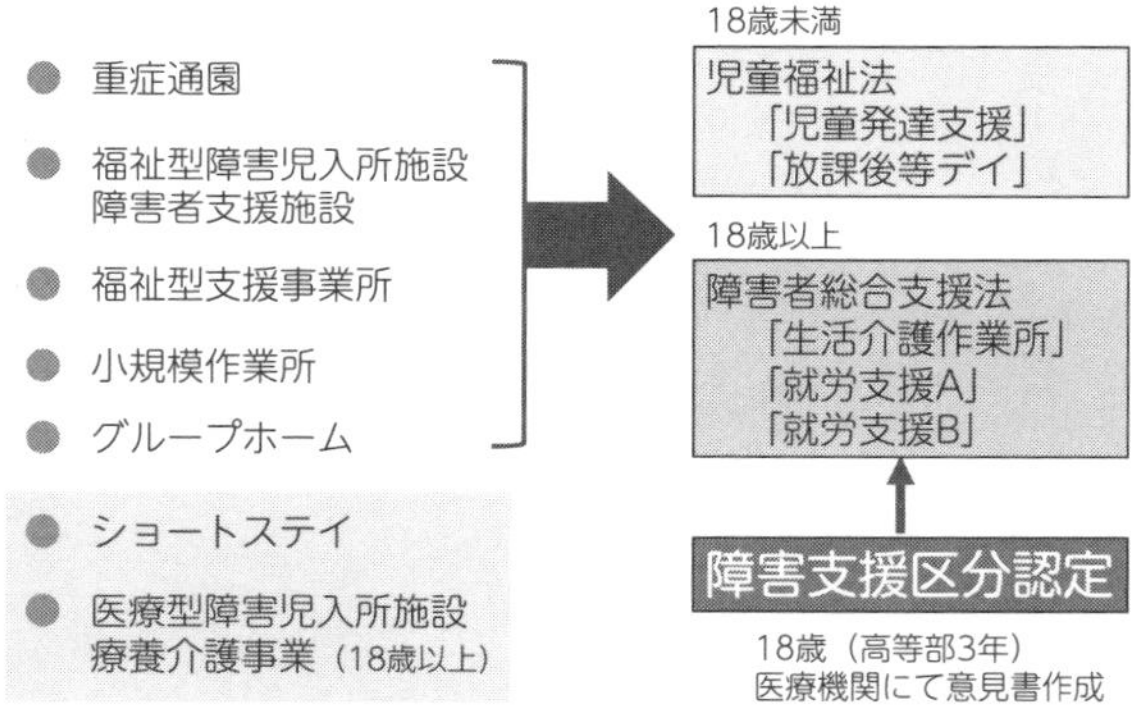

図5　障害児福祉の資源

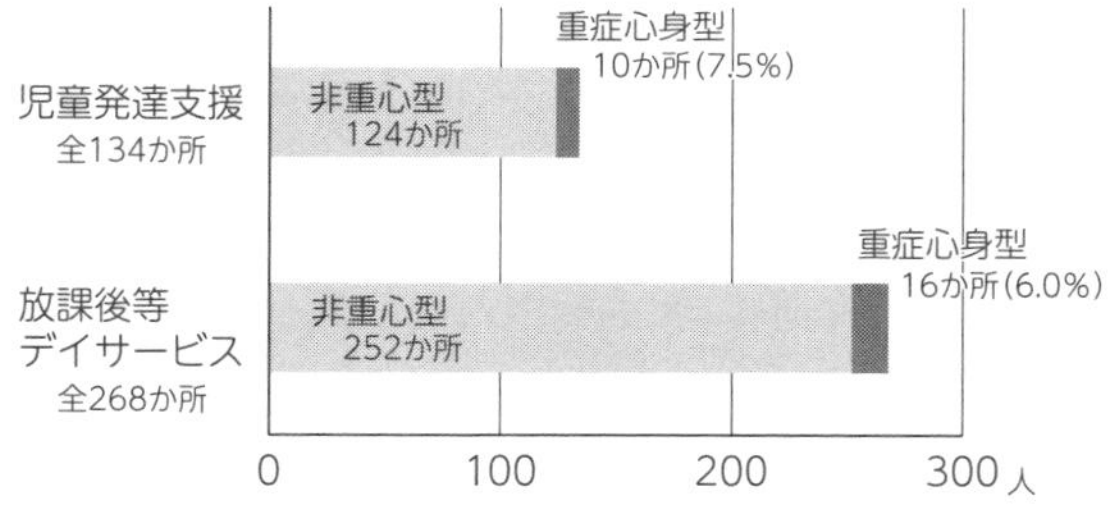

重症心身型は看護師の配置が必須であり、利用者は行政から**重心児との指定**を受けて利用する。その数は全体の数%に留まっている。
重症心身型生活介護事業所も絶対数が少なく、さらに週に2〜3日の**利用制限**があり、複数の施設をかけ持ちしているのが実情で、距離の問題もあり。

図6　神戸市の児童発達支援・放課後等デイサービスの実数
2021年8月調査

るのは障害支援区分です。特別支援学校に通学していれば、18歳の高等部3年生のときに医療機関で意見書を作成し、調査員が自宅を訪問して調査します。

障害支援区分の調査項目は、五つの大項目に区分された合わせて80項目に及びます。この調査結果と医師の意見書を総合的に勘案して、区分1から6の支援区分が決まっていきます。区分が大きいほうが支援の度合いが高くなります。

就労継続支援は労働能力によって二つに分類され、働く能力が比較的高い人が通うA型では雇用契約を結んで最低賃金が保証されます。最低賃金は時給1000円近くありますから、1日に働く時間を5～6時間に制限をしますが、月に10万円を超えることもあると思います。

B型は雇用契約がなく、工賃という形で時給200円程度、月にだいたい1万円から多くて2万円程度を受け取りながら日々通所して授産的な活動を行います。

生活介護は、管理者とサービス管理責任者がいれば、1人以上必要な看護職は非常勤でも可能で、比較的簡単に開設できることからたくさんの施設が整備されています。変動も多いようですが2020年2月現在、日本中で約1万か所あります。利用するには障害支援区分が3以上、50歳を超えたら2以上が必要です。

生活介護の問題点は、医療的ケアがあると少なからず門前払いされることです。看護師常勤の事業所が半数以下という事情の反映でしょう。また、週に2～3日の利用が現実です。学生時代の放課後等デイサービスには週5日、夏休みも利用できていたのに、卒業後の生活介護では特に医療的ケアがあると週2～3日に制限され、週5日間利用するには2～3か所と契約しないといけなくなります。

そうなると、本人もケアのスキルの差を感じて、Ａの生活介護には行きたいけれどもＢには行きたくなくて泣いてしまう、ということもあるようです。

２０１８年３月現在の特別支援学校高等部卒業生の進路（図７）を見ると、就職者は全体の３割ほどです。そのなかで医療的ケアが必要なケースの多い肢体不自由者の就職率は６％に限られています。やはり、施設に通ったり入所したりして生活をつくっている人がほとんどというのが実状のようです。

重症在宅療養児者への福祉：重症在宅療養児者への福祉手当などについて触れておきます。

まず医療費に関しては、小児慢性特定疾患が20歳を超えると特定疾患（特定難病）に代わります。この特定疾患に該当すると医療費の減免もかなりあるようです。ただ、事故や出生時の低酸素で脳性まひになった場合などは該当しません。家計の収入による給付制限はありますが、重症児者には重度

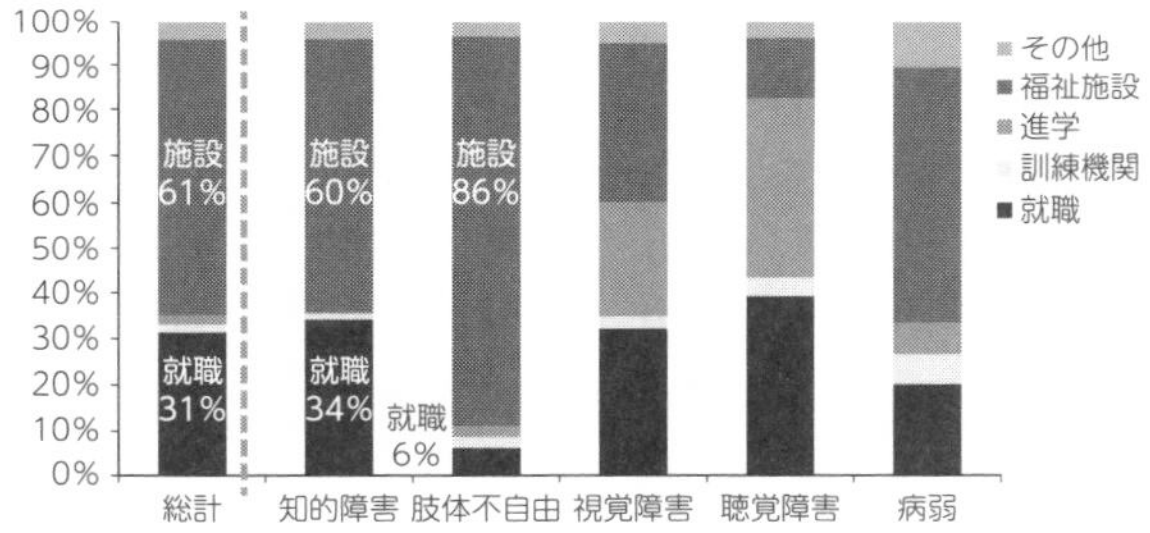

図７　特別支援学校高等部卒業生の進路

2018年３月卒業

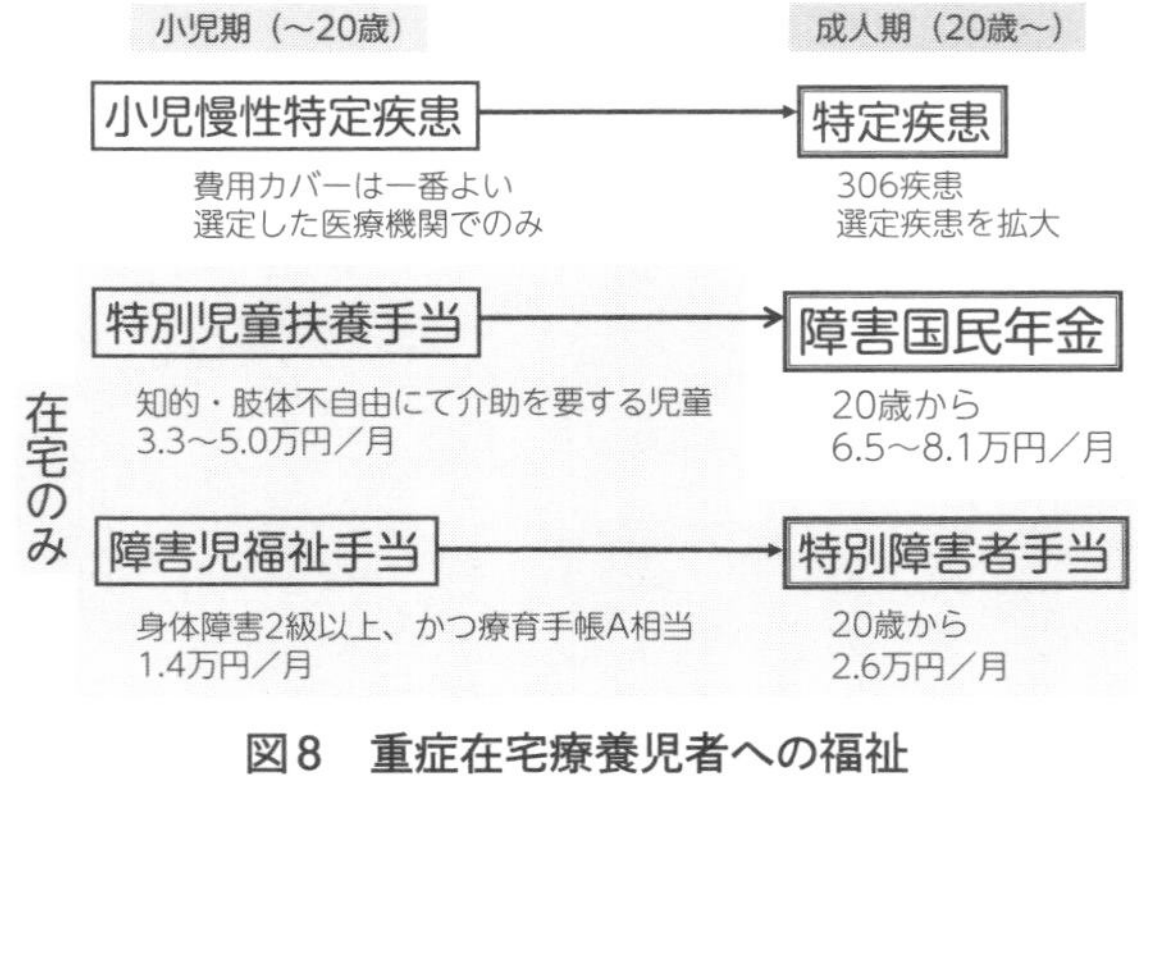

図８　重症在宅療養児者への福祉

障害者医療費助成制度（マル障）があり、入院医療、通院医療、両方に手厚い助成があります。

また、20歳までの特別児童扶養手当は、20歳から障害国民年金になります。

それから、身体障害者手帳2級以上かつ療育手帳Aという重症心身障害相当の人は、20歳を超えると年金に加えて特別障害者手当を受給できます。ただし、これは在宅の場合で、入所すると特別障害者手当は該当しません（図8）。

② 訪問看護・訪問リハ

訪問看護：訪問看護は、65歳以上になると介護保険の対象になります。要介護、要支援の人が、ケアマネジャーが作成するプランにもとづいて訪問看護を利用できます。

40〜64歳で末期の悪性腫瘍や関節リウマチなど「16特定疾病(注)」に該当する人は、介護保険で訪問看護を利用することができます。

40歳未満はあらゆる病気すべて、医療保険による訪問看護の利用になります。この場合、医療保険でカバーされる福祉手当などがあればかなり安くなります。たとえば重度障害者医療費助成事業（マル障）を利用すれば月2回までは600円、以後無料です。

訪問看護及び訪問リハの自己負担の軽減

・医師による訪問看護指示書の範囲内で医療保険が適用
・居住区域により助成金制度や公費負担制度が異なる

兵庫県の場合　　2021年6月まで小児慢性特定疾患にての補助のみ

訪問リハビリテーション料
（1単位　20分）
20分　3,000円程度
40分　6,000円程度
3割負担　月4回　7,200円

↓

＊2021年7月より
医療費個人負担分を福祉医療制度の助成対象に追加

↓

重度障害者医療費助成事業 → 月２回600円、以後無料
こども医療費助成事業 → 通常15歳まで全額補助など

図9　訪問看護及び訪問リハの自己負担の軽減

実は兵庫県だけは２０２１年６月まで、小児慢性特定疾患がないと訪問看護が３割負担でした。小児在宅医療委員会や医師会の要望でようやく、いわゆる福祉医療制度の助成対象に追加され、重度障害者医療費助成事業やこども医療費助成事業が利用できるようになりました。

兵庫県訪問看護ステーション連絡協議会のホームページ（https://www.h-houkan.jp/）によると、神戸市の訪問看護ステーションは１４９か所が加入しています（図10）。２０２１年１月現在、そのうち54か所（36・２％）が小児を対象とした訪問看護が可能でした。「要相談」の37か所（24・８％）と合わせると６割は小児対応の可能性があります。この「要相談」の施設をどれだけ小児対応可能ステーションにできるのかがこれからの課題になると思います。

訪問リハビリ：前述の神戸市の訪問看護ステーション１４９か所のうち、理学療法士（ＰＴ）が勤務しているところが１０１か所（67・８％）あります。少し減りますが作業療法士（ＯＴ）も言語聴覚士（ＳＴ）もいます（図11）。

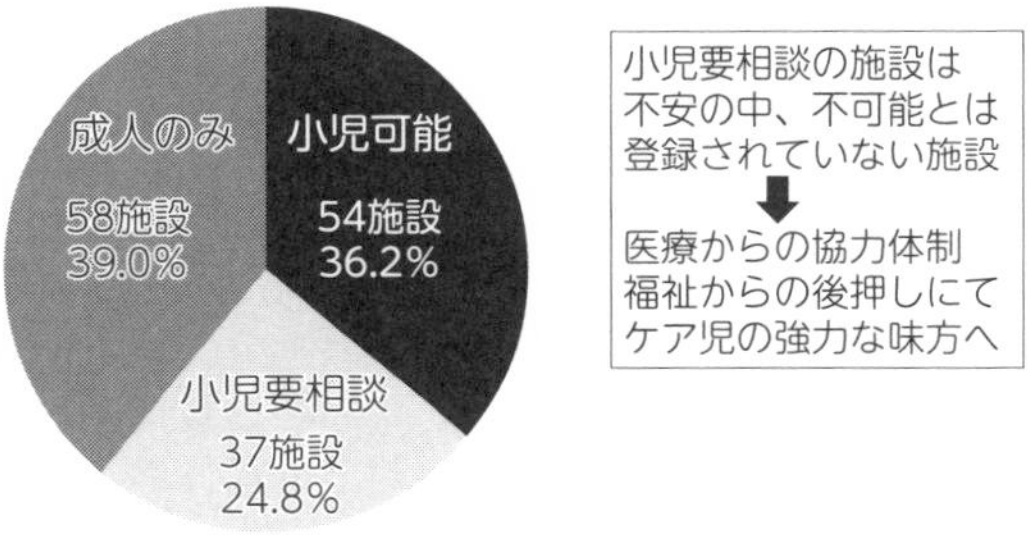

図10　神戸市訪問看護ステーションの実状

兵庫県訪問看護ステーション連絡協議会、2021年1月現在

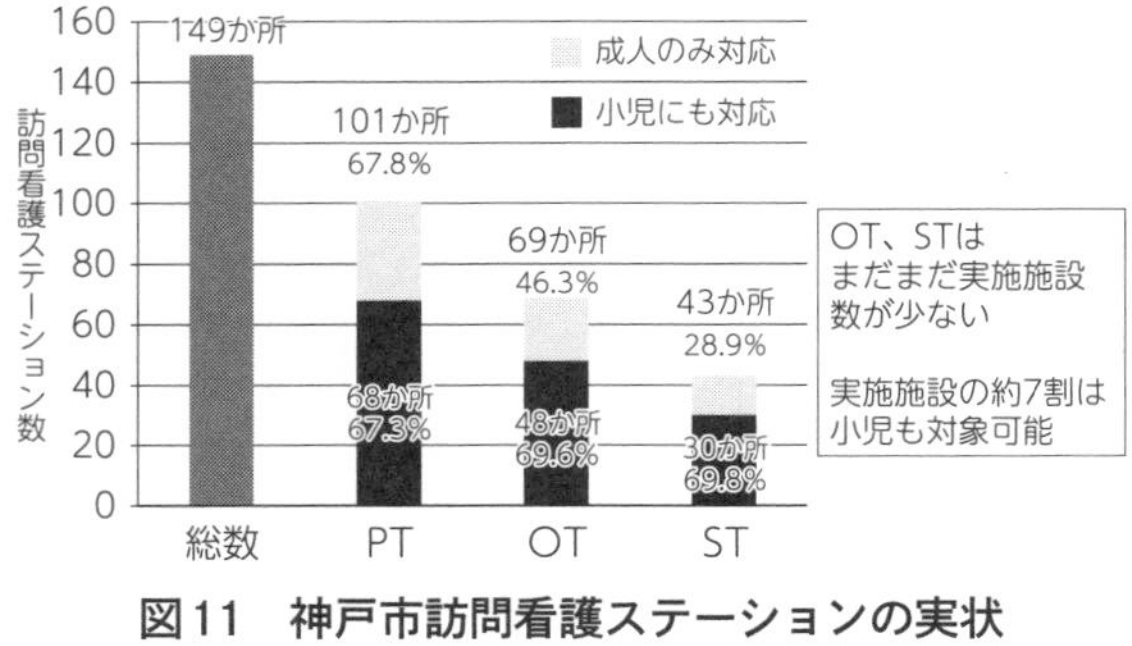

図11　神戸市訪問看護ステーションの実状

2021年8月2日現在

いまは訪問看護ステーションにリハビリ職がいる時代です。これからは訪問リハビリが増えるのではないかと思います。ただし、医療ですから、リハビリを利用するためには医師の処方箋が必要です。

同ホームページによると、兵庫県全体の小児対応可能訪問看護ステーションは178か所でした。それらの施設にアンケートを送り、実際に小児が利用している施設の分布を調べました。51%の回収率でしたが2022年2月現在、神戸市には28か所、あちこちに分散して存在していることがわかります（図12）。図中の丸数字は子どもとの契約数、黒丸は小児対応可能だが現在の契約はない施設です。兵庫県全体でも神戸市以外に59か所、瀬戸内沿いにたくさんありますが、内陸部も0ではありません。北部にも少しあります（図13）。

ですから、訪問看護ステーションは探せばある、という印象です。さらに、どんなに重い病状でも対応できるところが7割超と、これは非常に心強いことでした。

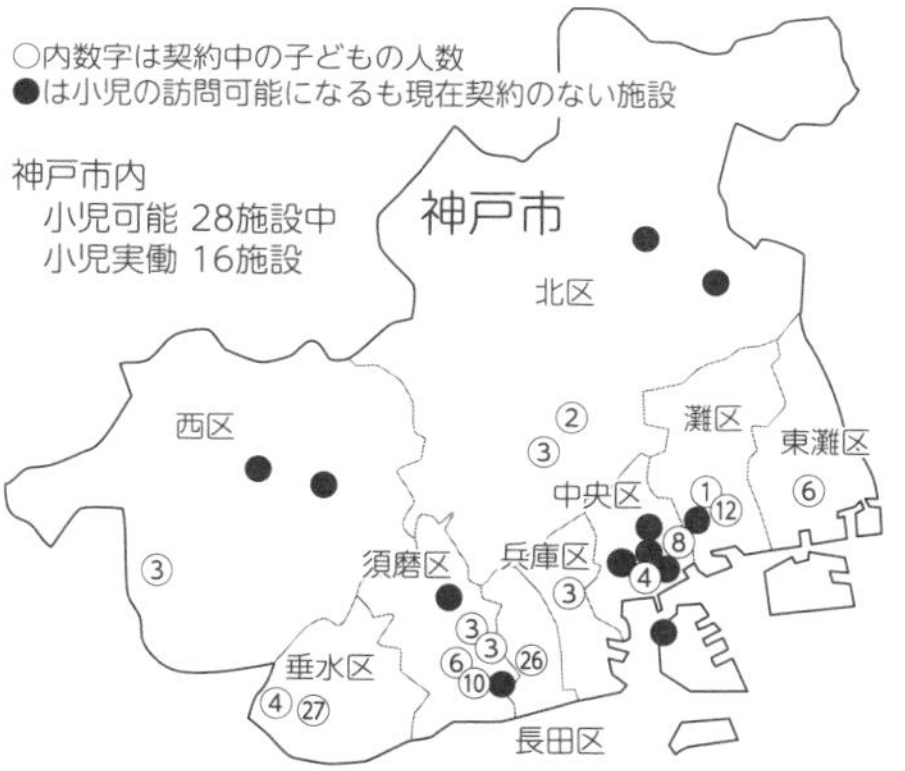

図12　神戸市内小児対応可能訪問看護ステーション（2022年2月10日現在）

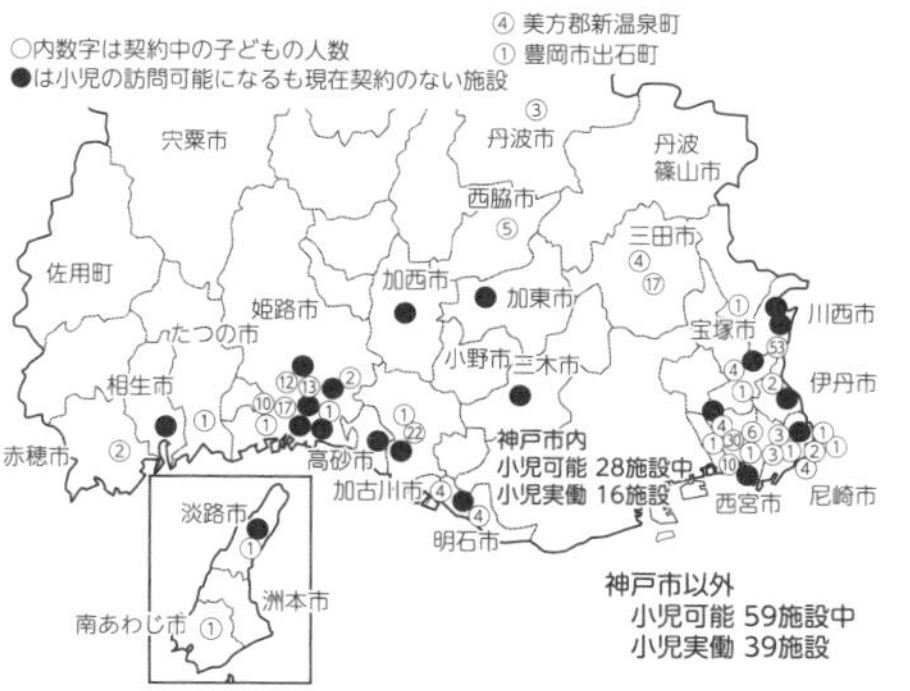

図13　県内小児対応可能訪問看護ステーション（2022年2月10日現在）

（注）16特定疾病＝①末期の悪性腫瘍、②関節リウマチ、③筋萎縮性側索硬化症、④後縦靭帯骨化症、⑤骨折を伴う骨粗鬆症、⑥初老期における認知症、⑦進行性核上性まひ、大脳皮質基底核変性症及びパーキンソン病、⑧脊髄小脳変性症、⑨脊柱管狭窄症、⑩早老症、⑪多系統萎縮症、⑫糖尿病性神経障害、糖尿病性腎症及び糖尿病性網膜症、⑬脳血管疾患、⑭閉塞性動脈硬化症、⑮慢性閉塞性肺疾患、⑯両側の膝関節又は股関節に著しい変形を伴う変形性関節症

④ショートステイ

ショートステイは福祉事業です。利用するには自治体が発行する受給者証が必要です。日帰りも可能で長期もあります。在宅と同様の医療的ケア（食事・注入、投薬、吸引、吸入、導尿、体位交換など）を受けられます。利用に際しての事情は何でもかまいません。また、滞在中の状態変化にも対応します。私が勤務する加西市の医療福祉センターきずなでは、滞在中に熱が出たときは外来扱いで点滴もしています。

問題は利用できるベッドの絶対数が少ないことです。医療的ケアが必要な子どものショートステイは、看護師も医師も必要になってきて、対応できるのはどうしても重症心身障害児者施設（以下、重心施設）になってしまいます。

実は兵庫県では社会福祉法人立の重心施設は6か所だったとこ

図14　ショートステイが可能な重症心身障害児者施設

ろに２０２２年、新たに２か所できて計８か所になりました。これは大阪府に匹敵します。国立病院機構も２か所ありますから、全部で10か所です（図14）。

そこで、多様な方法でショートステイを増やす努力をしています（表３）。特に入院医療機関でのショートステイ・レスパイト的入院の確保に力を入れています。県がお金を負担して病院の入院ベッドを借り上げ、そこをショートステイだけに使うというものです。四つの病院で１床ずつ、一時期に県内で２床ですが、一つの試みと思います。

②相談支援事業

65歳あるいは40歳を超えると、介護保険のもとでケアマネジャーがいろいろな計画を立てます。しかし、20歳未満では子どもの支援にかかわる教育、福祉、行政などすべてに詳しいケアマネジャーのような存在がありません。

国の施策で２０１８年度から、医療的ケア児等コーディネーター・支援者養成研修が始まっています（表４）。しかし、医療的ケア児等支援者は支援ができるわけではありません。まず、医療的ケア児等支援者研修を修了し、その後に医療的ケア児等コーディネーター養成研修まで修了して、同コーディネーターとして働ける資格が得られます。しかし、その人たちがどこで活躍しているのか、全然

表3　多様な方法でショートステイを増やす

①医療型入所施設（重心施設）でのショートステイの拡充 →費用面を含む体制の整備、入所機能（制度）の柔軟化が必要
②福祉型施設（生活介護入所施設）での医療的ケアがある児・者のショートステイの拡充 →生活介護施設での夜間看護師配置の体制の保証が必要
③入院医療機関でのショートステイ・レスパイト的入院の確保 →基幹病院・地域病院での対応、有床診療所での対応 これらに対する福祉予算からの費用補助がなされるべき
④日中レスパイトサービスの場の拡充 →診療所、訪問看護ステーションでのレスパイトサービス 自宅での訪問看護サービス拡充のための福祉予算からの費用補助

見えてきていません。

高度医療依存児と家族を守るために病院や重心施設、クリニック、ヘルパー、訪問看護などいろいろな資源が連携しています（図15）。その連携をするときに、やはり医療と福祉の断絶があります。その協働のキーになるのは相談支援専門員と保健師です。

実は兵庫県でも41市町中の3割、12市町に医療的ケア児等コーディネーターが配置されています。

表4　医療的ケア児等コーディネーター・支援者養成研修

2018年度から毎年実施中　県が社会福祉士会に委託

区分	H30	R1	R2	R3	R4	計（人）
医療的ケア児等コーディネーター養成研修	166	119	40	144	153	622
医療的ケア児等支援者養成研修	208	163	133	250	406	1,160

県内41市町の内

医療的ケア児等コーディネーターを配置済み	12
令和5年度末までに配置予定	12
配置予定なし	17

行政もどこに配属させて何をさせるのか模索中

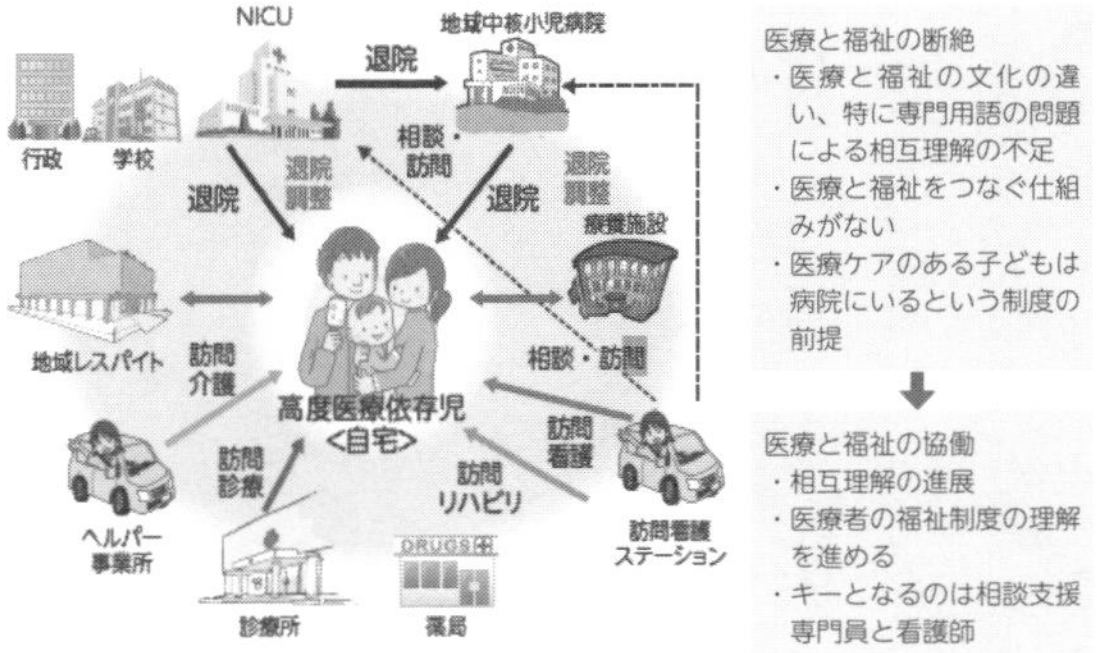

図15　高度医療依存児が地域で暮らすための資源連携

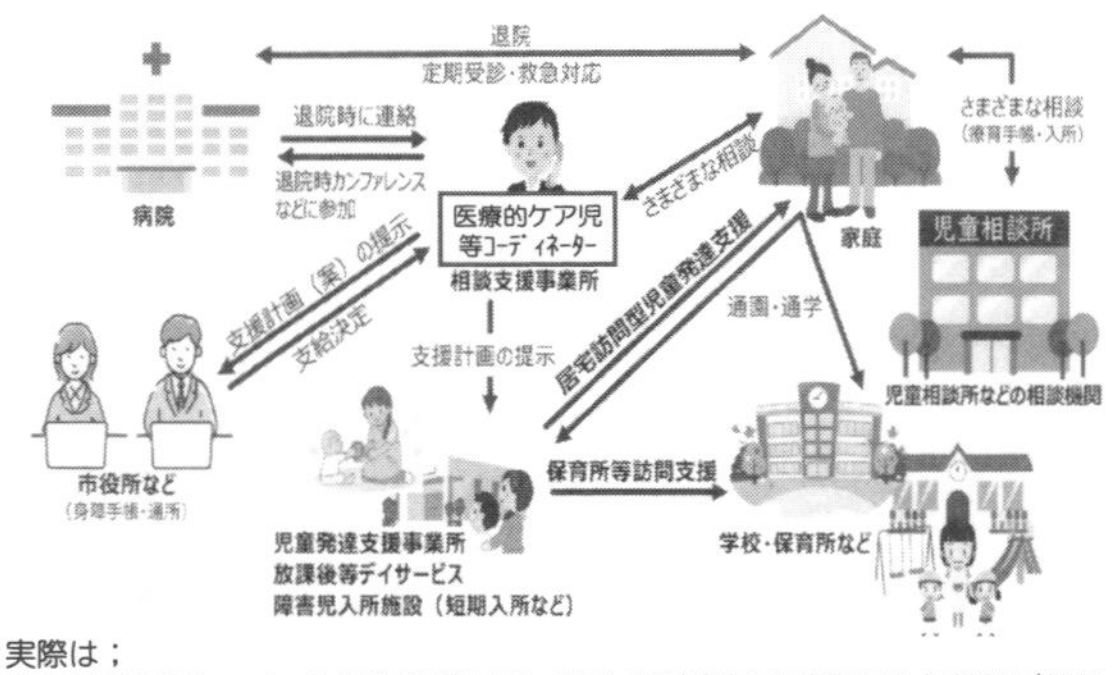

実際は：
基幹相談支援センターや児童発達支援に所属する**相談支援専門員**や**保健師**が就任

図16　退院から地域資源の活用へ（通園施設などの福祉領域）

主に基幹相談支援センターや児童発達支援センターなどに配置され、実際には相談支援専門員が務めることが多く、保健師や教員が資格を取得していることもあるようです。

地域で生きていくためにはやはり相談支援事業が必要になりますから、むしろそれら民間の相談支援事業所に医療的ケア児等コーディネーターが配置されると、うまく回るようになっていくのではないかと考えています（図16）。

⑤ 地域の主治医（訪問診療）

医療的ケアが必要な子どもが退院していく大きな病院に２０２２年２月、紹介先についてのアンケート調査をしました。県内から48か所の訪問診療クリニックが集積され、５年前の調査時の30か所から増えてきました。小児科が３割程度の15か所、ほかは成人対象の診療科でした。

神戸市では、訪問診療をしている小児科は５か

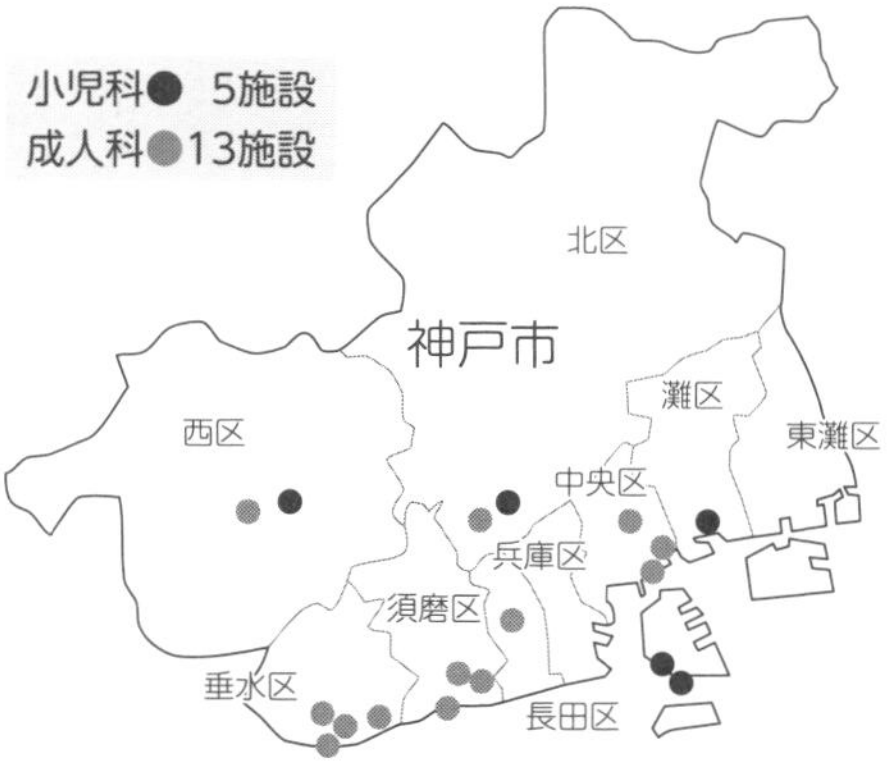

図17　神戸市内小児在宅訪問医

2022年2月10日現在

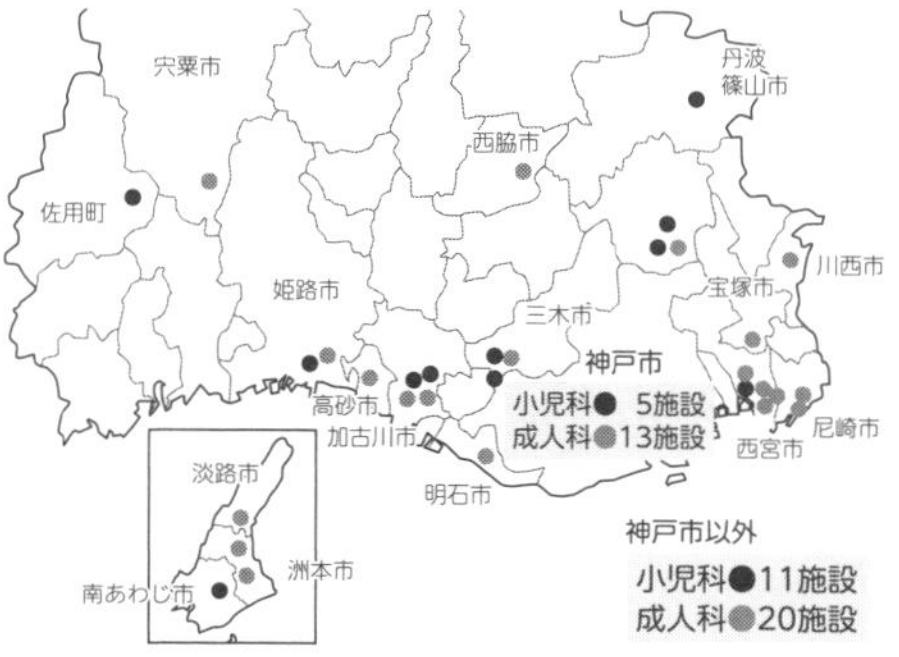

図18　兵庫県内小児在宅訪問医

2022年2月10日現在

所、成人診療科で子どもの訪問診療をしているところは13か所でした。兵庫県に広げると、神戸市以外で小児科が11か所、成人科は20か所でした。

成人の訪問診療は主に看取りです。平均して半年ほどのかかわりのようです。そこが子どもの訪問診療との大きな違いです。子どもの訪問診療はフォローが2年以上続くようで、積極的なかかわりができます。成人診療科の医師から「2年間も診てるとすごくかわいいよ」という声も聞きます。これからも成人診療科医による訪問診療に期待したいと思います。

⑥ 急病時の受け入れ病院

先に0～18歳の在宅人工呼吸指導管理料対象患者数を示しましたが（167頁参照）、その全数は187例です（図19）。その差の34例、2割ほどは19歳以上の大人です。こうした小児科医が診ている19歳以上の人たちを「キャリーオーバー」と呼びます（図20）。小児科は18歳までが一応の診療対象です。新患だと15歳以上は断ります。19歳以上になると内科などの成人を診る医師に引き継ぐべきですが、これがうまくできていないのです。

6歳以下の人工呼吸器の子どもは大きな病院がフォローしているのは当然で、18歳まで延ばしても66％は基幹病院が診ています。ところが、19歳以上になるとそれらは突然減って、重心

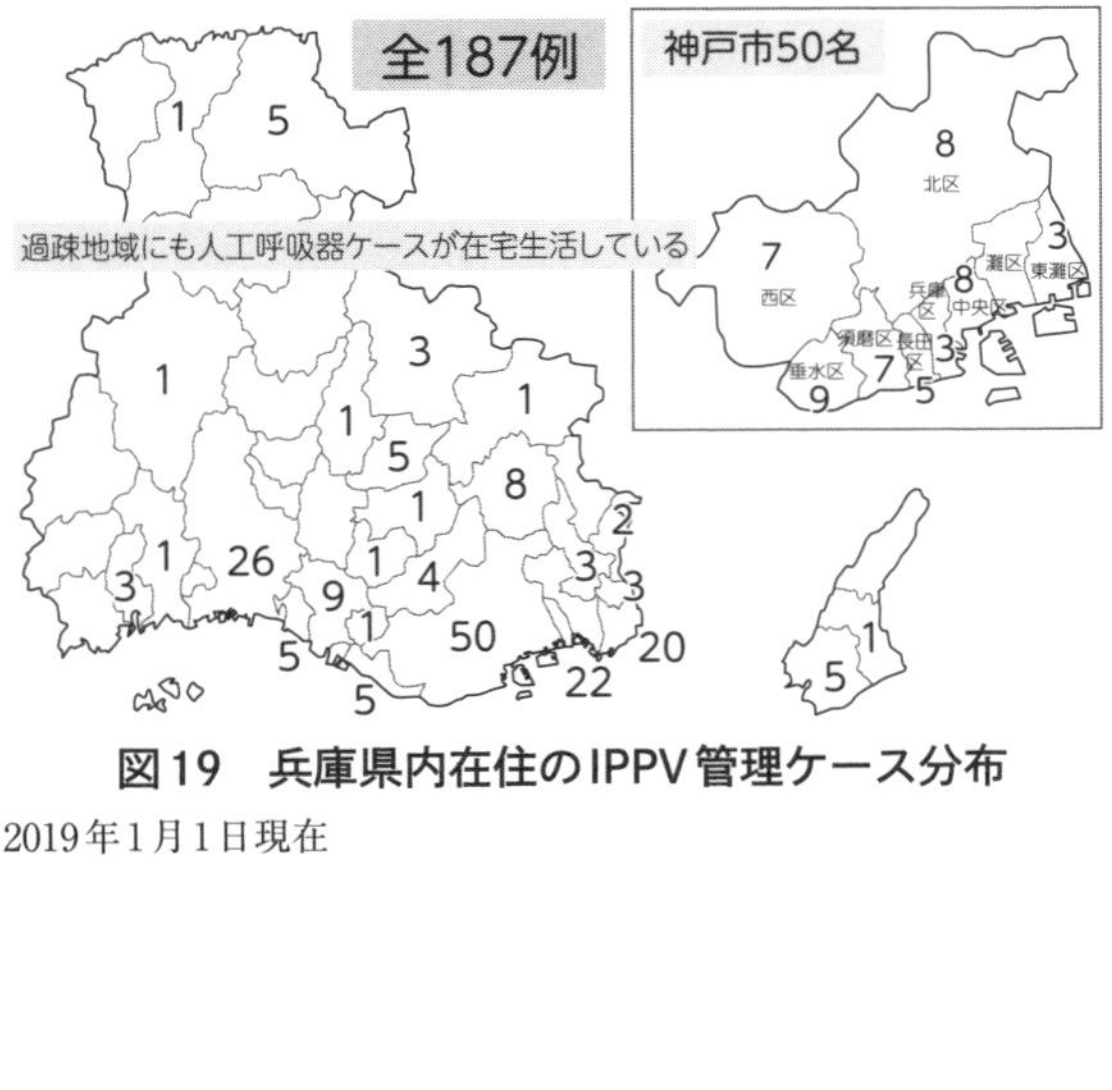

図19　兵庫県内在住のIPPV管理ケース分布

2019年1月1日現在

施設やクリニックが診ている状況です（図21）。

重心施設には入所ベッドはあっても入院ベッドはありませんから、一般入院には使えません。そのため、健康状態が悪くなったときにどこで受けてもらえるかという不安をいつも感じながら、キャリーオーバーした人を診ています。

たとえば、紫外線を浴びると皮膚炎が悪化する色素性乾皮症は、年齢に伴い神経症状が悪化していきます。レット症候群や福山型筋ジストロフィー症は、思春期頃まではまずまず元気ですが、成人に近づくと重症化します。そういう子どもたちを私たち重心施設が数多く診ていますが、重症化したときに成人の診療科にわたせないのが実状です。

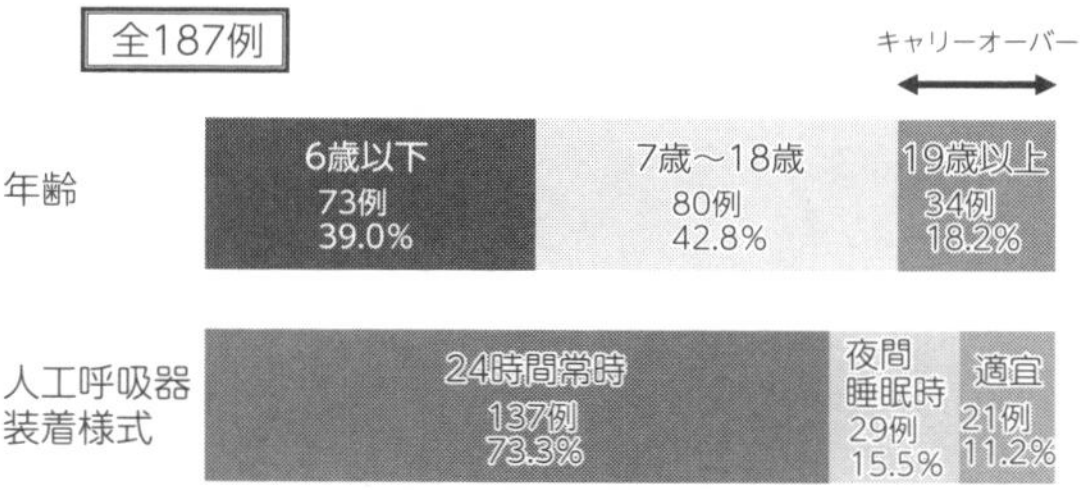

図20　兵庫県在住の気管切開下の在宅人工呼吸指導管理料算定ケース

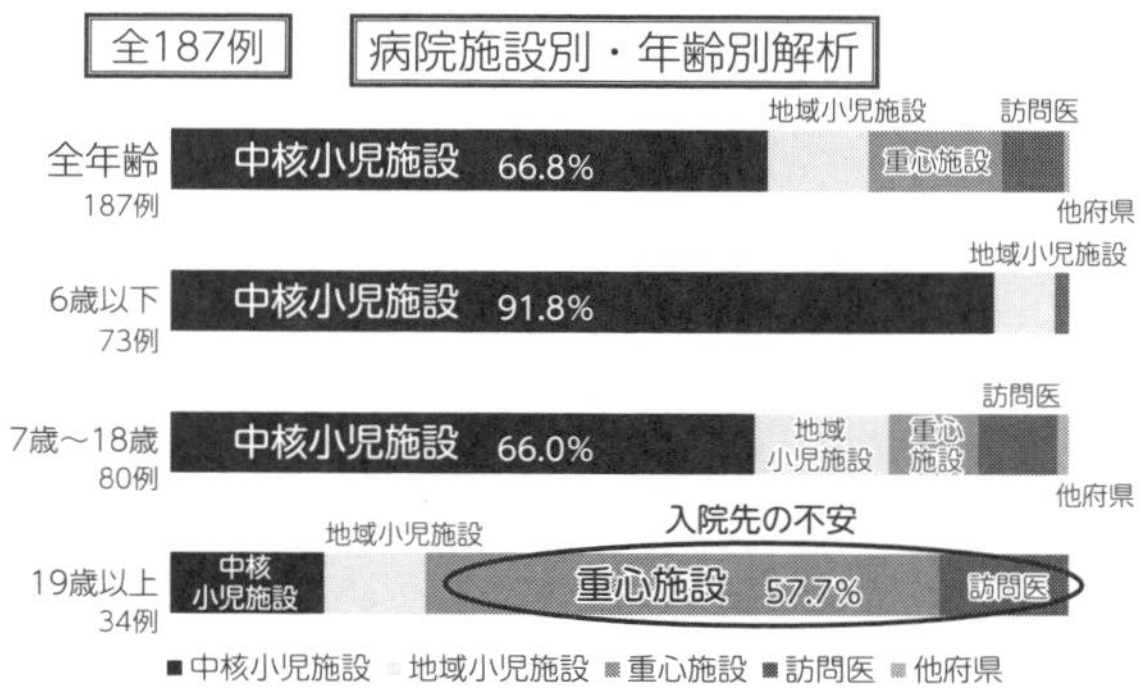

図21　兵庫県在住の気管切開下の在宅人工呼吸指導管理料算定ケース（病院施設別・年齢別解析）

小児科医をセンター病院に集約したのも問題で、地域のセンター病院で人工呼吸器管理のケースを診療できない状態になっています。特に看護師が呼吸器に不慣れで、自宅で回せている人工呼吸器が地域の病院では回せないということも起きています。

(3) 県医療的ケア児支援センター

医療的ケア児支援法で設置が求められている医療的ケア児支援センターを、医療福祉センターきずなが兵庫県から受託しました。保健師資格をもつ常勤看護師1人と、ケースワーカー能力のある常勤相談支援員1人を配置しています。

やるべきことはまず、ワンストップ相談です。相談の電話があれば必ず、対応できるところにつないで必ず解決します。それが一番大事なところです。

二つ目は、福祉、教育、医療などの関係機関がうまく協働できるよう、いろいろな情報を発信したりコーディネートしたりすることです。

三つ目に、医療的ケア児とその家族の家族会の運営などもできればと考えています。

これまで見えてきた、「みんなで守ろう」を下支えするセンターということです(図22)。

開設から1年間の相談は187件でした。うち子どもの相談が107件、大人の相談が21件、福祉制度などの質問が59件でした。

相談対象の患者の年齢を見ると、0歳で退院する際の不安からの相談が多く、就園や就学時の医療的ケアに関する問題、20代になって生活介護も含めて社会生活を始めたところでの問題点などが多いように思います。

　内容で多いのは福祉です。毎日の居場所として福祉をうまく使っていく方法、個々の行為についてて医療的ケアに入るのかどうかなど難しい問い合わせもあります。

　医療的ケア児とその家族からの多様なニーズに対して、居住地域において、必要なときに遅滞なく、苦労負担なく、適切に不足なく、オーダーメイドな解決策を行政とともに考案していくのがセンターの役割だと思っています。

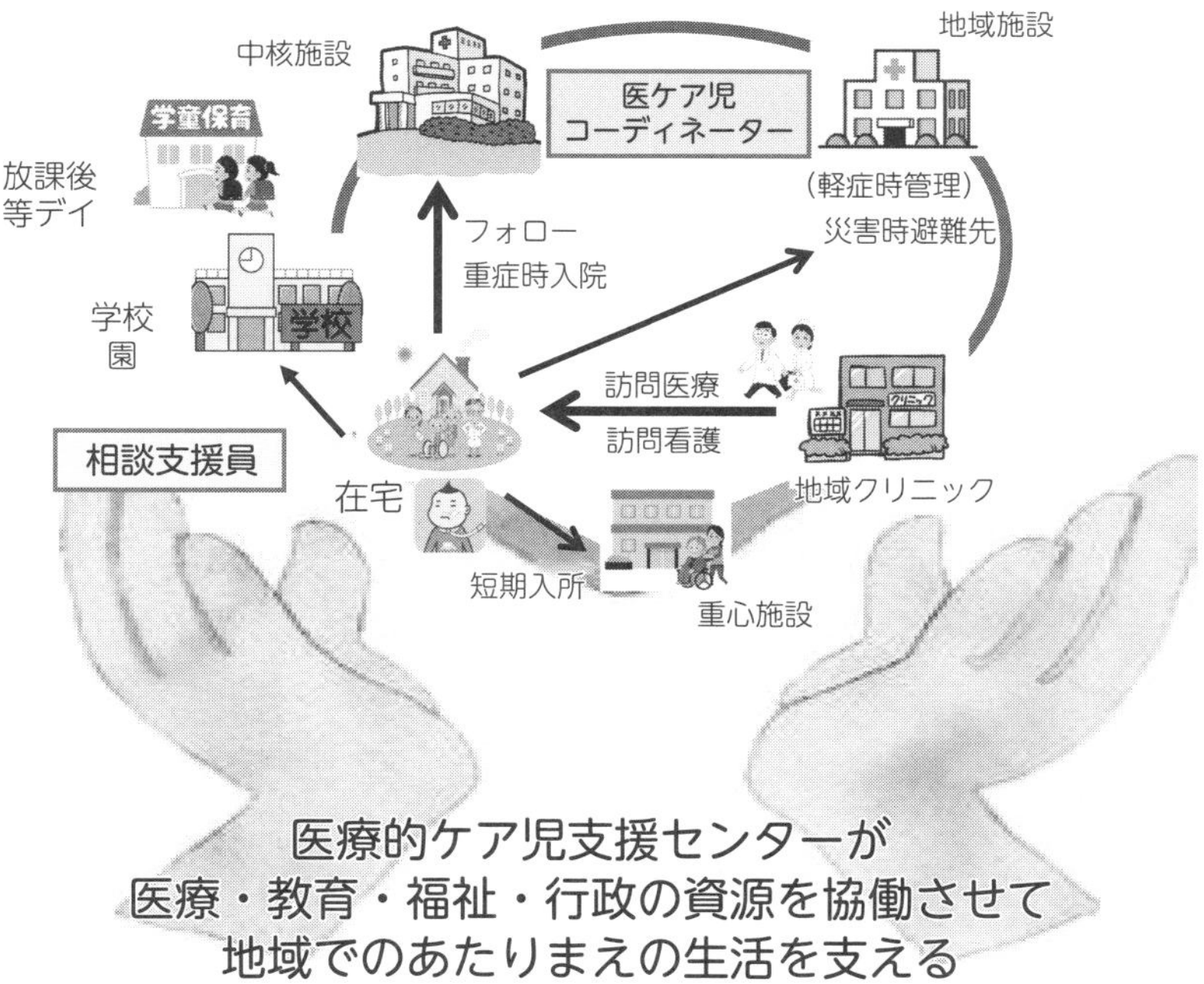

図22　医療的ケア児支援センターの役割

田村和宏●立命館大学産業社会学部教授／ＮＰＯ法人医療的ケアネット理事

2 切れ目のない一貫性があるケアと生活をつくるために――卒業後の問題

(1) 医療的ケア児支援法の成果と課題

医療的ケア児支援法は２０２１年６月に参議院本会議で可決・成立し、９月に施行されました。この法律ができたことの成果はどこにあるのでしょう。

ひとつめは「医療的ケア児」が明確に定義された日本で初めての法律であり、かつ、国や都道府県、市町村の役割が「責務」を負うという形で明文化したということです。これまでの法律の多くは、国や都道府県、市町村の役割を「努力義務」としていました。それを「責務」、つまり責任をもって義務を果たすという役割だということですから、医療的ケア児の支援について重点課題であり、かなり強く公的責任性を明確にした、というのが一点です。

ふたつめは、「医療的ケア児及びその家族に対する支援に関する法律（傍点筆者）」と、法律名に「家族支援」が入っていることです。その中身に少し危惧もありますが、ほかに「家族支援」が入った法律がないことから、障害のある本人に対する法律だけでなく、そのケアにおいて家族の負担が前提にならないものとしていくことが重要で、その意味において法律名に家族支援を明記することというのは、すごく大事なところではないかと思っています。

公的責任を強めに打ち出している法律ですから、たとえば文部科学省も動かざるを得ませんし、厚生労働省も医療的ケア児支援センター設置のための予算獲得・充実に向けた動きなどが見聞きされます。そういう点からは、この法律は、障害のある人と家族のありようと生き方を前にして、社会がしっかりその人権を保障することを土台にしたといえるのではないでしょうか。

図1に法律の全体像を示します。先ほど危惧していると述べましたが、それはこの図1のなかで、

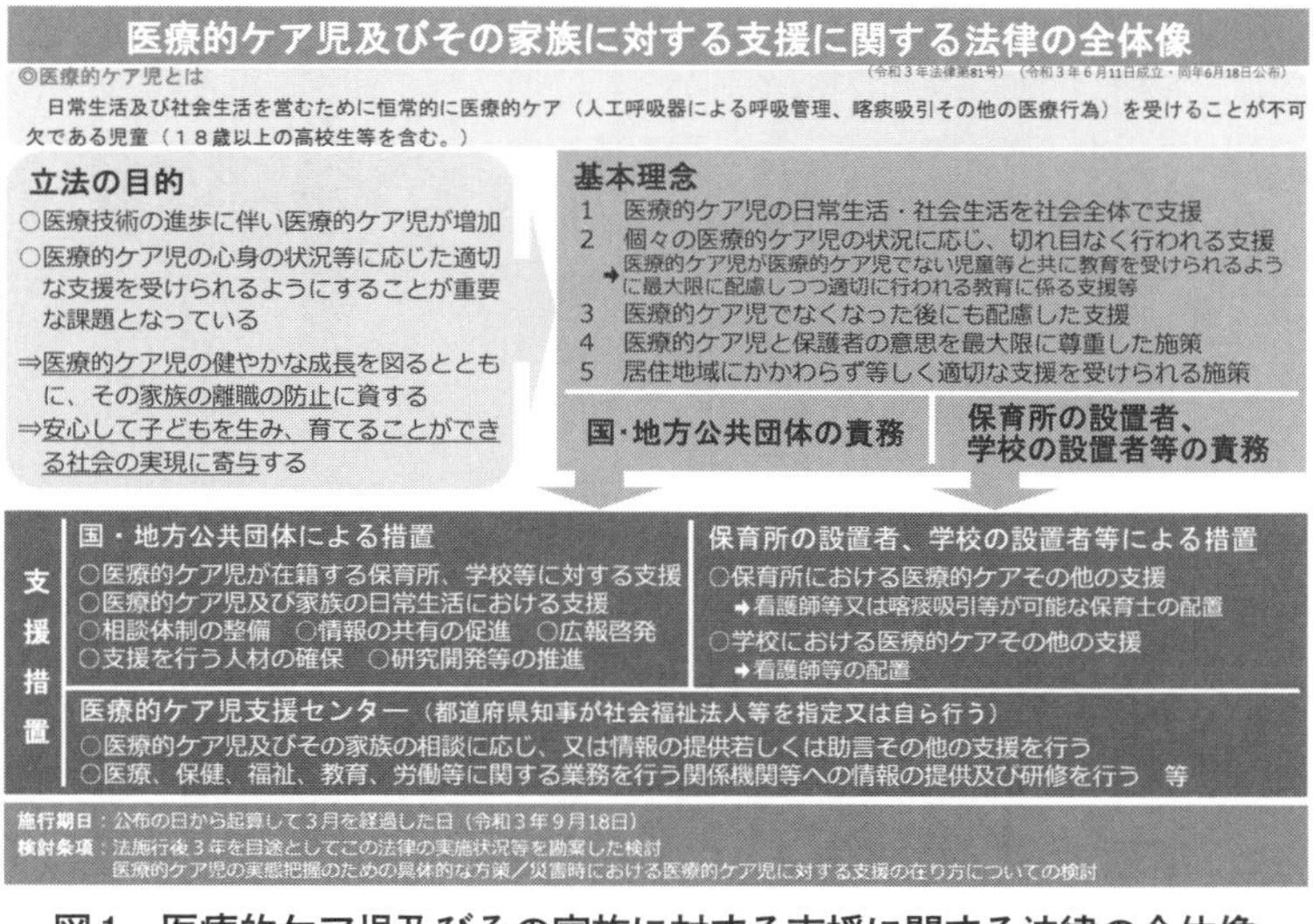

医療的ケア児及びその家族に対する支援に関する法律の全体像
（令和３年法律第81号）（令和３年６月11日成立・同年６月18日公布）
◎医療的ケア児とは
日常生活及び社会生活を営むために恒常的に医療的ケア（人工呼吸器による呼吸管理、喀痰吸引その他の医療行為）を受けることが不可欠である児童（１８歳以上の高校生等を含む。）
立法の目的
○医療技術の進歩に伴い医療的ケア児が増加
○医療的ケア児の心身の状況等に応じた適切な支援を受けられるようにすることが重要な課題となっている
⇒医療的ケア児の健やかな成長を図るとともに、その家族の離職の防止に資する
⇒安心して子どもを生み、育てることができる社会の実現に寄与する
基本理念
1　医療的ケア児の日常生活・社会生活を社会全体で支援
2　個々の医療的ケア児の状況に応じ、切れ目なく行われる支援
医療的ケア児が医療的ケア児でない児童等と共に教育を受けられるように最大限に配慮しつつ適切に行われる教育に係る支援等
3　医療的ケア児でなくなった後にも配慮した支援
4　医療的ケア児と保護者の意思を最大限に尊重した施策
5　居住地域にかかわらず等しく適切な支援を受けられる施策
国・地方公共団体の責務
保育所の設置者、学校の設置者等の責務
支援措置
国・地方公共団体による措置
○医療的ケア児が在籍する保育所、学校等に対する支援
○医療的ケア児及び家族の日常生活における支援
○相談体制の整備　○情報の共有の促進　○広報啓発
○支援を行う人材の確保　○研究開発等の推進
保育所の設置者、学校の設置者等による措置
○保育所における医療的ケアその他の支援
➡看護師等又は喀痰吸引等が可能な保育士の配置
○学校における医療的ケアその他の支援
➡看護師等の配置
医療的ケア児支援センター（都道府県知事が社会福祉法人等を指定又は自ら行う）
○医療的ケア児及びその家族の相談に応じ、又は情報の提供若しくは助言その他の支援を行う
○医療、保健、福祉、教育、労働等に関する業務を行う関係機関等への情報の提供及び研修を行う　等
施行期日：公布の日から起算して３月を経過した日（令和３年９月18日）
検討条項：法施行後３年を目途としてこの法律の実施状況等を勘案した検討
医療的ケア児の実態把握のための具体的な方策／災害時における医療的ケア児に対する支援の在り方についての検討

図1　医療的ケア児及びその家族に対する支援に関する法律の全体像

厚生労働省サイトより（https://www.mhlw.go.jp/content/11907000/000843242.pdf）

「家族の支援」が重要なことについて、詳しく謳われないばかりか、形だけつくって法律化したともみえます。肝心な家族支援の理念や意義がしっかりしていないところが弱点であり欠点で、今後の見直しの際にはしっかりその理念と意義を加えていくことが重要です。

(2) 医療的ケア児支援法の前進面―青年成人期以降―

① 18歳以上または高卒は対象外?

次に、この法律を医療的ケアが必要なおとなの視点からみたときにどうなのか。実は18歳を超えて青年成人期に入ったとたんに、医療的ケアが必要なことによる生活を営む壁は、急に高くなります。それはまずもって第2条に、この法律が「『医療的ケア児』とは、日常生活及び社会生活を営むために恒常的に医療的ケアを受けることが不可欠である児童(傍線筆者)」(医療的ケア児支援法第2条の2)と定義し、この法律は「児童を対象」にする法律だからです。青年成人期の医療的ケアが必要な人と家族については、対象として明記はされていません。

その代替として、第3条の3に次の規定があります。

「医療的ケア児及びその家族に対する支援は、医療的ケア児が十八歳に達し、又は高等学校等を卒業した後も適切な保健医療サービス及び福祉サービスを受けながら日常生活及び社会生活を営

むことができるようにすることにも配慮して行わなければならない」（傍点筆者）

つまり、医療的ケアの必要な子に対する行政の「責務」が、大人になると「配慮」となって、その責任性が低くなるということなのです。このことが、現状ではかなり大きな壁になります。いままで保障されてきたことが、大人になって保障がなくなる。そこに人権保障の視点からは、根拠はありません。そこをどう突破して一貫性のあるものにするのかが、大きな課題です。

ですから、この法律ができたのは全体としては評価すべきことですが、対象が子どもに限られていて、切れ目のない支援をつくっていく上での後ろ盾としては弱い。したがって、この法律を18歳以上も含む、医療的ケアが必要な人たちとその家族に対しての切れ目のない一貫性のある法律にしていくことが必要だと、改めてこの壁の高さを実感しているところです。

いま重症心身障害や医療的ケアの必要な大人の地域での生活は、やはり家族が一生懸命に介護をしながらも、人によっては自分の生き方との葛藤があったり、あるいは逆に共依存的になったりしています。「私の目の黒いうちは、この子のことは私たちが……」と、本人の生活だけでなく家族の生活さえも互いに外との関係を閉じる生活になってしまうリスクを抱える本人や家族に、ときどき出会います。個別的生活ではなく、孤立的生活です。

親も子も、自分自身がどう生きたいのかをきちんと考えて生活できるような人間的自立に向かうことが必要ですし、この目標を共有した支援が大事です。そういうこともしっかり法律で謳い、高齢期あるいは高齢期に差しかかる本人や家族を下支えし、それぞれの生き方、人間的な発達を担保する、生存権や発達権を豊かなものにする法律にしていく必要があると思いますし、ケアラーの視点を踏まえた法律にしてほしいと思います。

②医療的ケア児支援センター

また医療的ケア児支援センターは、少しずつ実線の蓄積がされていますが、地域格差もあり、あり方も定まっていません。

これは２０１２年から２０１５年にかけて、重症心身障害児の地域生活の支援に関するモデル事業が行われ、重症心身障害児者支援センターと重症心身障害児者支援のスーパーバイザーが一定の到達とされました。それはその後なくなっていましたが、復活した形だと思います。地域のなかで、横の連携を取りながらしっかりライフステージをあがっていく縦横連携の話も、そのときに議論になったと思います。

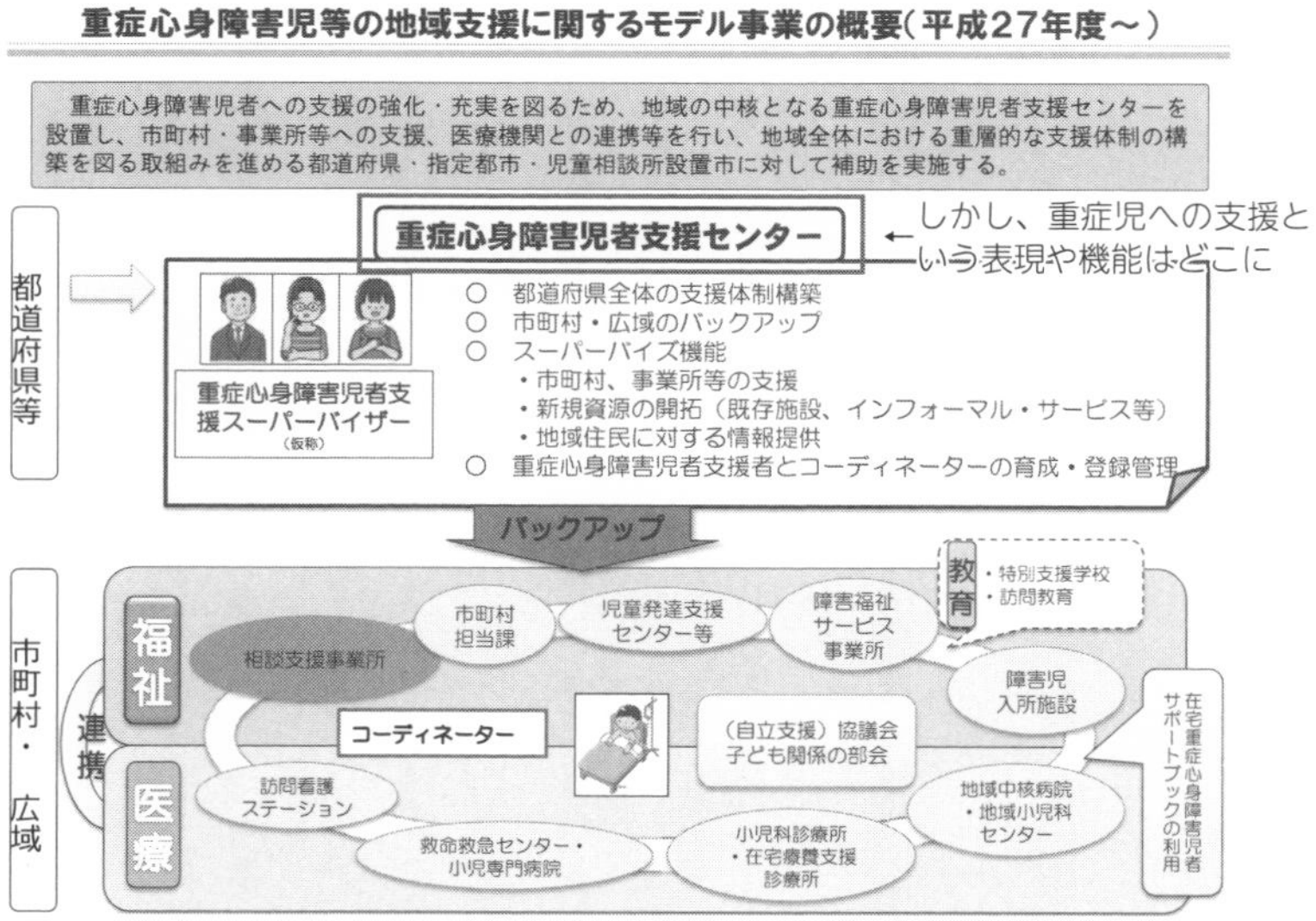

図２　重症心身障害児等の地域支援に関するモデル事業の概要

厚生労働省サイト（https://www.mhlw.go.jp/file/06-Seisakujouhou-12200000-Shakaiengokyokushougaihokenfukushibu/0000118032.pdf）の図に一部加工。

復活したのはいいのですが、問題は、重症心身障害児の支援センターから医療的ケア児の支援センターになって、重症心身障害児者の支援はどこに消えてしまったのか、ということがあります。

医療的ケアがとてもたいへんであっても、医療の支援も含めた関係する多くの機関間連携のなかで生活を営んでいくことは必要なことです。しかしこれまで、医療的ケアはいらないものの、重症心身障害で介護の負担も高く、医療的ケアが必要になるリスクが高い人たちにもきちんと支援が行き届く、あるいはそのためのコーディネートが求められていたにもかかわらず、今回は名称にさえ含まれていません。これでは翼を半分失ったような気がしています。

医療的ケアの必要な人たちに対しては手厚く、医療的ケアのいらない重症心身障害の人たちはそこには入らない、という位置づけ方でいいのか、特に大人になればなるほど線引きが格差を生むのではないか、という危惧があります。これを機会に、「医療的ケア児者・重症心身障害児者支援センター」とすることが必要に思います。

(3) 医療的ケア児支援法の課題──青年成人期以降──

医療的ケア児支援法について、制定できたことについて評価しながらも、ここがゴールではありません。むしろ法制化したことによって、生活実態と要求が明確になり、法律の課題も明確になったといえます。つまりこれからの充実に向けたスタートラインが明確になったというべきではないでしょうか。以下、課題を整理してみました。

①課題❶法律の対象を青年成人期の医療的ケアが必要な人と家族にも早急に広げること

医療的ケア児支援法は全体として、積み上げてきたシームレスな育ちやライフステージを引き継いで支援をする法律にはなっていない、といえるのではないかと思います。したがって、法律の対象を青年成人期の医療的ケアが必要な人と家族にも広げることが課題の第1と考えます。

②課題❷大人の活動や居住場所等の支援については守備範囲外

課題の第2は、実際の日中の活動です。乳幼児期から学齢期までは、保育所設置者の「責務」（第6条）、放課後児童健全育成事業（学童保育）の「責務」（第6条の2）、学校の「責務」（第7条）と謳っています。ところが、大人になるとそれがありません。「生活介護」も「障害福祉サービス」も言及はありません。

高齢者で医療的ケアが必要な人たちとオーバーラップするため、そこの関係から今回は書けなかったとの説明もされます。しかし、いったん書いた上で限定するのは不可能ではないでしょう。それをしなかったのは、やはり高い壁なのかと思っています。

しかも大人の場合、公的な施設ではない事業所にどこまで「公的な責任」を負わせるのかについても、おそらく議論になったのではないかと思います。ですから、障害福祉サービスについて触れていないところが欠点であり、大きな課題だと考えます。

③課題❸支援センター・コーディネーターとともにどういう仕組みにするのか

課題の第3は、コーディネーターの役割・機能について、地域としてどう生かしていくのかについて、今後具体的にする必要があると思います。

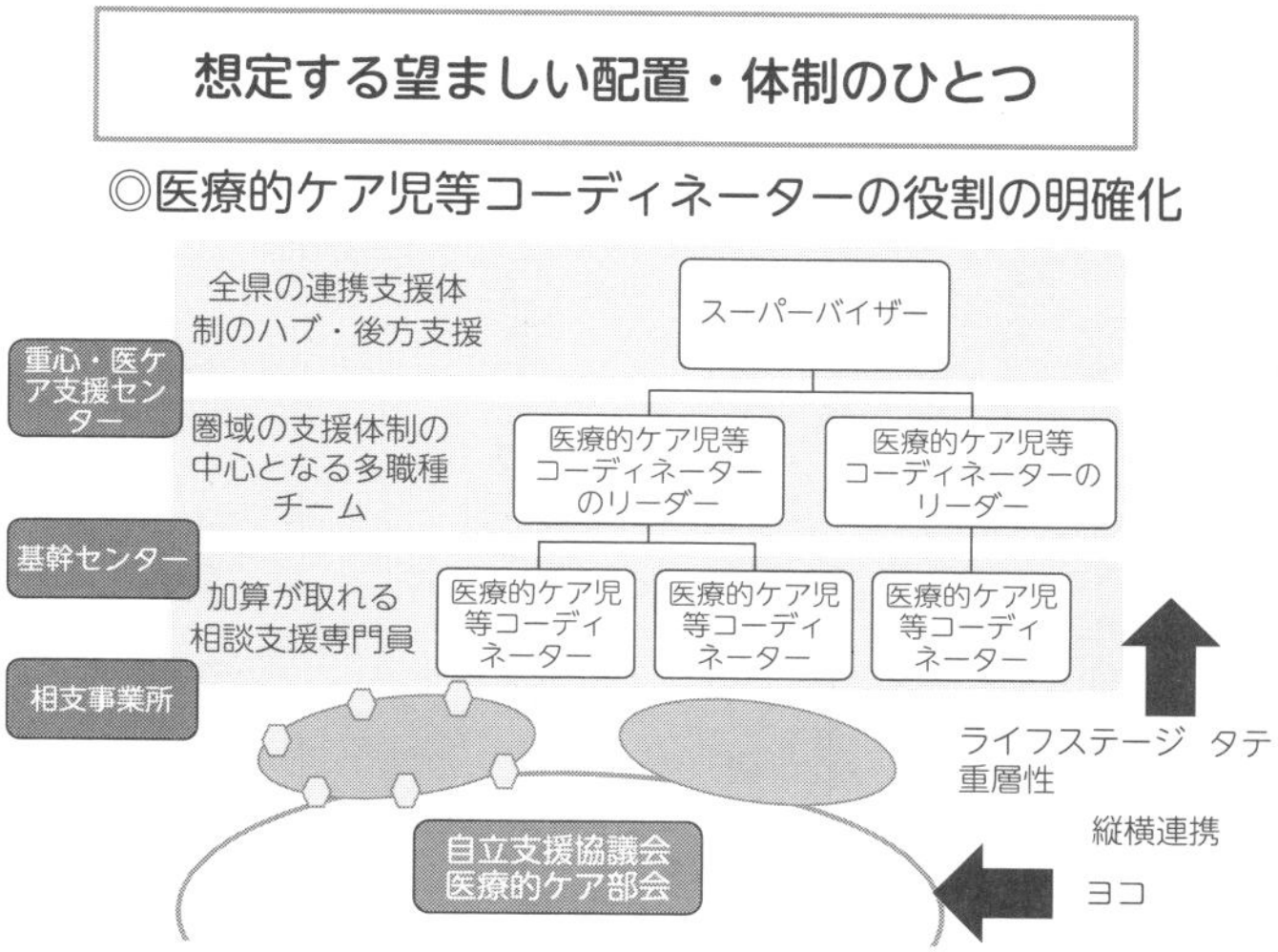

図3　想定する望ましい配置・体制のひとつ（筆者作成）

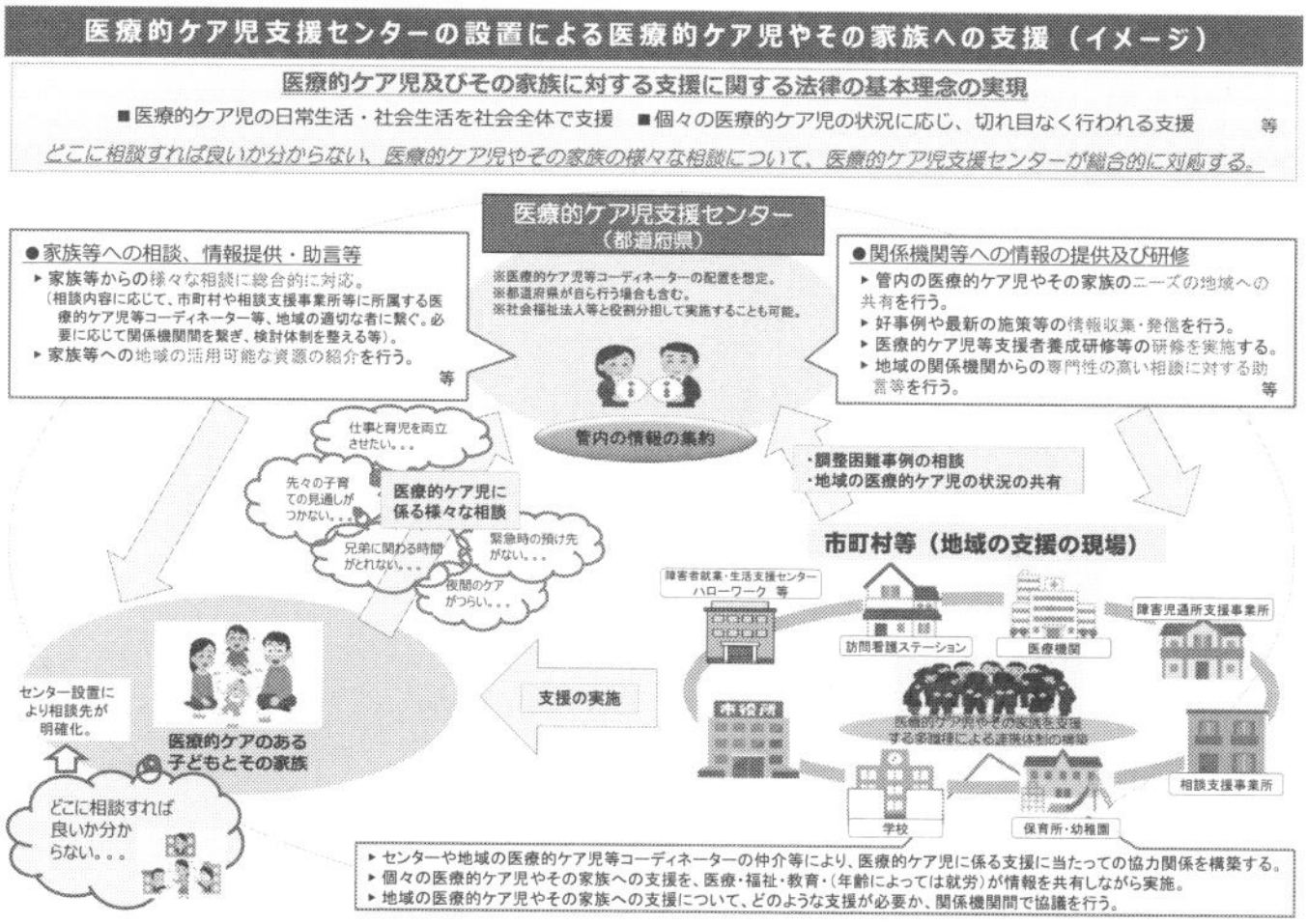

図4　医療的ケア児支援センターの設置による医療的ケア児やその家族への支援

厚生労働省サイトより（https://www.mhlw.go.jp/content/11907000/000843242.pdf）

私は、それぞれの相談支援事業所にコーディネーターがいて、圏域や市の基幹センターに地域でスーパーバイズをするリーダーがいて、都道府県単位で大きなセンターがある、そういう重層的な配置ができるといいのではないかと思っています（図３）。あわせて、国が作成した支援センターのイメージ図（図４）を示します。

(4) 2024度に向けてどう取り組むか

医療的ケア児支援法は附則で、法律の施行後3年を目途として検討する、としています。ですから、どんどん検討点を出し、その議論を積み重ねて、法律をブラッシュアップして、重症心身障害児者も含めた当事者家族の人生の営みが豊かになるように検討してもらおうと思います。

次の検討が２０２４年の9月頃と想定されますが、その年の4月には報酬改定があり、医療、介護保険、障害の三つの分野で同時に改定する時期に入ります。その意味ではここを逃すと、大人のシームレスな切れ目のない支援の制度あるいは財源が、なかなかつながっていきません。財源がつながらなければ人員配置もできません。

ですから、この報酬改定のときにそこの仕組みをきちんとできるかどうかが、すごく大事です。そのためには、２０２２年にしっかり議論を行い、２０２３年には具体的な報酬の金額について議論をする、そして２０２４年の4月の報酬改定に反映させていく、そういうスケジュール感になります。

そのスケジュールを横に置いた運動や連携による要望活動、あるいは課題に対する研究活動などを展開していくことが大切です。私たち医療的ケアネットにおいても、どんどんみなさんの声を形にしながら発信をしていきます。

また乳幼児期、学齢期は、この医療的ケア児支援法によって豊かになりつつある流れのなかで、青年成人期以降は置き去りになっているのも事実です。その課題を克服していく大きな動き、実践の見える化が求められていると思います。

障害があるかどうかで線を引かず、すべての人たち、すべての子どもたちが幸せになるために、医療的ケアの人たちにとってはそのすべてのなかで合理的配慮をこうするべきだと、きちんといえるようなものにしていく必要があると思います。

仁木　悟●社会福祉法人さつき福祉会　あいほうぷ吹田副施設長／ＮＰＯ法人医療的ケアネット理事

3 卒業後の居場所と医療的ケア

(1) 施設の概観

吹田市立障害者支援交流センター「あいほうぷ吹田」は、吹田市の万博公園の麓にある3階建ての大きな施設です。社会福祉法人さつき福祉会が受託して2001年、重度障害者の日中活動の場として、知的更生施設、知的障害者デイサービス、身体障害者デイサービス、短期入所（5床）の4事業でオープンしました。その後2007年に、障害者自立支援法により1日定員60人の生活介護に移行しました。短期入所は現在7床になっています。

どんなに障害の重い人でも人権と発達を保障すること、健康で豊かな地域生活、地域の人たちとの交流などを、法人理念にもとづく大切な施設の運営方針にしています。

①施設建設運動と受託までの経過

あいほうぷ吹田は、吹田市手をつなぐ親の会と吹田市肢体障害児（者）父母の会を母体にしたさつき福祉会の運動と実践の上にできた「重介護型通所施設」です。

さつき福祉会は当初から、「どんなに障害が重くても受け入れる、年限をきらない施設」を合言葉に施設づくりを進めてきました。１９８０年代には2か所の障害者作業所を運営していました。１９８９年に「医療的なケアのある施設」を求める吹田市民4万２０００人の請願署名が同市議会で全会一致採択されました。

その後10年に及ぶ「吹田市に重介護通所施設をつくる会」の運動の末に１９９９年に着工、２０００年に事業委託先が公募されました。運営は「重度障害者のことをよく知っている法人に」とアピールし、選考委員会でのさつき福祉会への委託決定を経て、２００１年の開所に至りました。

もともと知的障害の人が中心の作業所でしたが、「労働」が主な課題になりにくい重度重複障害の人たちが増えてきて、医療職が配置でき、身体へのアプローチなどをしながら質の高い生活ができる施設が必要と、重介護施設づくりの運動につながっていきました。その中心を担った鈴木英夫元理事長（故人）は、医療的ケアネットワークの役員も務めていました。

②グループ構成と医療的ケアの状況

施設には六つのグループがあり、このうちの四つに医療的ケアの人が分散して活動しています（表1）。開所当初の医療的ケアはわずかでしたが、20年経過のなかで学校の卒業生など年々増加して、現在

表1　あいほうぷ吹田グループ構成

宇宙班	中途障害・身体・知的障害　**※医療的ケア** 生きがいづくり等さまざまな活動に取り組んでいます。入浴・創作活動・カラオケ・ボッチャ・所外活動・各クラブ活動・生産活動など	登録18人 日々の参加者 7～12人
たんぽぽ班	知的障害・身体障害 目的意識的活動を重点にした日中活動、紙すき・さをり織・廃品回収・戸外労働にも取り組んでいます。	登録8人
にじいろ班	重度知的障害・身体障害 目的意識的活動・感覚刺激活動・生産活動・身体のケア等ゆったりとした日中活動で取り組んでいます。	登録9人
サマー班	重度重複障害　**※医療的ケア** 感覚刺激活動・生産活動・体のケア等	登録8人
スプリング班	重度重複障害　**※医療的ケア** 感覚刺激活動・生産活動・体のケア等	登録7人
オータム班	重度重複障害　**※医療的ケア** 感覚刺激活動・生産活動・体のケア等	登録7人

2022年4月1日現在

表2　医療的ケアの利用状況

2001年開所時	
・気管切開	1人
・経管鼻腔栄養	1人
・胃ろう	0人

➡

2022年4月	
・気管切開	9人
・経管鼻腔栄養	0人
・胃ろう	20人
・口腔吸引	25人
・鼻腔吸引	23人
・吸入（蒸留水）	7人
・吸入（薬剤）	7人
・バギング	5人
・呼吸管理（酸素SpO_2モニター）	12人
・経鼻エアウェイ	1人
・導尿・導尿補助	4人
・膀胱洗浄	1人
・バルン留置管理	2人
・ストマ交換管理	4人
・浣腸・摘便	21人
・座薬	25人
・シャント管理	4人
・義眼装着	1人

では多数の医療的ケアの人たちが利用しています（表2）。

③専門職との連携

スタッフには看護師が常勤で5人います。理学療法士（PT）、作業療法士（OT）、言語聴覚士（ST）のリハビリ職、栄養士などの専門職も勤務しています。嘱託医として3人（小児神経内科、整形外科、精神科）、月1回利用者を診ていただき、相談にも乗ってもらっています。

加齢とともに嚥下機能が低下していく利用者には、リハビリ職がしっかりとかかわり、各専門的視点により、車いすの作りかえによる姿勢保持、食事形態の変更など連携しています。

利用者が多く職員も多いため、職員の第3号研修も看護師の指導のもとで実施しています。

(2) 生活介護事業の取り組み

①身体のケアと生産活動（仕事）

生活介護事業の取り組みでは、まず身体ケアがあります。

また、成人期の通所施設として大切に取り組んでいるのが生産活動（仕事）です。大人として当たり前の機会、周りから認められる機会、社会とつながる機会として、いろいろな仕事を創意工夫して行っています。毎月の給料が出せるほどの仕事はできませんが、年に3回、分配金という形で利用者

身体のケア

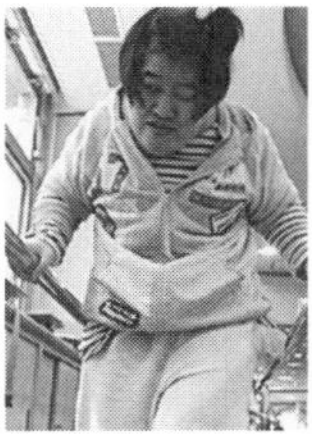
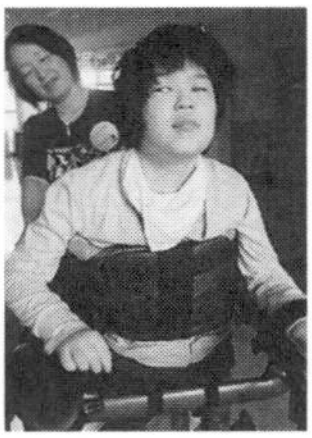
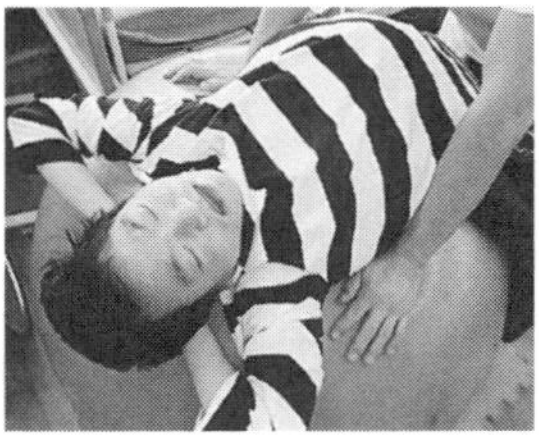
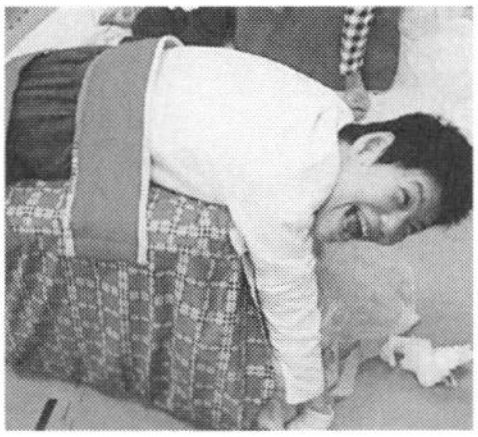

生産活動（仕事／対面販売、あおぞら市・パン販売、地域の夏祭りにおもちゃ釣り出店）

なぜはたらくのか

◇自分の手で作った商品が売れる喜び
　対面販売の実施。直接「ありがとう」と言い合える機会を大切に。

◇分配金
- 年３回支給
  - 9月⇒3000円（定額）
  - 12月⇒2000円（定額）
  - 3月⇒利益の残りを分配
    ※10,000円支給された年も！
- 働く日数や売上にかかわらず全員同額支給
- 「仕事」ではなく「生産活動」
- 「給料」ではなく「分配金」

◇収益を増やすことが目的ではない。生産活動という取り組みを通して、社会参加・成人としての尊厳の獲得などQOLの向上につながる取り組み。

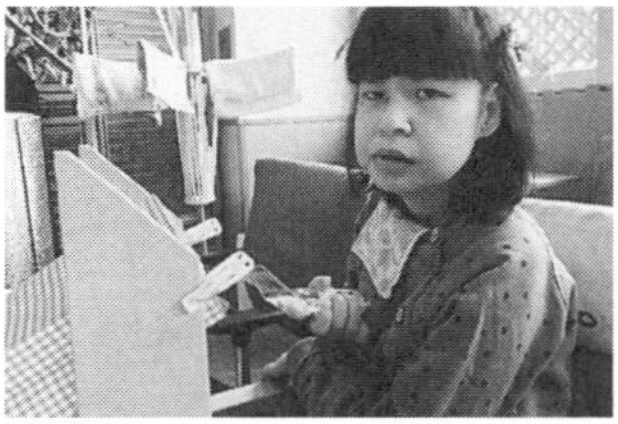

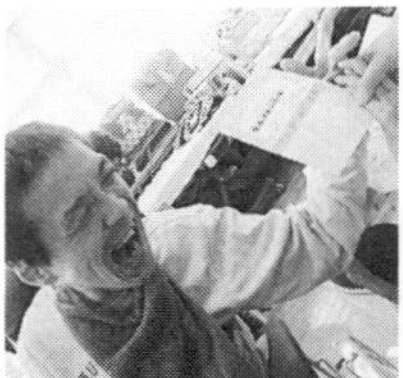

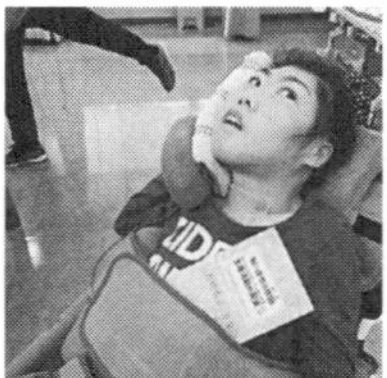

分配金支給

に利益を還元しています。

②利用者自治会

利用者自治会「星の会」もあります。知的に重度のため職員も悩みながらですが、自分たちのことは自分たちで決めるという大事な意思決定支援として、施設での主人公性を発揮できるように取り組んでいます。各班代表で役員を出して毎月話し合い、2年に1回の会長選挙や、利用者の要望書をつくって管理者と懇談もしています。

③室内プール

大きな室内プールがあり、気管切開の人も入れる環境を医療職と整備してきました。土曜、日曜は、吹田市内の手帳所持者に開放もしています。特に気管切開の人のプールはリスクも伴いますから、職員もＰＴから安全講習を受けて浮遊力を活かした取り組みを実施しています。

④施設旅行

施設旅行も大事に取り組んでいます。重度の人が旅行に行くときは、夜間人工呼吸器を使う人も多く、看護師同行など準備も大変です。特に、あいほうぷの短期入所を利用できない呼吸管理の人も、夜間の状態把握のため「泊まってMeナイト」と名づけた宿泊体験を施設にて行い、夜間の状況を把握した上で旅行をする流れになっています。

室内プール

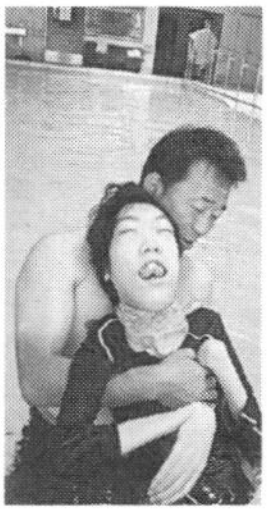
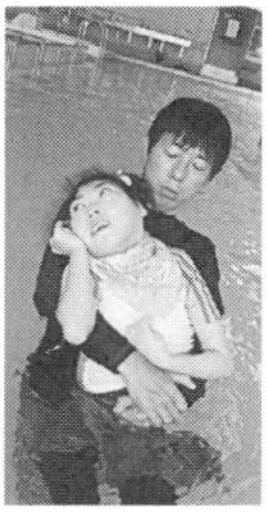

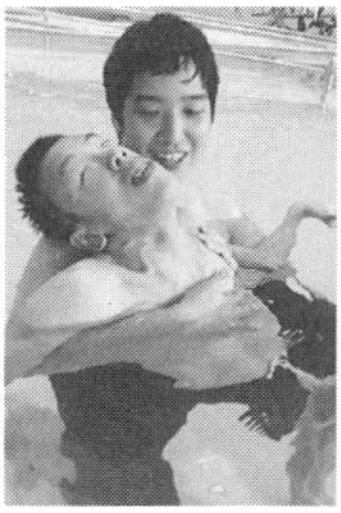
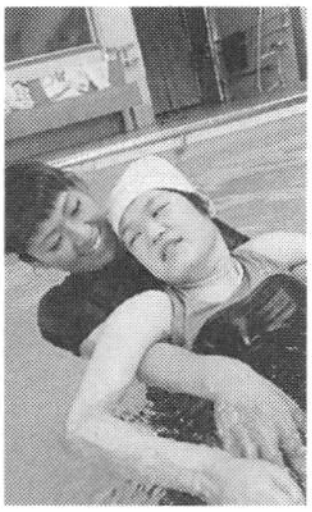

気管切開の利用者は、PTによる安全講習・実習を受けてから支援実施。

施設旅行

慣れ親しんだ仲間たちと楽しむ余暇支援

◇夜間人工呼吸器使用を見守り支援
看護師・福祉職員で夜間ローテーションで見守り

◇泊まってMeナイト　あいほうぷの短期入所を利用できない、呼吸管理が必要な利用者の夜間状態把握のためあいほうぷでお泊り練習

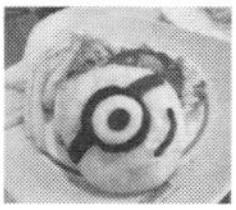

障害者スポーツ　ボッチャ

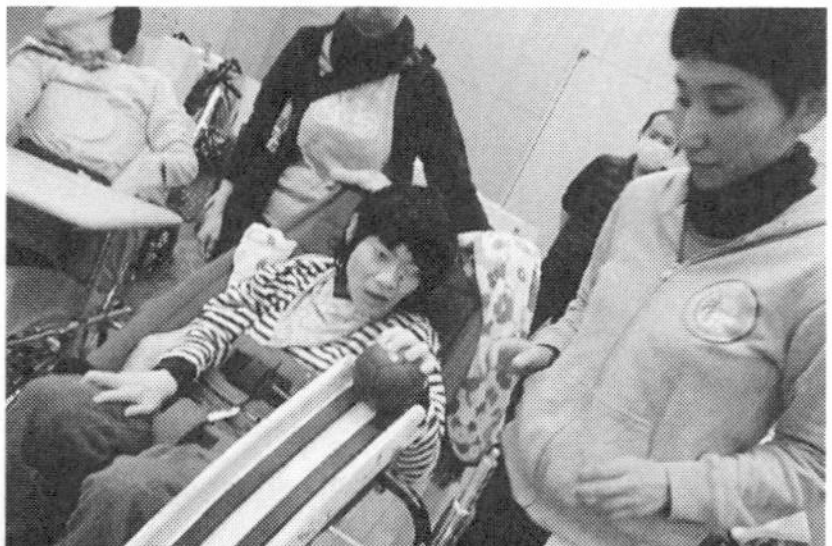

⑤障害者スポーツ、あいほうぷ祭

障害者スポーツ「ボッチャ」のコートがあります。ＰＴはこの審判の資格を取り、東京パラリンピックで審判の補助も務めました。

年に１回地域の人たちと交流する「あいほうぷ祭」も行っています。

(3) 現状と課題

①生活介護の報酬体系

まず報酬体系について、重度の人を受け入れるのには厳しいと思っています。

生活介護で、重症スコアは32点以上が一番高いランクで、あいほうぷにも該当する人が７人います。たとえば１人が１日通所した場合、生活介護では障害程度区分６で報酬単位は１１０８点です。これが児童発達支援で同じ32点の人を受け入れると２８５９点ですから、大きな差があります。看護師配置加算も33点で、児童発達支援の１６０点とは桁が違います。この二つだけでも、あいほうぷに重度の利用者が１日来た報酬の倍になりますから、やはり介護報酬自体が児童と比べて低いという問題があります。

また生活介護では、看護師配置加算も福祉職員の人件費との差額分補助です。児童発達支援の看護師配置加算は、加配する看護師の人件費補助ですから、桁が違います。

２０２０年の報酬改定で「常勤看護職員等配置加算Ⅲ」が新たにできましたが、常勤看護師が３人以上いる生活介護施設は全国的にも少なく、これを使えるあいほうぷは珍しいほうです。そのため全国的には十分活用されていません。同じく新設された「重度障害者支援加算」も、「常勤看護職員配置加算Ⅲ」の取得が前提という紐づけ関係です。ですから、これらの新制度を活用できている施設はほとんどないと思います。今後、こうした報酬の差を埋めていかないと、成人期での事業運営は厳しいと思います。

さらに入浴支援加算についても、たとえば気管切開の人の入浴には体制を厚くしますし、かつて人工呼吸器の人の入浴でもリスクが高いなかで安全管理をしていましたから、ここに対する加算がないのも問題だと思います。

表３　現在の報酬体系　生活介護

生活介護、定員60人、気管切開の重心（重症スコア32点以上）の利用者が１日通所した場合の報酬

報酬内容	報酬単位	児童発達支援だったら
生活介護サービス費	1108	2859
人員配置体制加算	212	
福祉専門職配置加算	10	
リハビリテーション加算Ⅱ	20	
常勤看護職員等加算Ⅲ	33	160（加算Ⅱ）
重度障害者支援加算	50	
計	1433	3019

② 短期入所の報酬体系

福祉型短期入所は、医療型と比べて報酬も違います。限界もあって、看護師が泊まらないあいほうぷでは、呼吸管理がある人の受け入れはできません。それ以外のいろいろな人を受け入れていますが、重症スコアの点数がある人を受け入れたとしても特に加算はありません。このあたりは問題になるかと思います。

あいほうぷの場合は、市立ということで他事業所で利用が困難、利用を断られた強度行動障害でこだわりの強い人のニーズが高く、そこをしっかり受け止めています。マンツーマンに近い職員体制が必要で、7床ある定員を4床程度にまで減らして対応している状況です。しかし、強度行動障害の人の受け入れに対する加算がないばかりか、定員を減らすことで減収となります。そのため短期入所は赤字になってしまうという、大きな課題があります。

③職員の処遇

職員については慢性的な人材不足です。求人広告などの出費も増えています。国の福祉職員に対する度重なる処遇改善加算も、給料のベースアップにはつながっていない現状です。人が集まらないと支援もできませんから、国の報酬の改善は求めていきたいと思っています。

看護師も、あいほうぷでは厳しい条件で働いています。給料面でも、福祉職給料体系+2号俸+看護師手当+諸手当という状況です。近年は複雑な病名の人など重症化も進んでいるなか、医師が常駐していない施設でさまざまな判断も求められます。その上、食事介助やトイレ介助など福祉的な支援も実施したり、呼吸状態が不安定な利用者などの送迎にも同乗したりしています。

また、現在は常勤5人の看護師が長く勤務して安定していますが、いずれ定年を迎えますから、次の世代の採用・育成が今後の大きな課題です。そのためにも、なんとか処遇を手厚くしたいと思って

表4　現在の報酬体系　短期入所

あいほうぷ吹田の福祉型短期入所（7床）で医療的ケアの利用者（区分6）を1泊2日受け入れた際の報酬

福祉型短期入所 サービス費（Ⅰ）　区分6	医療型短期入所 サービス費（Ⅰ）
1806	6020

います。

④コロナ禍

新型コロナウイルスは重度の人や基礎疾患がある人のリスクが高いため、より厳重な感染防止対策や慎重な判断が施設にも委ねられています。その長期化で緊張感も続いているため、職員のメンタルヘルスにも影響している実感があります。

重度障害者は、複数の生活介護事業所を利用していたり、在宅サービスも訪問診療、訪問看護、訪問リハビリなどさまざまだったり、短期入所や病院もいろいろなところに通っていたりするためつながりのある関係者が多く、ひとたびどこかで陽性者や濃厚接触者、発熱者が出ると生活全般に影響を受けやすいことを、まざまざと実感しています。

また、本人が陽性になったり、キーパーソンの家族が陽性になったりしたら生活はどうなるのか、と心配なケースもたくさんあります。

⑤利用者の高齢化・重症化

成人期の課題として、利用者の高齢化・重症化があります。

あいほうぷも、当初は学校の卒業生を受け入れて利用者がどんどん増えました。知的障害の人を中心に退所者もありましたが、新たな医療的ケア者の受け入れも見越して2018年度にはグループの再編成なども行いました。

ところが２０２０年度から、登録利用者がどんどん減っています。亡くなった人のほか、多いのは家族が在宅介護に限界を感じて利用者を入所施設に移すパターンでした。ある利用者の家族は、わが子の寿命を30歳くらいと思っていたそうです。実際にはまだまだ元気で、家族のほうが先に支援ができなくなってしまったということでした。

呼吸管理が必要な利用者にとって、グループホームでの生活支援はまだ困難な状況です。吹田市には療養介護の大きな施設もなく、市外の入所施設を選ばざるを得ません。そのため、あいほうぷの生活介護の人数も減っていくという課題が生まれています。

また、知的障害者や身体障害者の高齢化で見込まれるのは、たとえば嚥下機能の低下によって胃ろうが必要になったり、糖尿病になってインスリン注射が必要になったりと、医療的ケアを含めた医療のニーズが必要な障害者が急増することです。

主治医がいない人も多く、早めに医療につなぐ必要があります。また、胃ろうに対する家族の思いもさまざまですから、その点を啓発していく課題も生じてきています。

⑥第3号研修

あいほうぷは、東大阪市にあるＮＰＯ法人「地域に広がれ医療的ケア」で第3号研修を受けています。医療的ケアが必要な利用者が20人、支援する職員が40人いて、職員や利用者が入れ替わるなかでの実務的な作業が煩雑で大変です。看護師は職員の実地指導のほか地域の居宅支援事業所の実地指導も担当していて、フォローアップも追いつきません。

知的障害の人もこれから胃ろうが増えるでしょうから、法人全体で資格取得を広げていく必要性も生じています。その点では第3号研修だけでなく、ある程度ベテランの職員は第1号研修も取得し、それでカバーする流れも必要ではないかと考えているところです。

⑦卒業後の医療的ケア者の居場所の拡充に必要なもの

卒業後の医療的ケア者の居場所の拡充に必要なものをまとめると、次の通りです。

第一は、報酬体系の見直しです。成人対象の事業所にも、児童対象の事業所に準じた報酬が必要だと思います。職員の処遇改善はもちろん、看護師の処遇改善も必要です。吹田市が独自につけているリハビリテーション加算や入浴加算などが全国的な報酬にも反映されること、そのほか注入食や介護食の提供に対する加算、特殊な車いすでの送迎に対する加算や、そのための車両への補助、移動支援などに対する加算も有効だと思います。

第二は、専門性の高い支援を確保することです。第3号研修の基礎研修を終えて入職してくる職員が増えると、ずいぶん助かると思います。また、実務にかかわる人件費補助があればよいと思います。

第三は在宅支援です。地域で利用できる短期入所や暮らしの場のニーズに対応すること、高齢に伴う知的障害者の医療ニーズへの対応も、大きな課題になってきます。

第四はネットワークづくりです。成人の施設での医療的ケアはまだマイノリティの世界ですから、地域の訪問看護事業所などと関係者同士で連携し、医療的ケアのネットワークとも連携しながら、よりよい暮らしにつなげていかないとならないと常々感じています。

大藪光俊●日本自立生活センター

4 筋ジス病棟からの地域移行の実際

(1) 私と日本自立生活センター(JCIL)

① 自己紹介

私は、京都にある日本自立生活センター(JCIL)で活動しています。生まれたとき(1994年)から脊髄性筋萎縮症という障害があり、いまは首から下を自分ではほとんど動かせない状況ですが、京都府向日市で24時間介助を使いながら一人暮らしをしています。医療的ケアも、夜間にバイパップを装着して、カフアシスト、カフマシーンという咳を手助けする器械もたまに使っています。

小学校から高校までは特別支援学校に通っていました。その後大学に進学して京都を離れ、奈良で一人暮らしをしました。大学では英語を勉強し、どうしてもアメリカに行きたいという夢がありました。試行錯誤の結果、40年以上続く「ダスキン障害者リーダー育成海外研修派遣事業」に応募して4

か月間、当事者が主体となって障害のある人たちの社会参加や権利擁護に取り組むアメリカの障害者自立生活運動を目の当たりにしてきました。

日本に帰って初めてＪＣＩＬの存在を知り、２０１７年からその当事者スタッフとして、障害のある人たちのサポートや権利擁護の活動をしています。

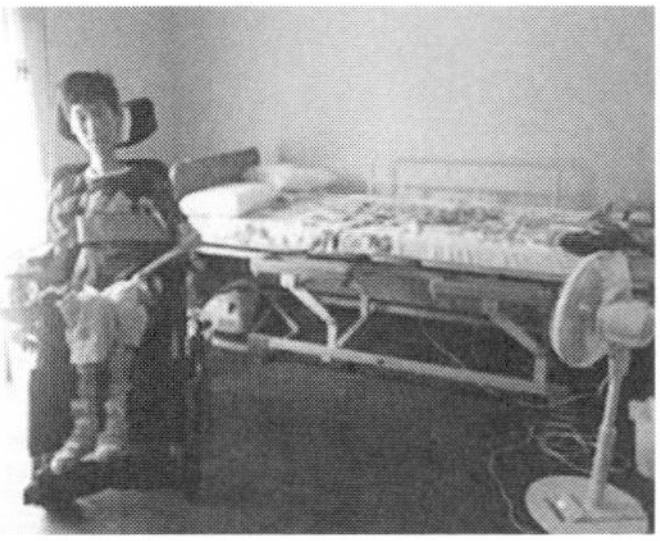

大学近くのアパートで一人暮らし

ダスキン障害者リーダー育成海外研修派遣事業でアメリカに

② ＪＣＩＬの活動――地域で生きるために――

ＪＣＩＬは、障害のある当事者が中心となって運営しているセンターです。１９８４年に京都市で設立されました。

このセンターで大事にしていることの一つは、どんな障害があっても、どれほど重度な障害であっても、ほかの人と同じように地域での暮らしを大事にすることです。

二つ目は、障害がある人もない人も同じ「人」であると認め合うことです。

三つ目は、バリアをなくすことです。障害のある人が外に出ると、いまでもさまざまなバリアが存在しています。センターを立ち上げた頃は差別も激しく、悪気はなくても、車いすに乗っていると店に入れなかったり、電車やバスに乗れなかったりした時代でした。

そうしたなか、障害者自身で障害者のための活動を進めてきた団体です。矢吹文敏前代表（故人）も以前、医療的ケアネットのシンポジウムで講演したことがありました。

センターではさまざまな取り組みをしています。まずピアサポートです。「私たちのことを私たち抜きで決めないで」というスローガンがありますが、そういう思いを大切にして、障害がある人の相談に当事者目線でいっしょに悩みながら考え、活動しています。

ピアサポート

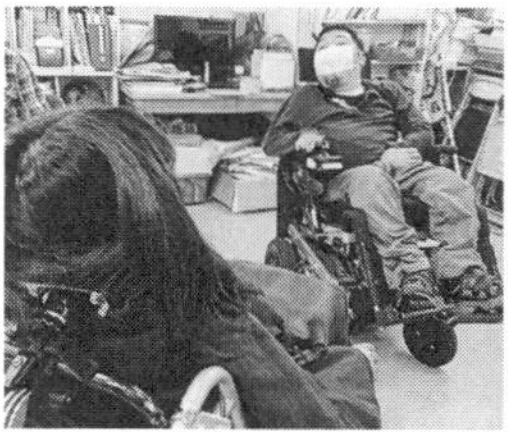
障害当事者相談

自立生活の先輩宅へ訪問見学

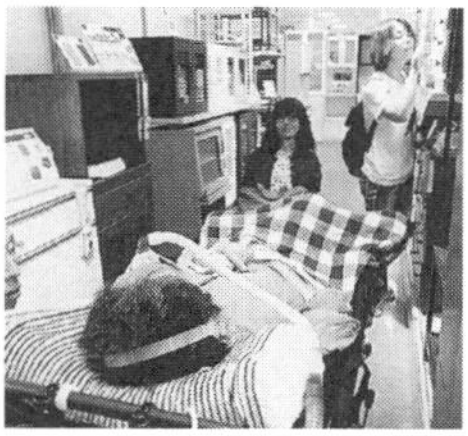
障害当事者による自立生活前の買い物アドバイス

街のバリアフリー化をめざす取り組み

安全な駅ホーム設置を求める署名活動

UDタクシーの調査

バスの調査

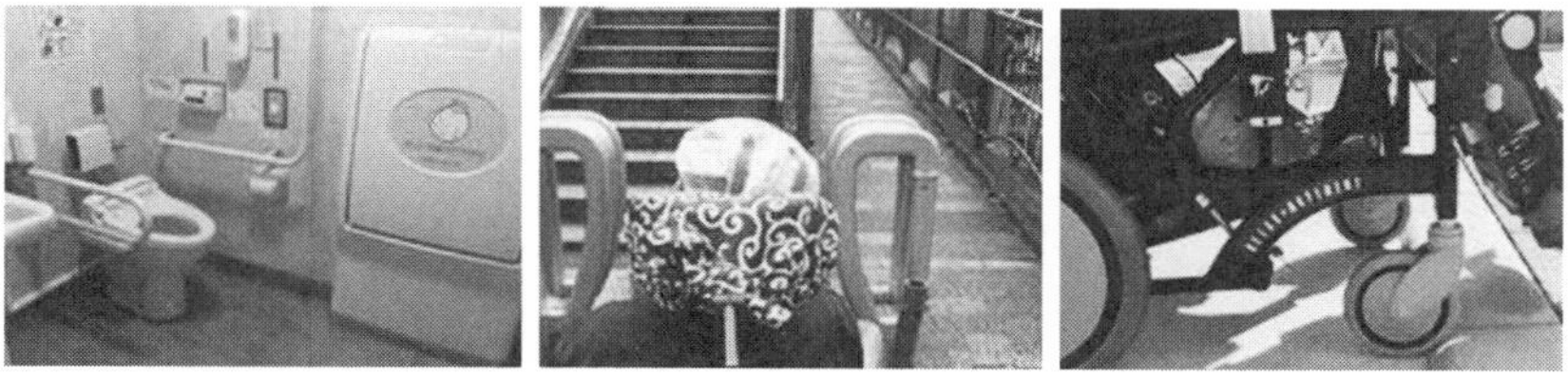
まちづくり・バリアフリーのための運動

街のバリアフリー化をめざす取り組みも行っています。すべての人に安全な駅ホーム設置をすすめる運動では、京都市営地下鉄の東西線だけでなく烏丸線にも転落防止柵の設置を求めた結果、烏丸線も全駅にホーム柵がつくことになりました。

最近は車いすでも乗れるＵＤタクシーが走り始めましたが、実際に乗って調査する活動もしています。

(2) 宇多野病院筋ジス病棟からの地域移行支援

私は２０１７年以来、筋ジストロフィーの人たちが長期入院している京都市の宇多野病院筋ジス病棟からの地域移行支援にかかわってきました。病院を退院して地域で一人暮らしを始めたいという人の支援です。

そのなかでは、もちろん悪気はないのですが、安全面などの心配から病棟関係者の理解をなかなか得られないなど、いろいろなハードルがありました。そこからさまざまな関係性を築いていくなかで、地域で暮らすことが可能になってきています。

① 地域移行支援の特徴

ＪＣＩＬには当事者スタッフと健常者スタッフがいます。そこで役割を分担しながら支援をしてきたのが、一番大きな特徴だと思います。

センターでは、当事者こそが障害のある人のエキスパートで生活のことを一番よくわかっている、という当事者主体の考え方を大事にして活動しています。宇多野病院からの地域移行支援の際も、ピアサポートの形で当事者が当事者の話を聞いて相談に乗り、いっしょに考えて動いてきました。同時に、当事者だけではどうしてもできない部分を、健常者スタッフが当事者の思いを尊重しながら、手を組んで活動してきました。

もう一つの特徴は、すでに自立生活をしている当事者たちが社会に大きな影響をおよぼしていることです。

センターでは1980年代から宇多野病院の入院者とかかわるとともに、ほかの施設からの地域移行支援にも取り組んできました。そのことで、地域生活を始めた障害者と、地域の訪問医療や訪問看護の人たちとのかかわりも始まりました。そして、当事者が人生の主人公となっていく生き方に触れた人たちのなかで、当事者の思いをくんでいこうとする人たちが次第に増えきました。しかも、当事者と医療者との関係だけでなく介助者と医療者との関係も、いわゆる上下関係ではなくフラットに近づいてきたように思います。

②筋ジス病棟とは

筋ジス病棟は、かつて結核の人たちが入院していた国立療養所が、いろいろな政策転換などを経て筋ジストロフィーの人たちを収容する施設になっていったものです。現在でも日本で約2400床の病床があると聞いています。

筋ジストロフィーのほかにも類似疾患の人たちが長期療養しています。障害の重度化とともに一人ひとりに必要なケアの量も増え、看護師などの人手が逼迫してきている状況もあると、病棟関係者からも聞いています。そのため病棟では、入院している人たちにとって自由が少ない生活になっている現状があります。

そういうなかで、退院してもっと自由な生活をしたいという相談がJCILにあり、どうしたら退院できるのかを考えながらいっしょに取り組んできました。

③宇多野地域移行のはじまり

宇多野病院の地域移行支援では、2017年以来4人が退院して、いまは全員24時間の介助を使いながら一人暮らしをしています。

その一人の植田健夫さんは、2018年に自立生活を実現しました。鼻マスクの呼吸器をつけて生活し、頻回ではないもののたんの吸引も必要です。重度とはいえ、医療的ケアが比較的少なかったこと、地域生活に協力的な主治医だったことから、相談を受けて約7か月で退院することができました。

もう一人の野瀬時貞さんは、2019年に一人暮らしを始めました。

植田健夫さん

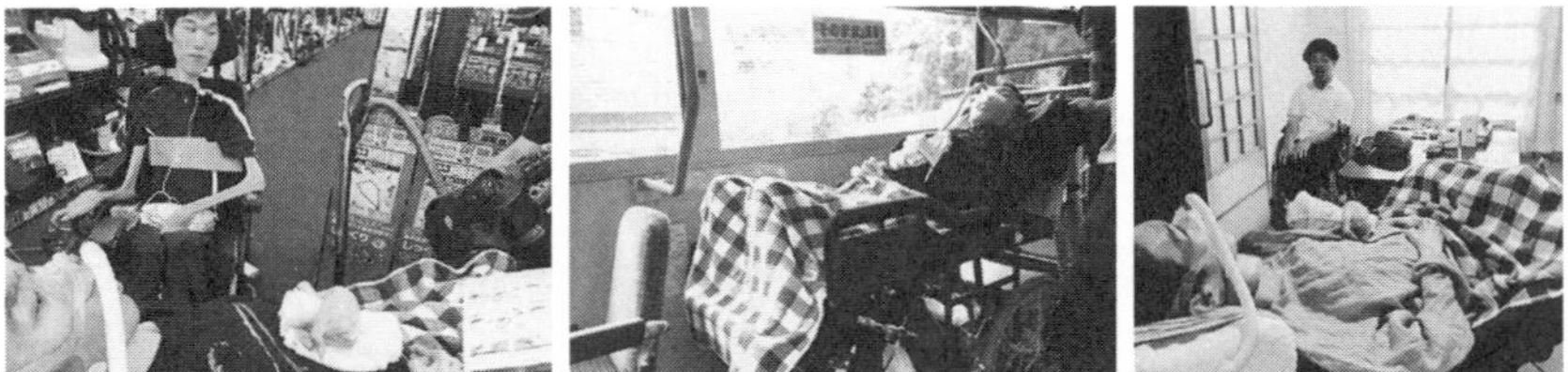

2018年4月、地域移行支援を開始。何度か体験室で宿泊体験、家電や家具、当事者の自立生活を見に外出、介助者研修を実施。7か月後の11月、自立生活を実現。

彼は小学校のときからの私の友人です。宇多野病院に10年以上入院していましたが、たんの吸引も含め安全が一番大事との主治医の方針で、外出にも2年ほどドクターストップがかかっていたり、本当は口からごはんも食べられるけれども禁止されたりしていました。それで退院したいと相談があり、いっしょに医師と話をしたり手紙を書いたりしながら、退院までこぎ着けました（214頁コラム参照）。

④コロナ禍までの地域移行支援

植田さんと野瀬さんの退院はコロナ禍以前でした。それまでの私たちＪＣＩＬ地域移行支援チームの動きは、次のようなものでした。

まず、当事者スタッフと健常者スタッフがいっしょに毎月３～４人で必ず病棟を訪問し、当事者のベッドサイドに行って話を聞いていました。

最初は怪しまれたこともありました。そのたびに看護師長や療育の指導員など病棟関係者に、決して怪しい者ではないこと、当事者の退院希望をサポートしたいことなどを伝えました。多いときは週に２～３回訪問していたこともあります。そうしたなかで病棟関係者にも、当事者のピアサポーターとして認識してもらえるようになっていきま

野瀬時貞さん

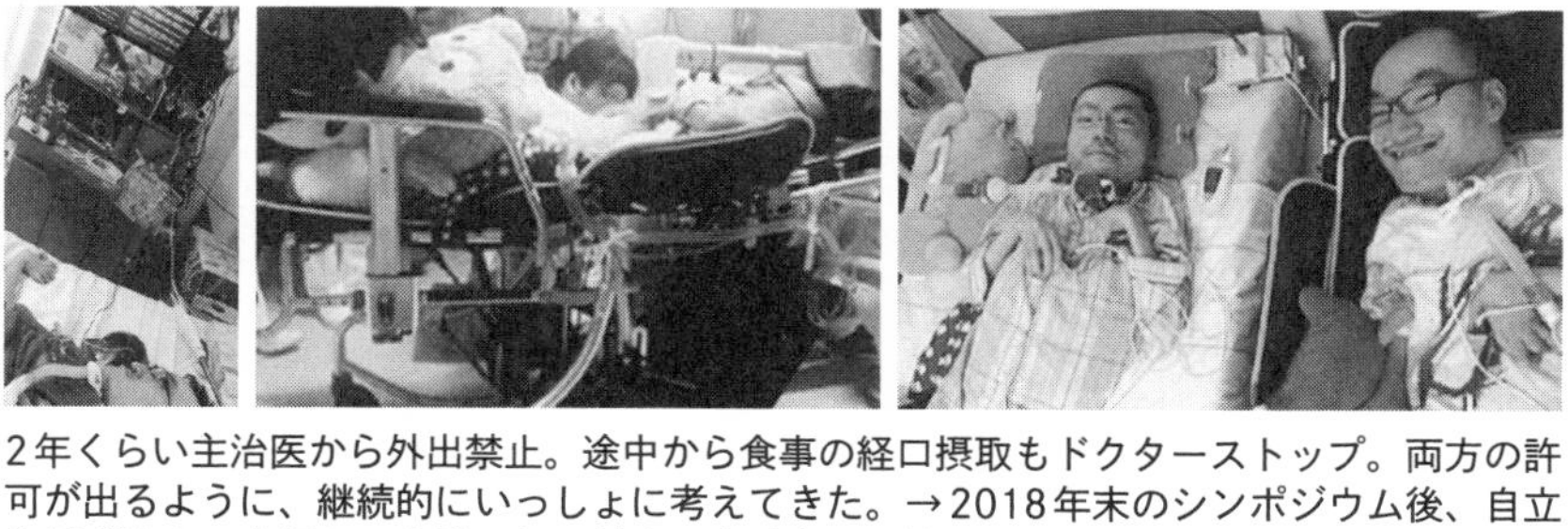

２年くらい主治医から外出禁止。途中から食事の経口摂取もドクターストップ。両方の許可が出るように、継続的にいっしょに考えてきた。→2018年末のシンポジウム後、自立生活が決定。家探し、内覧のため外出、介助者の研修。

した。

また当初は医師や看護師も、本当にこの人たちに一人暮らしができるのか、と懐疑的でした。それも、現に当事者たちが医療的ケアを受けながら地域で暮らしていることを伝えていくなかで、地域移行が雲の上の話ではなく、きちんとステップを踏んでいけば実現可能と理解してもらえました。

地域移行が実現できたのは、こうした関係性をつくれたことが大きかったと思います。

コラム

地域移行者から伝えたいこと

野瀬時貞（日本自立生活センター）

私は、小学生の頃に気管切開をして、高校の頃から終日人工呼吸器をつけ、医療的ケアの多い生活を送っています。大藪さんとは昔からの親友で、彼のサポートのもと２０１９年に宇多野病院を退院しました。入院生活は約17年におよびました。現在は、重度訪問介護を24時間利用しながら、ＪＣＩＬの当事者スタッフとして活動しています。

入院生活は制約が多いものでした。外出するにも「外出届」に病棟師長と主治医のハンコが必要な上に、帰る時間の制約もありました。トイレも時間が決まっていて、食事も出されるものしか食べられません。会いたい人にもなかなか会えず、外からの情報も入ってこないため、社会とのかかわりがほぼない状態でした。

その生活をなんとか終わりにしたいと思い、地域に移行しました。地域生活では、当たり前ですが外出に誰の許可もいりませんし、外出時間も決まっていません。24時間365日同じ介助者ではありませんから配慮は必要ですが、前もって知らせておけば好きな時間に出られます。トイレも食事も誰かに会うことも、好きなときにできます。人とのかかわりが急に増えたのがとてもいいことだと、最近よく思うようになりました。

そんななか、地域移行支援者（介護派遣事業所）に求めたいのは、どんなに重度な障害があっても、24時間医療的ケアが必要でも、積極的に受け入れてほしいということです。医療的ケアには不安もあると思いますが、その不安が取り除かれるまでは、訪問看護師からやさしくていねいに指導してもらえます。

また、病院で研修してから地域に出るのが理想ですが、病院では「一切研修はやりません」ということでした。そのため、吸引研修なしにベッドからベッドへの移行になり、当日に研修して「お願いします」ということでは、非常にリスキーだと思いました。

一方、先に地域で生活を始めていた人たちからの、同じ障害当事者の視点での助言や支援がとても助かりました。幼少期から入院していて、社会でどう生活するのかもつかめていない状況だったからです。

ほかにも、健常者スタッフには朝早くても電話などで相談に乗ってもらえたのが本当に心強く、支えになりました。

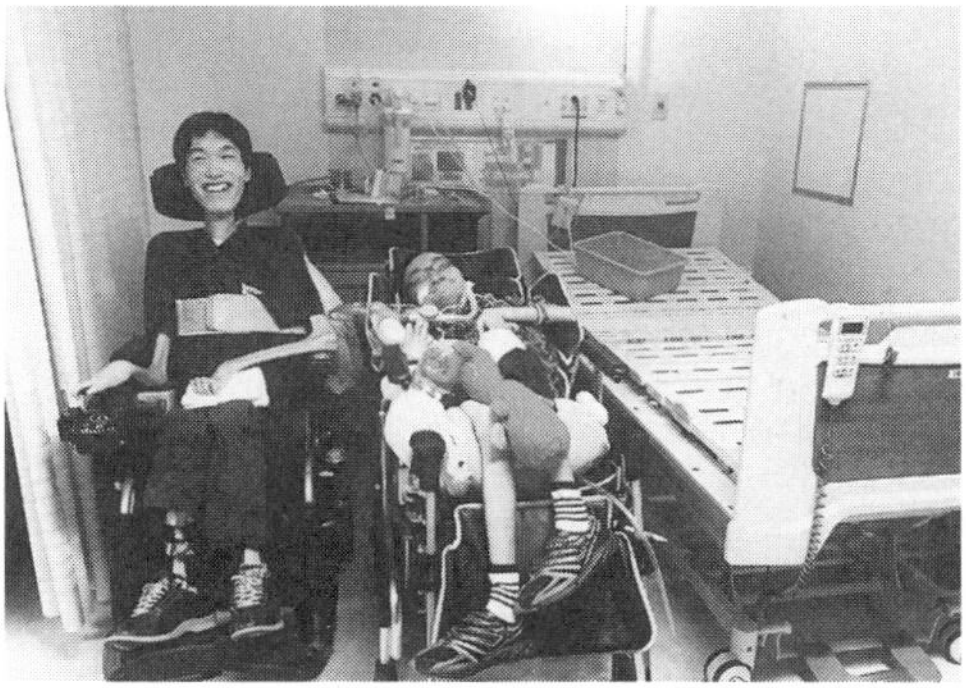

野瀬時貞さん。肢体不自由・気管切開・呼吸器ユーザー。2019年7月、親友でもあるJCIL当事者スタッフサポートのもと、宇多野病院を退院し、24時間重度訪問介護で一人暮らし開始。2020年9月、JCIL当事者スタッフとして活動開始。

⑤コロナ禍の地域移行

コロナ禍になると支援でも面会許可は出ず、私たちは病棟に入れなくなりました。どうすれば地域移行を進めていけるのか、模索が始まりました。

そのなかで、2020年に退院したのが藤田紘康さんです。最近の例では一番重度な人で、気管切開をして人工呼吸器を利用し、胃ろうもあります。言葉で話すのは難しく、文字盤を使ったり、少しだけ出せる音を支援者が聞き取ったりして、コミュニケーションをとっていました。

宇多野病院での生活は13年間続いていました。喉に呼吸器をつなぐカニューレが外れやすいからと外出許可が出ず、退院までの4年ほどはずっと病院のベッドで過ごしていました。そんな状況のなかで暮らす精神的なつらさは、想像を絶すると思います。

地域移行したいと主治医に伝え、なんとか理解を得ることができました。現在は退院し、24時間介助を使いながら、買い物に出かけたり、近くを散歩したり、友人の家を訪問したりと、自分の思うような生活ができるようになりました。

⑥Bed to Bed

病院のベッドから直接、引っ越し先の一人暮らしのアパートのベッドに移るのを、私たちは「Bed to Bed」と呼んで

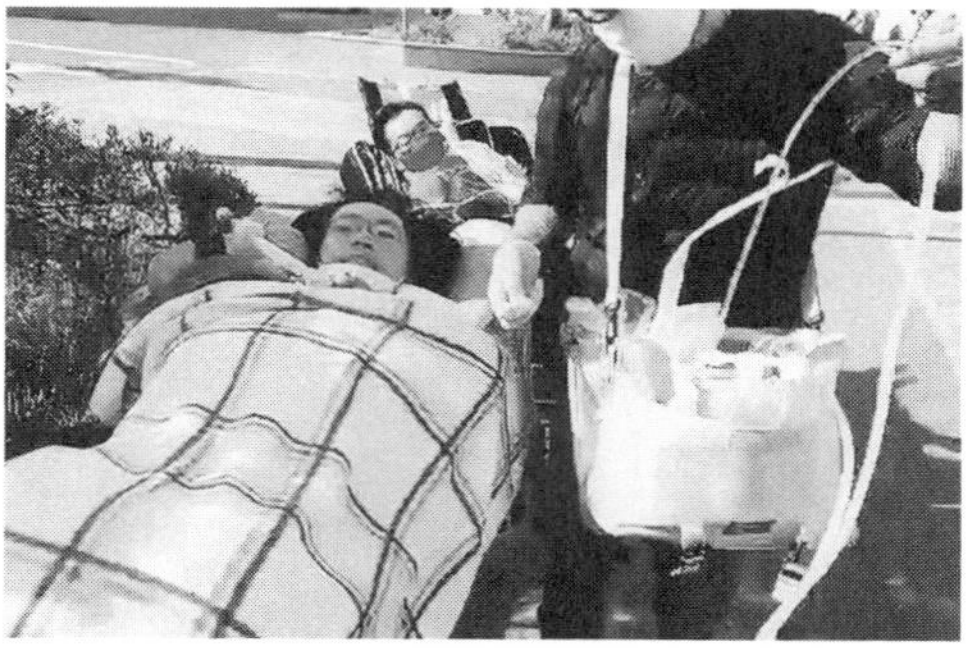

藤田さん（中央）の外出に野瀬さん（後方）がピアサポーターとして同行。道端でたんの吸引中。第3号研修を受けた重度訪問介護のヘルパー（右）が実施している。

います。本当は退院までに、実際に介助者と外出したり宿泊体験をしたりして、本人も介助者も経験を積むのが理想的だと思います。しかしコロナ禍では一切の外出ができず、そういう形での地域移行になりました。

研修が十分できていないという意味ではリスキーで、推奨できる方法ではありません。しかし一方で、こういうやり方も不可能ではないと、経験として得たところです。外出が１回もできなかったけれども、地域移行はできたのです。

⑦オンラインをフル活用

藤田さんの場合はコロナ禍でしたから病棟は訪問できず、ほとんどオンラインでやりとりせざるを得ませんでした。インターネットのテレビ会議システムやメール、電話での伝言、ＳＮＳなどを活用しました。テレビ会議システムの設定は病棟関係者に依頼するなど、病院の人にも協力してもらいながら進めていきました。

新居も、藤田さんが自ら見て確認できるとよかったのですが、介助者が動画で撮影してテレビ会議システムで中継し、引っ越し先を選んでいきました。また人工呼吸器の扱いも、テレビ会議システムを使って地域の介護派遣事業所が講習を受けました。

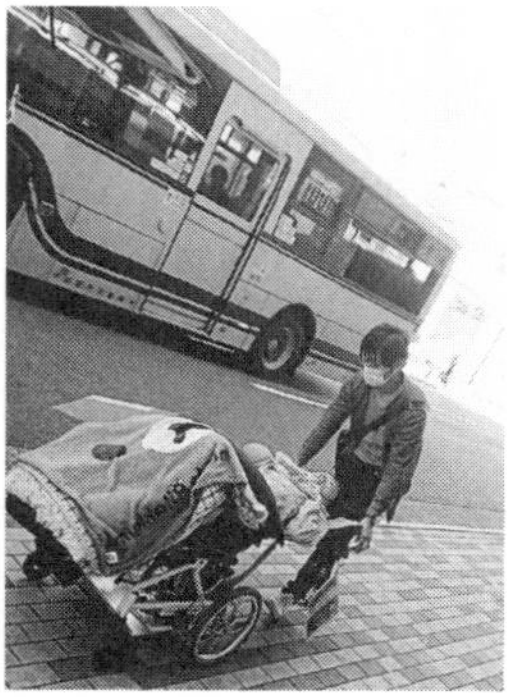

藤田さんの引っ越し当日、約４年ぶりに病院の外に出た。

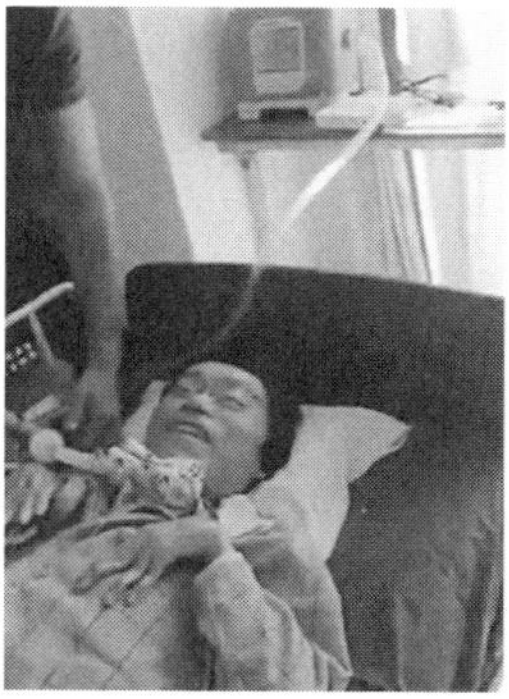

新居のベッドに移乗して、念願だった一人暮らしを開始。

⑧病棟との連携

病棟との連携も重要でした。特に、コロナ禍前に病棟の人たちとの関係ができていたことが、スムーズなやりとりができた要因だったと思います。ＪＣＩＬから積極的に病棟スタッフとコミュニケーションをとっていき、いっしょに地域移行を進められるよう役割分担をして、それぞれで行っていきました。院内では研修ができなかったため、病棟で写真つきのマニュアルや動画を作成してもらいました。

ただし、訪問看護師（訪看）は1回だけ院外で研修を受けることができました。そこで病棟看護師から地域の訪看へ、さらに退院当日に藤田さんの自宅で介助者に研修を行って、引き継いでいきました。

また、野瀬さんなど先に退院していた先輩の協力で、医療的ケアとはこういうものというレクチャーもして、準備をしていきました。

⑨居宅事業所との連携

地域の居宅事業所との連携も欠かせません。居宅介護事業所、往診医、訪問看護、訪問リハビリ、訪問入浴、呼吸器などの医療機器業者、福祉用具業者など、みんながテレビ会議システムで集まって情報を共有したりカンファレンスをしたりしながら、準備を進めていきました。

ＪＣＩＬでは、こうした地域移行についての紹介動画を、日本財団の助成を受けて作成しています（https://youtu.be/36e4306_1zU）。

桑山雄次●全国遷延性意識障害者・家族の会

5 本人の意思確認・意思疎通が難しいとされる人の家族の立場から

(1) 私の立場

私には障害のある息子がいます。1995年、当時7歳の次男はスピード違反の車にはねられて、頭を打って寝たきりになりました。身体障害者手帳も1級で、療育手帳ももっている重心児者の一人です。1年半ほど入院して、その後は在宅で、いま30代後半になりました。生活介護に週4日通いながら、在宅で生活をしています。

息子に必要な医療的ケアは、胃ろうからの経管栄養と口腔内吸引です。気管切開は閉じることができました。ほかに定期的な導尿もあります。基本的に発語はありません。だから明確なコミュニケーションはとれないと考えてもらえばいいと思います。

私は大阪府立高校の教員をしていました。最後の9年間は大阪府立交野養護学校（現交野支援学校）

に勤めていました。そういう面で「医療的ケアネット」とは縁があるようにも思います。

子どもが事故に遭って以降、関西でいろいろ活動していて、２００４年に全国組織をつくって以来その代表をしています。国土交通省の自賠責懇談会や金融庁の自賠責審議会の交通事故関係の委員、厚生労働省の第３号研修の研修テキスト作成委員も務めました。いまは人口７万７０００人の地元大阪府交野市で、障害福祉計画の策定委員などもしています。

(2) 医療的ケア児支援法…行政の責務として

医療的ケア児支援法で、行政の責務として医療的ケアのことが位置づけられたことの意義は大きいと思います。ただ、18歳を超えて事故や病気で医療的ケアが必要になったようなケースは、法の規定には含まれていないようです。私たち全国遷延性意識障害者・家族の会は、中途障害者の団体なので、その面では課題を残しています。

第3条の3には「福祉サービスを受けながら日常生活及び社会生活を営むことができるようにすることにも配慮して行われなければならない」と謳っています。第5条では地方公共団体が「支援に係る施策を実施する責務を有する」とあり、第11条には「国及び地方公共団体は（中略）必要な措置を講ずる」と規定されています。さらに第20条には「国及び地方公共団体は（中略）人材を確保するため必要な措置を講ずるものとする」と、人材確保も国や地方公共団体の責務だと書いてあります。

そして2023年度中に、医療的ケア児支援センターも設置することになっています。

(3) 法律はできたけれど…何が変わった?

法律はできたけれども何か変わったかとなると、私の実感ではいまのところ、それほど大きくは変わっていないように思います。法ができたのに重度障害者へのサービスが増えない、それはなぜか——。

一つは、事業そのものが民間に丸投げされていることです。これは義務教育のような公的なものではなく、民間事業所が地元になければ、事業は実質上できないことになります。重度障害者等包括支援も、重度訪問介護と並ぶいい制度と思いますが、いまの包括支援の利用者は全国で数年前から30人ほどですから、施策としては残念ながらほとんど回っていない制度です。

重度訪問介護は、私も最近になってやっと利用できるようになりました。理由は「ヘルパーがいないから」です。私は全国組織の代表でもあり、多くの地方の意見も聞きます。たとえば北海道の人からは「札幌市に住んでないと第3号研修は利用しづらい」と聞きます。やはり、ある程度の人口規模がないと難しい面があるのだろう、とは思います。

二つ目として、第3号研修の修了者はザルですくった水のようにいなくなることです。私の家でも第3号研修修了者を十数人育てましたが、退職したり、事業所が潰れたり、あるいは別の事業所に転職したりして、どんどん減りました。

私の住んでいる大阪府交野市は、京都と奈良と大阪の県境にあって交通はやや不便なところです。大阪市内と比べると、通いにくいのだろうと思っています。ですから第3号研修が終わっても、地元の人でなければ続かない場合があります。

三つ目としては、いわゆる意思疎通が十分にとれない人々に対して、特にショートステイは難しく、褥瘡をつくって帰って来ることがかつてはありました。生活介護でさえ、健康を守るような行為が不十分な場合もあります。

この原因はすべてが人手不足のようなところがあるので、法律で「責務」となったのですが、民間事業所が来なければ自治体はどう判断するのだろうか、今後の地域福祉の大きな分水嶺になるだろうと思います。

(4) 特に意思疎通が難しいケース　どないしたらエエねん?

意思疎通が難しいケースはどうしたらいいのか、自己決定をなし得ない人々の人権をどのようにして守っていくのか、これは非常に難しい問題です。自己決定がすごく大事な概念であるのは確かです。ただ残念ながら、意思疎通が難しい人の自己決定を推し量っていくのは限界がある、と私は思っています。

私たちの全国遷延性意識障害者・家族の会は、中途障害の団体です。中途障害は、ある日突然障害になってしまうのです。私たちは普通、明日も今日と同じように流れるだろうと思っています。急に寝たきりになってしまうとは考えません。いわゆる正常性バイアスで、都合の悪いことは自分には起こらないと思いがちです。

「さまざまなことに備えておけ」といわれ、コロナ禍も、パンデミックはいつか起こるから備えるよう過去からいわれていたと思いますが、やはり備えはありませんでした。同様に、南海トラフによる大災害も備えておくようにいわれていますが、実際には備えていない人も多いように思います。人間とはそんなものだとも思います。

もともと、大部分のことはあまり決めていないのが、私たちの素朴な姿だとも思います。今日の晩ご飯が肉でも魚でもどちらでもいい、ということも多いでしょう。「自己決定」は重要な考え方ですが、大事なことは自分だけでなく、通常は周囲の人と相談して決めることが多いように思います。

そうすると、意思疎通が明確でない人が「望む暮らし」は、正直なところよくわかりません。もちろん、死にたくはないだろうし、快適な生活はほしいだろう、とは思いますし、障害者権利条約のなかでも「どこで誰と生活するか」の選択は認められている権利ですから、もう少し議論のしやすい形で施策化していくことが必要だろうと思っています。

同時に、私はやはり人材の確保が一番の課題で、ヘルパーの意欲の問題も当然ありますが、ヘルパーが「また来たい」と思えるような関係性をつくることが大事だと思っています。

また、かつての障害者運動のなかで、たとえば介護者は障害者の手足になるべきだという考え方や、それは労働力還元主義の非人間的なものだから基本的には友達のような関係性を大事にすべきだとする考え方がありましたが、いまのところは重度訪問介護のなかで、とりあえず賃労働を伴う形で一応落ち着いているように思えます。

ただ、それだけでは足りないケースでは、無償のボランティアでやっている面は多いと思います。結局、ヘルパーがその家にヘルプに入ろうと思うのは、やはり本人との関係だと私は考えています。「この障害者とつきあうと楽しいぞ」となることが最終的には鍵になると思います。

(5) コミュニケーションの試み

実は何年か前、息子の指が動くことがわかりました。ある日、ある人から「一文字一文字きちっと押さえていくと、本当に指が動くことがあるよ」と聞いたのです。実際、写真(下)の手を支えているのは母親ですが、動かしているのは息子です。

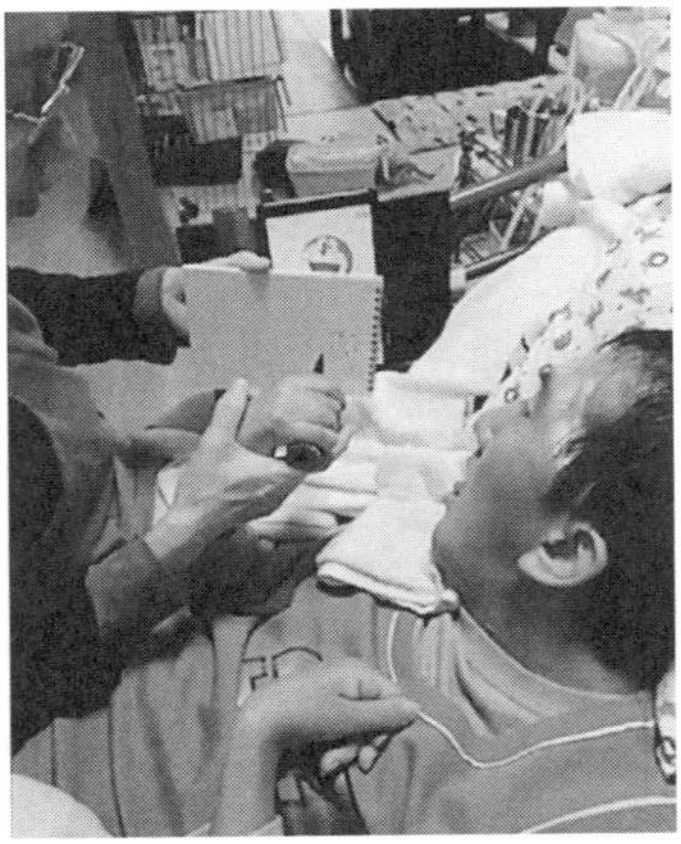

次頁右側の写真は、数年前に近所の夏まつりに行ったときのもので、立っているのが私で車いすが息子です。この写真を見ながら息子が描いたのが左側の絵です。なんとなく顔の特徴を捉えているような気もします。そして「とうさんのかお」と書いています。「かお」のところはわかりやすいと思います。こ

れが、22年ぶりにコミュニケーションがとれた頃のものです。7歳で交通事故に遭って、29歳頃にこうした字が書けるとわかったのです。「なんじゃこりゃ」というのが本音でしたが、そういう経験が私にはありました。

おそらく、随意運動がいくらか回復したのでしょう。それが22年間できなかったのですが、実は私たちに、この子にはできないと思い込んでいた面がありました。この指筆談については、時間をかけて多くの方々に納得できる形で、エビデンスを積み重ねていきたいと思っています。

障害者は、もっと能力をもっているのではないか、と最近になって思い始めています。コミュニケーションがとれないと思っていた人も、いろいろなことをしていくとできるともいわれています。

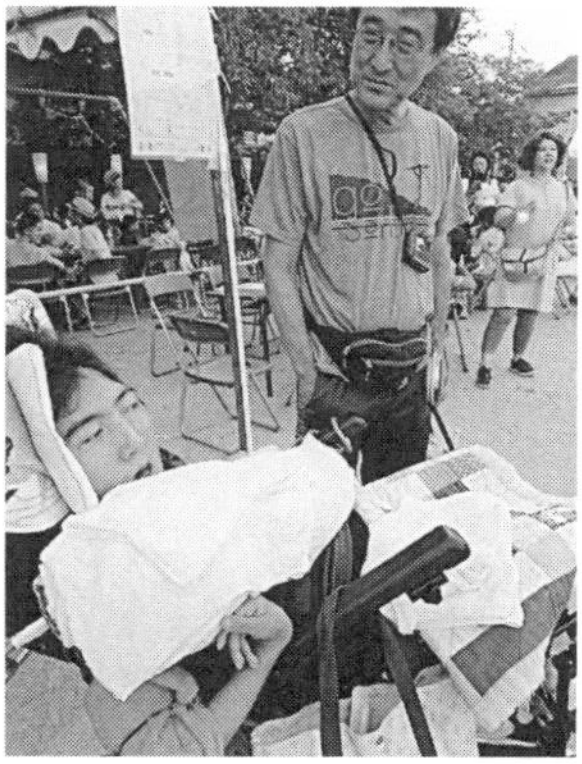

(6) 手が届くところから

いまの日本社会は、残念ながらまだまだ社会的弱者を守る社会にはなっていません。ただ、多くの先達たちのおかげで第3号研修など少しずついい制度ができてきています。

具体的にはやはり、自分の手の届く範囲で、地元で少しずつ社会を変えていくしかないと思います。棚ボタ式に福祉がふってくることはありませんし、施策にはお金もかかります。福祉施策は基本的に市町村が考えることになっていますから、自治体の首長や障害福祉課長が福祉に理解があり、前向きかどうかでかなり変わってきます。

地元の福祉を変えるのは、ある面で社会を変えることですから大変です。私もここ10年あまり市の自立支援協議会に参加して、折をみて医療的ケアの話をしていました。6年ほど前に市の障害者福祉計画に「医療的ケア」という文言が入り、そこから少しずつですが、進んできている感じです。

市会議員に話を聞いてもらう、可能なら市長に会って話を聞いてもらうような活動もしています。確かに福祉にはなかなかお金が回ってこない現実がありますが、地道に要望をしていくことが大事です。その際、「困っている」だけではなく具体的な政策提言をしていくことが、今後も大事なことだと思っています。

私は、障害者支援には二つの大きな方法があると思っています。一つは、食事の介助や入浴介助など直接的な支援です。もう一つは本人のエンパワーメント、力をつけてもらうことだと思っています。本人の力は私たちが気づいているよりももっとある、私たちが本人の力をよくわかっていなかったのではないか、とも思います

田村和宏●立命館大学産業社会学部教授／NPO法人医療的ケアネット理事

6 学校卒業後の暮らしを展望する
――医療的ケアが必要な大人の生活・暮らしを営むところでの課題（まとめ）

卒業後、大人の暮らしと医療的ケアについて、①医療的ケア児支援センターのありかた、②医療的ケアが必要な大人としての「医療的ケア児支援法」の評価、③卒業後の活動の場や居場所、④病院からの地域移行について、⑤家族の思い、などについて報告されてきました。ここではそのまとめを一つひとつ行うということではなく、医療的ケアが必要な大人の生活や暮らしということにかかわって課題や焦点になっていることを整理してまとめとします。

(1) 暮らしを営む主人公になるために必要なこと

1点目は、暮らしを営む主人公になるために必要なことについてです。まず管理と人間らしい暮らしとのせめぎ合いの日々で、なんとかそれを終わりにしたいという切実な要求にもとづいた動きをした大藪・野瀬報告がとても印象的でした。生活させられるのではなく、暮らしを営む生活をつくるということです。大人の暮らしを営む主人公になるためには、まずもって医療的ケアが必要な当事者を、安心づくりと手応えのある生活をつくる主体とすることが〝一丁目一番地〟です。そういう点では、「医療的ケア児支援法（通称）」ができはしましたが、制度的な課題はいくつも残っているので、見直しのタイミングで医療的ケアが必要な大人の生活とかかわっての要望をとりまとめていくことが必要です。

そのために地域を耕していく必要があり、相談支援の存在あるいはピアサポートの存在は欠かせません。その際、常石報告にもあったように、相談支援の事業所に医療的ケア児等コーディネーターの配置ができる、あるいは医療的ケアに関する相談支援が身近に存在することを目標にして、体制整備や仕組みづくりを進めていくことが必要です。そのためには財源の公的な補助なども考えてもらうことが整備を促進します。

さらに検討が必要な点は、地域生活への移行プロセスです。具体的には退院前からの移行支援です。事前に地域生活の経験を積み、支援事業所へも引き継ぎをしながらソフトランディングしていく移行支援をどうつくるのか、が大事だと思います。そして、主人公となるときに重要なことは、説明と承認あるいは了解を重ねる相談支援実践の展開です。「動かす―動かされる」という関係のなかで、地域支援や日々の生活に移行し、日々の暮らしが営まれていくのではなく、大人の生活にはそのプロセスに合意や同意、説明と了解がきちんと組み込まれていて、だから自分の生活を営むものになるのではないかと思います。文字にしてしまえば、一人ひとりの意見表明、意思疎通、コミュニケーション、権利擁護と、定期的アセスメントによるみんなで支える基盤づくり、ということになります。

(2) 重症心身障害、医療的ケアが必要な人のグループホーム

2点目として、大きく議論をしていく課題は、医療的ケアが必要な人の居住の場(グループホーム)についてです。医療的ケアが必要な人を受けとめているグループホームではその大半で、利用者個人単位でのヘルパーがかなりの量で投入されています。生活介護等から帰って来てから夜寝るまで1人につき1人のヘルパーがついて、キーパーは食事の準備や管理業務に従事するような形にしないと成り立たない、という意見も聞かれました。そういう意味で、いまのグループホームの制度、特に加算で生活の困難さを対応させようとする報酬構造では医療的ケアが必要な人の生活は成り立っていきません。

個人単位でのヘルパーの制度も組み込むことを恒常的なものとしつつ、どうしたらできるのか、あるいはホームの制度そのものを2類型に分けるのか、などの基本報酬そのものも含めて検討する必要があるでしょう。

大きな法人では儲かっている他事業から資金を補ったり、他事業の管理職が率先してホームの夜勤に入ったりしています。それが本当に重い障害で医療的ケアがある人たちの地域生活の居住の場なのか、それが安心なのかと考えると、このまま放っておくことはできません。

居住の形もグループホームだけではありません。ひとり暮らし、シェアホーム、療養介護などなど多様な虚旧形態とその後方支援をつくっていく必要があります。障害者権利条約の第19条「自立した生活〔生活の自律〕及び地域社会へのインクルージョン」の(a)では、「障害のある人が、他の者との平等を基礎として、居住地及びどこで誰と生活するかを選択する機会を有すること、並びに特定の生活様式で生活するよう義務づけられないこと」とされています。医療的ケアがあるということで、その例外にしてはいけません。

(3) 大人の暮らしにしていくことと医療的ケア

3点目は、医療的ケア児支援法のことです。

第3条の18歳以降についての規定は「社会生活を営むことができるようにすることにも配慮して行われなければならない」(傍点筆者)となっています。つまり、努力して「配慮」はするけれども、できなかったらごめんなさい、という意味にとれます。ですからいまの状態では、「ライフステージの節目で切れ目がある」法律ということなのです。この点は早急に改善すべき緊急課題として認識する必要があります。

２０２２年、障害者権利条約にもとづいて国連の障害者権利委員会から日本の障害者政策についてのかなり厳しい勧告が出されました。単純に「予算を施設から地域に振り向け」ることで、「どこで誰と暮らす」ことの選択や、ケアの家族依存からの脱却につながっていくものではありません。一方的な脱施設化を進めても、地域生活への移行が進められないかあるいは貧しい生活の移行が積もるばかりです。人権モデルをつくることの「責務」を果たしていくことが重要なのではないでしょうか。医療的ケア児支援法も「施行後三年を目途として」検討する規定があり、見直しを要望していく必要があります。２０２３年度にはその検討議論をする必要があると思います。

(4) 支援者の拡大

４点目は、支援者の確保・育成・拡大についてです。また来たくなるつき合いや出会いが生まれるようなセッティング、あるいはそこでの共感の場面をつくらないと、いまの若い世代は障害福祉の世界になかなか入ってきません。ある法人では、初年度に10人ほど入ってきた職員が5年目の研修時には3人しか残っていなかったそうです。事態は深刻です。保育所のように人員配置基準を見直すとか、運営や施設整備基準を当事者も働くものも安心できるものに整備しなおすことが必要です。殺伐とした労働環境では、目の前の人の希望に真摯に向き合ったり、声にならない声を冷静に聞き取ったりできず、要求を無視してしまうことになる、そんなリスクがますます大きくなっています。

そうならない歯止めが必要です。研修なのか、あるいは地域でどうそれを受け止めるのか、人員配置基準なのか、給与水準なのかという議論も国民に知ってもらうような動きが必要になっています。

(5) 医療的ケア児支援センターに関して

最後に、医療的ケア児支援センターについてです。私は以前から、医療も福祉も地域的に格差があることから、その格差を補うような体制を重層的につくっていき、県全体あるいは圏域でフォローし合うことが大事ではないかと思っています。

ただ、子どもの場合は障害児相談の現状がそこまでいっていないなかで、医療的ケアの子どもの相談をどうするのか、あるいはこども家庭庁に移っていくなかで医療的ケア児の相談支援はどこに位置づくのか、さらには母子保健と医療的ケア児支援法の相談支援との関係をどうしていくのか、なども大きな課題になっていくのではないでしょうか。このことについては今後また議論をしていきたいと考えています。

執筆者一覧

荒木　　敦　大阪旭こども病院／NPO法人医療的ケアネット理事長（プロローグ[1]、第2部[1]）

尾瀬　順次　NPO法人てくてく理事長／NPO法人医療的ケアネット理事（プロローグ[2]）

平田　　義　社会福祉法人イエス団空の鳥幼児園園長／NPO法人医療的ケアネット監事（第1部[1]）

高田　　哲　神戸市総合療育センター診療所長／NPO法人医療的ケアネット理事（第1部[2]）

三品　浩基　神戸市こども家庭局医務担当部長（第1部[2]）

酒井　利浩　豊田市福祉事業団豊田市こども発達センター地域療育相談室、社会福祉士・保育士（第1部[3]）

上田　一稔　NPO法人幸せつむぎ and にこり 日進 施設長（第1部[4]）

廣野　幹子　社会福祉法人みねやま福祉会 吉津子ども園分園マ・ルートキッズランド（第1部[5]）

河合　裕美　社会福祉法人みねやま福祉会 吉津子ども園分園マ・ルートキッズランド（第1部[5]）

丹黒一寿子　大阪府立交野支援学校 学校看護師（第2部[2]）

植田　陽子　医療法人財団はるたか会（第2部[3]）

上野多加子　NPO法人まいゆめ理事長（第2部[4]）

岩出るり子　訪問看護ステーションみらい代表（第2部[5]）

常石　秀市　兵庫県医療的ケア児支援センター／医療福祉センターきずな院長（第3部[1]）

田村　和宏　立命館大学産業社会学部教授／NPO法人医療的ケアネット理事（第3部[2]、[6]）

仁木　　悟　社会福祉法人さつき福祉会 あいほうぷ吹田副施設長／NPO法人医療的ケアネット理事（第3部[3]）

大藪　光俊　日本自立生活センター（第3部[4]）

野瀬　時貞　日本自立生活センター（第3部[4]コラム）

桑山　雄次　全国遷延性意識障害者・家族の会（第3部[5]）

編者プロフィール

●荒木　敦（あらき　あつし）

大阪旭こども病院院長（小児神経医師）・NPO法人医療的ケアネット理事長

●NPO法人医療的ケアネット

日常的に医療的ケアを必要とする人たちの支援をより、有効かつ実効性のあるものとするために2007年にNPO法人として発足。

(1) 重症児者にかかわるすべての人たちの支援ネットワークづくり

(2) 教育・保険・医療・福祉の質的向上をめざす相互交流、研究および研修・啓発事業

(3) 医療的ケアに関する相談・支援事業・情報発信

などを行っている。

HP　http://www.mcnet.or.jp/

●本書は、NPO法人医療的ケアネット主催のオンラインシンポジウム「『医療的ケア児支援法』の成立を受けて」（全5回）の記録をもとに講演者の許諾を得て再編集、書籍化した。

(1) 2021年10月16日㈯　あらためて「医療的ケア」とは？

(2) 2022年2月19日㈯　就学前から卒業まで、医療的ケア児と家族を支える

(3) 2022年7月16日㈯　学校現場での実状と卒後の問題について

(4) 2022年11月12日㈯　大人の暮らしと医療的ケア——当事者・ご家族からの視点を中心に

(5) 2023年3月11日㈯　うちの子、保育園に通えますか？

ライフステージを通しての「医療的ケア」
「医療的ケア児支援法」の成立を受けて、現場の声を聞く！

2024年２月20日　初版発行

編　者●©荒木　敦
NPO法人医療的ケアネット

発行者●田島英二

発行所●株式会社 クリエイツかもがわ
〒601-8382 京都市南区吉祥院石原上川原町21
電話 075(661)5741　FAX 075(693)6605
http://www.creates-k.co.jp　info@creates-k.co.jp
郵便振替　00990-7-150584

装　丁●菅田　亮

印刷所●モリモト印刷株式会社

ISBN978-4-86342-364-0 C0037　printed in japan